Der Kartellbetrug

Europäische Hochschulschriften Recht

European University Studies in Law

Publications Universitaires Européennes de Droit

Band/Volume 6146

Raphael Reims

Der Kartellbetrug

Die Frage nach einer gegenwärtigen und künftigen Strafbarkeit von auf einem Hardcore-Kartell beruhenden Angebotsabgaben auch außerhalb von Vergabeverfahren

PETER LANG

Bibliografische Information der Deutschen Nationalbibliothek
Die Deutsche Nationalbibliothek verzeichnet diese Publikation in der Deutschen Nationalbibliografie; detaillierte bibliografische Daten sind im Internet über http://dnb.d-nb.de abrufbar.

Zugl.: Münster (Westf.) Univ., Diss. der Rechtswissenschaftlichen Fakultät, 2019

Gedruckt auf alterungsbeständigem, säurefreiem Papier.
Druck und Bindung: CPI books GmbH, Leck

D 6
ISSN 0531-7312
ISBN 978-3-631-81214-3 (Print)
E-ISBN 978-3-631-81391-1 (E-PDF)
E-ISBN 978-3-631-81392-8 (EPUB)
E-ISBN 978-3-631-81393-5 (MOBI)
DOI 10.3726/b16613

Diese Publikation wurde begutachtet.

www.peterlang.com

Vorwort

Dieses Werk ist die für die Drucklegung überarbeitete Fassung meiner Dissertation, die ich im Sommersemester 2019 bei der Rechtswissenschaftlichen Fakultät der Westfälischen Wilhelms-Universität zu Münster eingereicht habe. Rechtsprechung und Literatur sind auf dem Stand von Anfang April 2019.

Mein besonderer Dank gilt meinem Doktorvater Herrn Professor Dr. *Mark Deiters*, der die Arbeit durch wertvolle Anregungen und gewährte Freiräume sehr gefördert hat. Zudem danke ich Herrn Professor Dr. *Michael Heghmanns* für die zügige Erstellung des Zweitgutachtens.

Schließlich danke ich meiner Familie und meinen Freunden, die mich auf vielfältige Weise bei dieser Arbeit unterstützt haben.

Raphael Reims

Inhaltsverzeichnis

A. Einleitung

Die Monopolkommission und die Justizministerkonferenz haben sich in den Jahren 2014 bis 2016 mit einer möglichen Normierung eines neuen Kartellstraftatbestands auseinandergesetzt. Während die Monopolkommission für einen solchen Straftatbestand eintritt[1], spricht sich die Justizministerkonferenz aufgrund eines Berichts ihres Strafrechtsausschusses[2] gegen einen solchen aus[3].

Bei der Normierung des Kartellrechts in den Anfängen der Bundesrepublik entschied sich der Gesetzgeber noch gegen die Strafbarkeit bei Kartellverbotsverstößen. Damals kommentierte er jedoch schon: „Spätere Zeiten, in denen der Gedanke des freien Wettbewerbs lebendiger und werterfüllter scheinen wird, als das heute schon der Fall ist, mögen davon abgehen“[4]. Die Untersuchung soll nicht nur zeigen, ob jene Zeiten für einen neuen Kartellstraftatbestand nunmehr gekommen sind. Sie behandelt auch die Frage, ob jene Zeiten mit einem der gegenwärtigen Straftatbestände zu lange nicht vollumfänglich genutzt worden sind.

Zunächst wird das im unionsrechtlichen und im deutschen Kartellrecht normierte Kartellverbot dargestellt. Dabei wird beschrieben, was Hardcore-Kartelle und andere horizontale und vertikale Kartelle sind, inwiefern sie gegen das unionsrechtliche und das deutsche Kartellverbot verstoßen und was die Rechtsfolgen solcher Kartellverbotsverstöße sind. Das ist zum Verständnis der folgenden Erörterungen und zur Inbezugnahme auf diese Darstellung unverzichtbar.

Nicht nur bei der Frage nach einer legitimen künftigen, sondern auch nach einer legitimen gegenwärtigen Strafbarkeit von Verhaltensweisen sollten die rechtspolitischen Vorgaben der Strafwürdigkeit und Strafbedürftigkeit beachten werden.[5] Daher gilt es, diese Vorgaben für die Strafbarkeit der Umsetzungen von Kartellen durch hierauf beruhende Angebotsabgaben zu erörtern. Hiesige Ausgangsüberlegung ist es, dabei zwischen Hardcore-Kartellen und anderen

---

1 Monopolkommission, Strafrechtliche Sanktionen bei Kartellverstößen, S. 65 f. Vgl. auch Monopolkommission, Hauptgutachten XX: Eine Wettbewerbsordnung für die Finanzmärkte, S. 112 f.

2 Strafrechtsausschuss der Justizministerkonferenz, Strafbarkeit von Kartellverstößen, S. 1 f., vorgestellt durch *Hombrecher*, NZKart 2017, S. 145 f.

3 Justizministerkonferenz, Strafbarkeit von Kartellverstößen, S. 1.

4 Entwurf eines Gesetzes gegen Wettbewerbsbeschränkungen, BT-Drucks. 2/1158, S. 28.

5 *Amelung/Hassemer/Rudolphi/Scheerer*, StV 1989, S. 72 f. m. w. N.; *Jescheck/Weigend*, Lehrbuch des Strafrechts Allgemeiner Teil, S. 49 f. m. w. N.

Kartellen zu differenzieren. Darüber hinaus sind die daraus folgenden Auswirkungen in den jeweiligen Sinnzusammenhängen des weiteren Gangs der Untersuchung darzustellen.

Bei der Frage nach einer gegenwärtigen und künftigen Strafbarkeit von Verhaltensweisen müssen auch verfassungsrechtliche Vorgaben beachtet werden. Deshalb ist zu analysieren, welche Einschränkungen sich aus solchen Vorgaben für die Strafbewehrung genannter Verhaltensweisen ergeben. In den entsprechenden Zusammenhängen des weiteren Verlaufs der Erörterungen werden die sich dort konkretisierenden Resultate dieser Analysen sodann besprochen.

Bereits gegenwärtig sind gemäß § 298 StGB auf bestimmten Kartellverbotsverstößen basierende Angebotsabgaben bei vergaberechtlichen Vergabeverfahren strafbewehrt. Nach der Literatur machen sich dabei die gegen jenes Kartellverbot verstoßenden Personen gemäß §§ 298 Abs. 1, 13 Abs. 1 StGB durch Unterlassen strafbar[6], wenn sie die Angebotsabgabe nicht verhindern[7]. Gleichwohl findet sich hierfür keine umfänglichere und substantiierte Begründung. Die Strafbarkeit gemäß § 298 StGB ist daher ebenso aufzuzeigen.

Sodann ist zu analysieren, inwiefern sich nicht auch derjenige bereits gegenwärtig strafbar macht, der einem anderen ein auf einem Hardcore-Kartell fundierendes Angebot außerhalb der genannten Vergabeverfahren zukommen lässt – und zwar wegen Betrugs gemäß § 263 StGB. Danach ist die Rechtslage bei bloßer Beteiligung an einem Hardcore-Kartell zu erörtern. Insofern kommt eine Strafbarkeit wegen Betrugs durch Unterlassen der Aufklärung gemäß §§ 263 Abs. 1, 13 Abs. 1 StGB in Betracht. Von der Rechtsprechung sind die annähernd vergleichbaren Angebotsabgaben bei jenen Vergabeverfahren als Betrug, § 263 StGB, bewertet worden.[8] Bisher wurde jedoch nur am Rand behandelt, ob auch Angebotsabgaben außerhalb jener Vergabeverfahren entsprechend strafbewehrt sind. Wohl auch deshalb finden sich hierzu in der Literatur teilweise schlichte Hinweise wie „§ 263 StGB, dessen Anwendung insoweit auch in Zukunft nicht zu erwarten ist“[9] oder „Eine mögliche Betrugsstrafbarkeit scheitert … schon am Merkmal der Täuschung“[10]

6 *Fischer*-StGB, § 298, Rn. 16 m. w. N.; Graf/Jäger/Wittig/*Böse*, § 298, Rn. 37 m. w. N.

7 NK-StGB/*Dannecker*, § 298, Rn. 108.

8 Vgl. z. B. BGH, Urteil v. 11.7.2001, 1 StR 576/00, BGHSt 47, S. 83 f. – Flughafen München.

9 So berichtet z. B. *Bräunig*, HRRS 2011, S. 426.

10 So berichtete z. B. in letzter Zeit *Hotz*, JuS 2017, S. 925.

sowie „Nicht vollständig geklärt ist, ob der allgemeine Betrugstatbestand … erfüllt ist“[11].

Anschließend sind das rechtspolitische Für und Wider sowie die Ausgestaltung eines künftigen neuen Kartellstraftatbestands zu erörtern. Dabei müssen nicht nur, soweit vorhanden, auch die teils sehr gegenteiligen Standpunkte und Vorschläge der Monopolkommission und des Strafrechtsausschusses der Justizministerkonferenz einander gegenübergestellt und beurteilt werden. Daneben sind weitere Aspekte und die Erkenntnisse aus den vorangegangenen Analysen und Darstellungen zu berücksichtigen. Die Untersuchung schließt sodann mit einem eigenen Vorschlag für einen neuen Kartellstraftatbestand ab.

11 So berichtete z. B. in letzter Zeit *Hildebrandt*, Strafrechtliche Verantwortung im internationalen Kartellrecht, S. 33.

B. Das Kartellverbot und seine Rechtsfolgen

Das Kartellrecht wird traditionell in drei Säulen eingeteilt[12], was sowohl für das Kartellrecht der Europäischen Union als auch für das deutsche Kartellrecht gilt[13]. Die erste Säule ist das für die nachfolgenden Erörterungen wichtige Kartellverbot[14]. Mit der zweiten Säule, dem Missbrauchsverbot, Art. 102 AEUV und §§ 19 bis 21 GWB, wird Unternehmen die missbräuchliche Ausnutzung einer marktbeherrschenden oder marktstarken Stellung verboten, zum Beispiel das Berechnen höherer Festnetzentgelte für Wettbewerber als für eigene Endkunden durch die *Deutsche Telekom*[15]. Die dritte Säule des Kartellrechts ist die in der Fusionskontrollverordnung[16] und §§ 35 ff. GWB normierte Fusionskontrolle.[17] Sie hat zum Ziel, übermäßige Marktmacht, bedingt durch Fusionen von Unternehmen, zu verhindern[18], weshalb beispielsweise der Zusammenschluss der *Deutschen Post* und *trans-o-flex* untersagt wurde[19].

I. Überblick

Wie sich auch aus Art. 101 Abs. 1 AEUV und § 1 GWB ergibt[20], sind Kartelle Vereinbarungen und aufeinander abgestimmte Verhaltensweisen[21] von Unternehmen sowie Beschlüsse von Unternehmensvereinigungen, die eine Beschränkung des Wettbewerbs bewirken oder bezwecken[22].

Das Kartellverbot als erste Säule des Kartellrechts verbietet grundsätzlich solche Kartelle nach den genannten Rechtsnormen[23], weshalb es auch als gegen

---

12 Saenger/Aderhold/Lenkaitis/Speckmann/*Lotze*, § 12, Rn. 9.
13 Schulte/Just/*Schulte/Just*, Einleitung, Rn. 4.
14 Saenger/Aderhold/Lenkaitis/Speckmann/*Lotze*, § 12, Rn. 9.
15 EuG, Urteil v. 10.4.2008, T-271/03, FD-GewRS 2008, 257320.
16 Verordnung Nr. 139/2004 des Rates v. 20.1.2004, Die Kontrolle von Unternehmenszusammenschlüssen, ABl. L 24, S. 1 ff.
17 Saenger/Aderhold/Lenkaitis/Speckmann/*Lotze*, § 12, Rn. 9.
18 *Kling/Thomas*, Kartellrecht, S. 299, 762.
19 BGH, Beschluss v. 21.12.2004, KVR 26/03, NJW-RR 2005, S. 474.
20 Schulte/Just/*Schulte/Just*, Einleitung, Rn. 22.
21 Die Tatbestandsalternative der abgestimmten Verhaltensweise gilt nur für Unternehmen, vgl. Loewenheim/Meessen/Riesenkampff/Kersting/Meyer-Lindemann/*Grave/Nyberg*, Art. 101 Abs. 1 AEUV, Rn. 216.
22 *Dreher/Kulka*, Wettbewerbs- und Kartellrecht, S. 327 f.
23 Schulte/Just/*Schulte/Just*, Einleitung, Rn. 3, 22.

Kartelle normiertes Recht bezeichnet wird[24]. Die relevanten Vorschriften finden sich auf der Ebene der Europäischen Union sowohl im primären Unionsrecht, Art. 101 AEUV als auch im sekundären Unionsrecht, zum Beispiel in den Gruppenfreistellungsverordnungen und auf deutscher Ebene in §§ 1 f. GWB.[25]

Sinn und Zweck von Art. 101 Abs. 1 AEUV und somit auch von § 1 GWB[26] ist der Schutz der wirtschaftlichen Betätigungsfreiheit der Wettbewerber[27] und der Schutz der Marktgegenseite[28] durch den Schutz der Struktur des Marktes und damit des freien Wettbewerbs als solchen[29]. Die geschützte Marktgegenseite umfasst insbesondere auch die bestmögliche Versorgung der Endverbraucher[30] neben den gegebenenfalls zwischengeschalteten unternehmerisch handelnden direkten Abnehmern.

II. Anwendung und Verhältnis von unionsrechtlichem und deutschem Kartellverbot

Das unionsrechtliche Kartellverbot, Art. 101 AEUV, kommt in den Wirtschaftsbereichen, für die schon ein Ausnahmebereich im Vertrag über die Arbeitsweise der Europäischen Union normiert ist, nicht zur Anwendung.[31]

Ein solcher Ausnahmebereich ergibt sich zum einen bei landwirtschaftlichen Erzeugnissen aus Art. 42 S. 1 AEUV[32], um den besonderen Bedingungen der Natur bei der landwirtschaftlichen Produktion und der schwächeren Position der Landwirte gegenüber ihren Marktpartnern gerecht zu werden[33]. Und zum anderen besteht ein solcher Ausnahmebereich bei der Rüstungsproduktion,

---

24 Loewenheim/Meessen/Riesenkampff/Kersting/Meyer-Lindemann/*Meessen/Kersting*, Einführung, Rn. 3.

25 Schulte/Just/*Schulte/Just*, Einleitung, Rn. 10, 21, 22.

26 *Lettl*, Kartellrecht, S. 243.

27 EuGH, Urteil v. 23.11.2006, C-238/05, EuZW 2006, S. 753/756.

28 Vgl. auch BGH, Urteil v. 25.1.1983, KZR 12/81, NJW 1984, S. 2819.

29 EuGH, Urteil v. 4.6.2009, C-8/08, EuZW 2009, S. 505/507.

30 MK-WettbR/*Säcker*, Einl. EuWettbR, Rn. 1.

31 Für diese Ausnahmebereiche vgl. *Kling/Thomas*, Kartellrecht, S. 36 f.; *Dreher/Kulka*, Wettbewerbs- und Kartellrecht, S. 307 f.

32 I. V. m. Verordnung Nr. 1184/2006 des Rates v. 24.7.2006, Die Anwendung bestimmter Wettbewerbsregeln auf die Produktion landwirtschaftlicher Erzeugnisse und den Handel mit diesen Erzeugnissen, ABl. L 214, S. 7 ff.

33 Immenga/Mestmäcker/*Schweizer*, EU-WettbR VIII. A., Rn. 1.

Art. 346 Abs. 1 lit. b AEUV, damit jeder Mitgliedsstaat die Wahrung seiner wesentlichen individuellen Sicherheitsinteressen selbst regeln kann[34].

Das Kartellverbot der Europäischen Union findet zudem nur Anwendung auf Vereinbarungen, aufeinander abgestimmte Verhaltensweisen und Beschlüsse, die geeignet sind, den Handel zwischen den Mitgliedsstaaten spürbar[35] zu beeinträchtigen, Art. 101 Abs. 1 AEUV. Diese sogenannte Zwischenstaatlichkeitsklausel[36] ist zur Abgrenzung des unionsrechtlichen Kartellverbots von den nationalen Kartellverboten Voraussetzung für die Anwendung und zugleich materielles Tatbestandsmerkmal von Art. 101 Abs. 1 AEUV.[37]

Die Europäische Kommission hat Leitlinien zur Beurteilung der Zwischenstaatlichkeitsklausel in einer Bekanntmachung veröffentlicht[38], die im Wesentlichen die Rechtsprechung der Gerichte der Europäischen Union skizzieren. Die Leitlinien sind zwar sowohl für die nationalen Behörden und Gerichte als auch für die Gerichte der Europäischen Union sowie ausdrücklich im Einzelfall für die Europäische Kommission nicht verbindlich, können aber als Orientierung dienen.[39] Nach den Leitlinien gilt insbesondere der Grundsatz, dass die Zwischenstaatlichkeitsklausel weit auszulegen ist.[40]

Die Zwischenstaatlichkeitsklausel ist jedenfalls immer dann erfüllt, wenn Unternehmen aus verschiedenen Mitgliedsstaaten beteiligt sind[41], wie zum Beispiel bei der Aufteilung der Gasmärkte zwischen *E.ON* und *Gaz de France*[42]. Sind ausschließlich Unternehmen aus ein und demselben Mitgliedsstaat beteiligt, ist die Zwischenstaatlichkeitsklausel erfüllt, wenn die Vereinbarung, die aufeinander abgestimmte Verhaltensweise oder der Beschluss geeignet ist, den nationalen Markt von anderen abzuschotten.[43]

---

34 *Dreher/Kulka*, Wettbewerbs- und Kartellrecht, S. 306.

35 Das ist über den Wortlaut hinaus erforderlich, vgl. EuGH, Urteil v. 1.2.1978, 19/77, Slg. 1978, S. 131/151 und die weiteren Ausführungen.

36 *Dreher/Kulka*, Wettbewerbs- und Kartellrecht, S. 317.

37 Dauses/Ludwigs/*Hoffmann*, H. I. § 1, Rn. 34 f.

38 Bekanntmachung der Kommission v. 27.4.2004, Leitlinien über den Begriff der Beeinträchtigung des zwischenstaatlichen Handels in den Artikeln 81 und 82 des Vertrags, ABl. C 101, S. 81 ff.

39 Wiedemann/*Lübbig*, § 8, Rn 39.

40 *Lettl*, Kartellrecht, S. 47.

41 Langen/Bunte/*Hengst*, Art. 101 AEUV, Rn. 325.

42 EuG, Urteil v. 29.6.2012, T-360/09, WuW 2012, S. 1084.

43 EuGH, Urteil v. 17.10.1972, 8–72, Slg. 1972, S. 977/991.

Das deutsche Kartellverbot, §§ 1 f. GWB, findet dagegen grundsätzlich bei allen Wettbewerbsbeschränkungen Anwendung, die sich innerhalb Deutschlands auswirken, § 185 Abs. 2 GWB. Auch das deutsche Kartellverbot kennt jedoch Ausnahmebereiche, §§ 28 f. GWB und § 40 BWaldG. Ein solcher ergibt sich beispielsweise wie im Unionsrecht für landwirtschaftliche Erzeugnisse aus § 28 GWB. Eine weitere Ausnahme besteht zum Beispiel aus kultur- und bildungspolitischen Gründen[44] für eine vertikale Kartellfallgruppe[45] im Bereich Zeitungen und Zeitschriften, § 30 GWB.[46]

Soweit Kartelle sowohl in den Anwendungsbereich von Art. 101 AEUV als auch von §§ 1 f. GWB fallen, können das unionsrechtliche und das deutsche Kartellverbot nebeneinander angewendet werden.[47] Jedoch darf das deutsche Kartellverbot gemäß Art. 3 Kartellverfahrensverordnung[48] und § 22 GWB dann nicht anders angewendet und ausgelegt werden als das Kartellverbot der Europäischen Union.[49]

III. Kartellverbotstatbestände

Bei Art. 101 Abs. 1 AEUV und § 1 GWB fällt auf, dass sie bis auf die Zwischenstaatlichkeitsklausel und den Regelbeispielkatalog wörtlich identisch sind. Aufgrund der Übereinstimmung und der Intention des deutschen Gesetzgebers nach gleicher Auslegung[50] sind für die Anwendung und Auslegung des deutschen Kartellverbots grundsätzlich auch ohne Vorliegen der Voraussetzungen der Zwischenstaatlichkeitsklausel die Rechtsanwendung der Gerichte und Kommission der Europäischen Union zum unionsrechtlichen Kartellverbot heranzuziehen.[51]

---

44 Vgl. Entwurf eines Sechsten Gesetzes zur Änderung des Gesetzes gegen Wettbewerbsbeschränkungen, BR-Drucks. 857/97, S. 36.

45 Die vertikalen Kartelle werden im Abschnitt Fallgruppen erläutert.

46 Für diese Ausnahmebereiche vgl. *Dreher/Kulka*, Wettbewerbs- und Kartellrecht, S. 310 f.; Dombert/Witt/*Giesen*, § 20, Rn. 81 f.

47 Vgl. auch BGH, Beschluss v. 18.5.1993, KVZ 10/92, NJW 1993, S. 2445/2446.

48 Verordnung Nr. 1/2003 des Rates v. 16.12.2002, Die Durchführung der in den Artikeln 81 und 82 des Vertrags niedergelegten Wettbewerbsregeln, ABl. L 1, S. 1 ff.

49 *Lettl*, Kartellrecht, S. 9.

50 Entwurf eines Siebten Gesetzes zur Änderung des Gesetzes gegen Wettbewerbsbeschränkungen, BT-Drucks. 15/3640, S. 22 f.

51 Langen/Bunte/*Bunte*, Einleitung zum GWB, Rn. 130.

1. Verbotsadressaten

Die Verbotsadressaten der Kartellverbotstatbestände der Art. 101 AEUV und §§ 1 f. GWB sind Unternehmen und Unternehmensvereinigungen.

Um die Funktionsfähigkeit des Wettbewerbs zu gewährleisten, ist der Begriff des Unternehmens im Sinne eines funktionalen Unternehmensbegriffs weit auszulegen.[52] Ein Unternehmen ist demnach jede eine wirtschaftliche Tätigkeit ausübende Einheit unabhängig von ihrer Rechtsform oder der Art ihrer Finanzierung.[53] Erfasste Einheiten sind daher natürliche und juristische Personen sowie sonstige Personengesamtheiten des privaten und öffentlichen Rechts.[54] Für Letztere ergibt sich das auch aus Art. 106 Abs. 1 AEUV und § 185 Abs. 1 S. 1 GWB. Als wirtschaftliche Tätigkeit im gerade genannten Sinne kann insbesondere das Anbieten von Waren und Dienstleistungen gegen Entgelt genannt werden.[55] Keine wirtschaftliche Tätigkeit ist jedoch die Nachfrage privater Endverbraucher[56], die rein hoheitliche Tätigkeit[57] wie zum Beispiel die Flugsicherung[58] sowie die Teilnahme am Wirtschaftsleben als Arbeitnehmer[59].

Auch der Begriff der Unternehmensvereinigung ist, um die Funktionsfähigkeit des Wettbewerbs zu gewährleisten, weit auszulegen.[60] Er umfasst sämtliche Zusammenschlüsse von Unternehmen unabhängig von der Art ihrer Gründung und ihrer Rechtsform.[61] Der *Verband der Chemischen Industrie* mit circa 1.600 Mitgliedsunternehmen kann als Paradebeispiel für eine Unternehmensvereinigung genannt werden.[62]

---

52 *Lettl*, Kartellrecht, S. 26.
53 EuGH, Urteil v. 16.3.2004, C-264/01, NJW 2004, S. 2723.
54 *Lettl*, Kartellrecht, S. 26.
55 EuGH, Urteil v. 12.12.2013, C-327/12, EuZW 2014, S. 356/357.
56 Langen/Bunte/*Hengst*, Art. 101 Abs. 1 AEUV, Rn. 14.
57 EuGH, Urteil v. 28.2.2013, C-1/12, BeckRS 2013, 80415, Rn. 40.
58 EuGH, Urteil v. 19.1.1994, C-364/92, NJW 1994, S. 2344/2345.
59 Langen/Bunte/*Hengst*, Art. 101 Abs. 1 AEUV, Rn. 14.
60 Immenga/Mestmäcker/*Emmerich*, Art. 101 Abs. 1 AEUV, Rn. 38.
61 *Dreher/Kulka*, Wettbewerbs- und Kartellrecht, S. 284.
62 *Mohr/König*, JURA 2012, S. 167.

2. Verbotenes Verhalten

Art. 101 Abs. 1 AEUV und § 1 GWB erfassen Vereinbarungen und aufeinander abgestimmte Verhaltensweisen[63] von Unternehmen sowie Beschlüsse von Unternehmensvereinigungen.

Eine Vereinbarung im Sinne von Art. 101 Abs. 1 AEUV und § 1 GWB liegt vor, wenn der gemeinsame Wille zum Ausdruck gebracht wird, sich auf dem Markt in einer bestimmten Weise zu verhalten.[64] Das sind nicht nur entsprechende Verträge, sondern auch „Gentlemen´s Agreements" mit einer wirtschaftlichen, gesellschaftlichen oder moralischen Bindung.[65] Die gemeinsam unterschriebene Formulierung „Gaz de France verpflichtet sich, … keine Kunden in der Bundesrepublik Deutschland … mit Gas zu beliefern"[66] ist exemplarisch für eine entsprechende Vereinbarung.[67]

Die Verhaltensalternative der abgestimmten Verhaltensweise von Unternehmen ist den Kartellbehörden häufig leichter beweisbar als die der Vereinbarung.[68] Eine abgestimmte Verhaltensweise ist jedes Marktverhalten, das auf jeder Form der Koordinierung zwischen Unternehmen, um dadurch die Risiken des Wettbewerbs auszuschalten[69], beruht.[70] Eine solche Koordinierung geschieht vor allem durch den Austausch von Preislisten zwischen Unternehmen.[71] Kein abgestimmtes Verhalten ist jedoch das bloße Nachahmen, etwa die Reaktion eines Unternehmens auf das Verhalten eines anderen.[72]

Beschlüsse von Unternehmensvereinigungen sind ebenfalls von den Kartellverbotstatbeständen umfasst. Dadurch soll verhindert werden, dass das entsprechende Verbot von Vereinbarungen und aufeinander abgestimmten Verhaltensweisen[73] von den Unternehmen durch die Verlagerung solcher

---

63 Die Tatbestandsalternative der abgestimmten Verhaltensweise gilt nur für Unternehmen, vgl. Loewenheim/Meessen/Riesenkampff/Kersting/Meyer-Lindemann/*Grave/Nyberg*, Art. 101 Abs. 1 AEUV, Rn. 216.

64 EuGH, Urteil v. 8.7.1999, C-49/92, BeckRS 2000, 70139, Rn. 40.

65 EuG, Urteil v. 6.4.1995, T-141/89, Slg. 1995, Band II, S. 791/830 f.

66 Zitiert nach EuG, Urteil v. 29.6.2012, T-360/09, WuW 2012, S. 1084/1086.

67 EuG, Urteil v. 29.6.2012, T-360/09, WuW 2012, S. 1084/1086/1100.

68 Schulte/Just/*Lober*, § 1 GWB, Rn. 38.

69 EuGH, Urteil v. 14.7.1972, C-48/69, BeckEuRS 1972, 28590, Rn. 64, 67

70 *Lettl*, Kartellrecht, S. 39.

71 *Mohr/König*, JURA 2012, S. 168.

72 *Bunte/Stancke*, Kartellrecht, S. 79.

73 Die Tatbestandsalternative der abgestimmten Verhaltensweise gilt nur für Unternehmen, vgl. Loewenheim/Meessen/Riesenkampff/Kersting/Meyer-Lindemann/*Grave/Nyberg*, Art. 101 Abs. 1 AEUV, Rn. 216.

Verhaltensweisen in eine Organisation umgangen wird.[74] Ein solcher Beschluss einer Unternehmensvereinigung ist jeder Ausdruck des Willens, das Marktverhalten ihrer Mitglieder zu koordinieren.[75] Demnach ist beispielsweise die Begrenzung der Anzahl der Taxis pro Mitglied durch eine Taxivereinigung ein solcher Beschluss einer Unternehmensvereinigung.[76] Eine Empfehlung ist im Übrigen jedenfalls dann ein Beschluss, wenn sie verbindlich ist, angenommen oder befolgt wird.[77]

3. Wettbewerbsbeschränkung

Die Vereinbarungen, abgestimmte Verhaltensweisen und Beschlüsse im Sinne von Art. 101 Abs. 1 AEUV und § 1 GWB sind gemäß dieser Rechtsnormen jedoch grundsätzlich nur verboten, wenn sie eine Verhinderung, Einschränkung oder Verfälschung des Wettbewerbs bewirken oder bezwecken.

Die Tatbestandsmerkmale Verhinderung, Einschränkung oder Verfälschung des Wettbewerbs werden seit jeher unter dem Oberbegriff der Wettbewerbsbeschränkung zusammengefasst.[78] Da es jedoch an einer allseits akzeptierten Definition des Wettbewerbs fehlt, ist die Auslegung des Merkmals Wettbewerbsbeschränkung umstritten.[79] Nach der Rechtsprechung ist eine Wettbewerbsbeschränkung die Beschränkung der wirtschaftlichen Handlungsfreiheit der an der Vereinbarung oder abgestimmten Verhaltensweise beteiligten oder vom Beschluss betroffenen Unternehmen.[80] Deshalb war beispielsweise *Nintendos* Vereinbarung mit seinen europäischen Vertriebspartnern, dass sie keine Produkte von einem Mitgliedsstaat in einen anderen exportieren durften, eine Wettbewerbsbeschränkung.[81] Aber auch die Beschränkung der wirtschaftlichen Handlungsfreiheit Dritter, insbesondere der Marktgegenseite und potenzieller Wettbewerber[82], kann beim Vorliegen weiterer von der Rechtsprechung entwickelter Voraussetzungen eine Wettbewerbsbeschränkung sein.[83]

74 *Emmerich/Lange*, Kartellrecht, S. 36.
75 EuGH, Urteil v. 27.1.1987, 45/85, NJW 1987, S. 2150.
76 BGH, Urteil v. 22.4.1980, KZR 4/79, NJW 1980, S. 2813.
77 Callies/Ruffert/*Weiß*, A. II. Art. 101, Rn. 56.
78 Immenga/Mestmäcker/*Emmerich*, Art. 101 Abs. 1 AEUV, Rn. 106.
79 Hierzu *Emmerich/Lange*, Kartellrecht, S. 42 f. m. w. N.
80 EuGH, Urteil v. 28.4.1998, C-306/96, EuZW 1998, S. 404/405.
81 Europäische Kommission, Entscheidung v. 30.10.2002, ABl. L 255, S. 33/37.
82 *Lettl*, Kartellrecht, S. 56.
83 Umstritten, vgl. *Emmerich/Lange*, Kartellrecht, S. 42 f.

In einigen von der Rechtsprechung anerkannten Fällen liegt trotz einer Beschränkung der wirtschaftlichen Handlungsfreiheit keine Wettbewerbsbeschränkung vor, da sich eine Beschränkung der wirtschaftlichen Handlungsfreiheit auch positiv auf den Wettbewerb auswirken kann.[84] Das gilt zum Beispiel unter bestimmten Voraussetzungen für Arbeitsgemeinschaften von Unternehmen zur gemeinsamen, sonst nicht möglichen Ausführung größerer industrieller Aufträge. Sie sind dann zusätzliche Wettbewerber zu Unternehmen, denen die Ausführung solcher Aufträge alleine möglich ist.[85]

Eine Wettbewerbsbeschränkung ist im genannten Sinne bewirkt, wenn sie ursächlich auf die Vereinbarung, die abgestimmte Verhaltensweise oder den Beschluss zurückführbar ist.[86] Die Wettbewerbsbeschränkung ist hingegen bezweckt, wenn die Vereinbarung, die abgestimmte Verhaltensweise oder der Beschluss objektiv geeignet ist, sie herbeizuführen.[87] Auf die schwer nachweisbare Absicht der Beteiligten kommt es hingegen nicht an.[88]

Im Übrigen hat der Regelbeispielkatalog für Wettbewerbsbeschränkungen, Art. 101 lit. a bis e AEUV, seine praktische Bedeutung verloren.[89] Denn er ist für die restlichen Tatbestandsvoraussetzungen des Kartellverbots sowie für die etwaige Freistellung ohne Relevanz.[90]

4. Spürbarkeit

Sogenannte Bagatellfälle sollen vom Kartellverbot nicht erfasst werden, weil die Zusammenarbeit kleiner Unternehmen sich in der Regel wettbewerbsfördernd auswirkt und die Wettbewerbsbehörden entlastet werden sollen.[91] Deshalb ist die Spürbarkeit der Wettbewerbsbeschränkung eine ungeschriebene Voraussetzung der Art. 101 Abs. 1 AEUV und § 1 GWB. Nach den Bekanntmachungen der Europäischen Kommission[92] und des

---

84 EuGH, Urteil v. 15.12.1994, C-250/92, Slg. 1994, Band I, S. 5641/5687.

85 Mitteilung der Kommission v. 14.1.2011, Leitlinien zur Anwendbarkeit von Artikel 101 des Vertrags über die Arbeitsweise der Europäischen Union auf Vereinbarungen über horizontale Zusammenarbeit, ABl. C 11, S. 9; *Bunte/Stancke*, Kartellrecht, S. 90.

86 EuGH, Urteil v. 21.1.1999, C-215/96 u. C-216/96, EuZW, 1999, S. 212/214.

87 EuGH, Urteil v. 30.6.1966, 56/65, Slg. 1966, S. 282/303.

88 EuGH, Urteil v. 28.3.1984, 28/83, Slg. 1984, S, 1679/1703 f.

89 Loewenheim/Meessen/Riesenkampff/Kersting/Meyer-Lindemann/*Grave/Nyberg*, Art. 101 Abs. 1 AEUV, Rn. 306.

90 *Emmerich/Lange*, Kartellrecht, S. 59.

91 *Bunte/Stancke*, Kartellrecht, S. 99.

92 Bekanntmachung der Kommission v. 30.8.2014, Vereinbarungen von geringer Bedeutung, die den Wettbewerb nicht spürbar beschränken, ABl. C 291, S. 2.

Bundeskartellamtes[93] liegt jedenfalls eine spürbare Wettbewerbsbeschränkung bei horizontalen Kartellen bei einem gemeinsamen Marktanteil von 10 % und bei vertikalen Kartellen bei einem gemeinsamen Marktanteil von 15 % vor.[94] Diese Leitlinien sind zwar weder für die Gerichte der Europäischen Union noch für die deutschen Gerichte verbindlich, führen jedoch zu einer Selbstbindung der Europäischen Kommission beziehungsweise einer ermessensgeleiteten Praxis des Bundeskartellamtes, nicht gegen Kartelle mit niedrigeren als den genannten Marktanteilen einzuschreiten.[95] Darüber hinaus entspricht es ständiger Rechtsprechung, dass bezweckte Wettbewerbsbeschränkungen im Gegensatz zu bewirkten Wettbewerbsbeschränkungen stets spürbar sind.[96]

IV. Freistellung von den Kartellverboten

Wenn die Voraussetzungen des unionsrechtlichen beziehungsweise deutschen Kartellverbotstatbestands erfüllt sind, kann ausnahmsweise noch eine Freistellung vom Kartellverbot gemäß Art. 101 Abs. 3 AEUV beziehungsweise §§ 2 bis 3 GWB in Betracht kommen.

Denn Vereinbarungen, aufeinander abgestimmte Verhaltensweisen und Beschlüsse im Sinne von Art. 101 Abs. 1 AEUV und § 1 GWB können, trotz des im Allgemeinen zu favorisierenden Wettbewerbs, je nach Sachverhalt, beispielsweise wegen effizienterer Ressourcennutzung, eine positive Wirkung auf die gesamtgesellschaftliche Wohlfahrt haben.[97]

Trotz des Wortlauts von Art. 101 Abs. 3 AEUV handelt es sich dabei sowohl im Unionsrecht als auch im nationalen Recht jedoch nicht um Administrativausnahmen, sondern um Legalausnahmen.[98] Die Freistellung vom Kartellverbot tritt demnach nicht erst nach einer Entscheidung der Europäischen Kommission beziehungsweise des Bundeskartellamtes, sondern kraft Gesetzes ein.[99]

---

93 Bekanntmachung des Bundeskartellamtes v. 13.3.2007, Die Nichtverfolgung von Kooperationsabreden mit geringer wettbewerbsbeschränkender Bedeutung, Nr. 18/2007, S. 3.

94 Die horizontalen und vertikalen Kartelle werden im Abschnitt Fallgruppen erläutert.

95 Wiedemann/*Lübbig*, § 8, Rn. 45, 85.

96 EuGH, Urteil v. 13.12.2012, C-226/11, GRUR Int 2013, S. 285/288.

97 Immenga/Mestmäcker/*Ellger*, Art. 101 Abs. 3 AEUV, Rn. 7.

98 Vgl. Art. 1 Abs. 2 der Verordnung Nr. 1/2003 des Rates v. 16.12.2002, Die Durchführung der in den Artikeln 81 und 82 des Vertrags niedergelegten Wettbewerbsregeln, ABl. L 1, S. 1; *Emmerich/Lange*, Kartellrecht, S. 64.

99 *Mohr/König*, JURA 2012, S. 343.

Zunächst sind bestimmte Gruppen von Vereinbarungen, aufeinander abgestimmte Verhaltensweisen und Beschlüsse gemäß Art. 101 Abs. 3 AEUV beziehungsweise § 2 Abs. 2 S. 1 GWB jeweils in Verbindung mit den sogenannten Gruppenfreistellungsverordnungen der Kommission und des Rates der Europäischen Union vom unionsrechtlichen beziehungsweise deutschen Kartellverbot freigestellt. Solche Gruppenfreistellungsverordnungen gibt es zum Beispiel für den Kraftfahrzeugsektor[100] und den Versicherungssektor[101] sowie für Vereinbarungen, aufeinander abgestimmte Verhaltensweisen und Beschlüsse über die Forschung und Entwicklung[102], über den Technologietransfer[103] und über Spezialisierungen[104], also die Arbeitsteilung zwischen Unternehmen[105]. Zudem hat auch die Gruppenfreistellungsverordnung über vertikale Vereinbarungen und aufeinander abgestimmte Verhaltensweisen[106] eine besonders weitreichende Bedeutung.[107] Die Gruppenfreistellungsverordnungen definieren dabei stets zunächst die freigestellten Vereinbarungen, abgestimmten Verhaltensweisen und Beschlüsse und sodann die Ausnahmen von der Freistellung.[108]

---

100 Verordnung Nr. 461/2010 der Kommission v. 27.5.2010, Die Anwendung von Artikel 101 Abs. 3 des Vertrags über die Arbeitsweise der Europäischen Union auf Gruppen von vertikalen Vereinbarungen und abgestimmten Verhaltensweisen im Kraftfahrzeugsektor, ABl. L 129, S. 52 ff.

101 Verordnung Nr. 267/2010 der Kommission v. 24.3.2010, Die Anwendung von Artikel 101 Absatz 3 des Vertrags über die Arbeitsweise der Europäischen Union auf Gruppen von Vereinbarungen, Beschlüssen und abgestimmten Verhaltensweisen im Versicherungssektor, ABl. L 83, S 1 ff.

102 Verordnung Nr. 1217/2010 der Kommission v. 14.12.2010, Die Anwendung von Artikel 101 Absatz 3 des Vertrags über die Arbeitsweise der Europäischen Union auf bestimmte Gruppen von Vereinbarungen über Forschung und Entwicklung, ABl. L 335, S. 36 ff.

103 Verordnung Nr. 316/2014 der Kommission v. 21.3.2014, Die Anwendung von Artikel 101 Absatz 3 des Vertrags über die Arbeitsweise der Europäischen Union auf Gruppen von Technologietransfer-Vereinbarungen, ABl. L 93, S. 17 ff.

104 Verordnung Nr. 1218/2010 der Kommission v. 14.12.2010, Die Anwendung von Artikel 101 Absatz 3 des Vertrags über die Arbeitsweise der Europäischen Union auf bestimmte Gruppen von Spezialisierungsvereinbarungen, ABl. L 335, S. 43 ff.

105 *Emmerich/Lange*, Kartellrecht, S. 70.

106 Verordnung Nr. 330/2010 der Kommission vom 20.4.2010, Die Anwendung von Artikel 101 Absatz 3 des Vertrags über die Arbeitsweise der Europäischen Union auf Gruppen von vertikalen Vereinbarungen und abgestimmten Verhaltensweisen, ABl. L 102, S. 1 ff. Die vertikalen Kartelle werden im Abschnitt Fallgruppen erläutert.

107 *Lettl*, Kartellrecht, S. 88.

108 *Mohr/König*, JURA 2012, S. 343 f.

Vereinbarungen, aufeinander abgestimmte Verhaltensweisen und Beschlüsse können aber auch im Wege einer Einzelfreistellung vom unionsrechtlichen beziehungsweise deutschen Kartellverbot freigestellt sein. Das ist der Fall, wenn die Tatbestandsvoraussetzungen des Effizienzgewinns, der angemessenen Beteiligung der Verbraucher an ihm, der Unerlässlichkeit der Wettbewerbsbeschränkung für ihn und der keiner Ausschaltung des Wettbewerbs für einen wesentlichen Teil der betreffenden Waren im Sinne von Art. 101 Abs. 3 AEUV beziehungsweise § 2 Abs. 1 GWB vorliegen.[109]

Ergänzend besteht für das deutsche Kartellverbot eine Freistellung für bestimmte Mittelstandskartelle. Freigestellt sind horizontale Vereinbarungen und Beschlüsse[110], die die Rationalisierung wirtschaftlicher Vorgänge durch zwischenbetriebliche Zusammenarbeit zum Gegenstand haben und dadurch der Verbesserung der Wettbewerbsfähigkeit kleiner oder mittlerer Unternehmen dienen, ohne den Wettbewerb auf dem Markt wesentlich zu beeinträchtigen, § 3 GWB.[111] Sind die vorerwähnten Tatbestandsvoraussetzungen erfüllt, dann sind kraft gesetzlicher Fiktion[112] gemäß § 3 GWB auch die Tatbestandsvoraussetzungen der Einzelfreistellung gemäß § 2 Abs. 1 GWB erfüllt. Sinn und Zweck der Norm ist es, die Wettbewerbsfähigkeit kleinerer und mittlerer Unternehmen zu verbessern.[113] Bei zwischenstaatlichen Sachverhalten hat Art. 101 Abs. 3 AEUV gemäß § 22 GWB und Art. 3 Kartellverfahrensverordnung[114] jedoch Vorrang vor § 3 GWB.[115]

V. Fallgruppen, insbesondere Hardcore-Kartelle

Sowohl Art. 101 Abs. 1 AEUV als auch § 1 GWB trennen nicht zwischen verschiedenen Kartellformen. Historisch bedingt, und insbesondere bei Gruppenfreistellungsordnungen relevant, wird jedoch zwischen horizontalen und vertikalen

---

109 Eingehend hierzu *Kling/Thomas*, Kartellrecht, S. 144 f.

110 Die horizontalen Kartelle werden im Abschnitt Fallgruppen erläutert.

111 Eingehend hierzu Immenga/Mestmäcker/*Fuchs*, § 1 GWB, Rn. 35 f.

112 *Lettl*, Kartellrecht, S. 246.

113 Entwurf eines Siebten Gesetzes zur Änderung des Gesetzes gegen Wettbewerbsbeschränkungen, BT-Drucks. 15/3640, S. 44.

114 Verordnung Nr. 1/2003 des Rates v. 16.12.2002, Die Durchführung der in den Artikeln 81 und 82 des Vertrags niedergelegten Wettbewerbsregeln, ABl. L 1, S. 1 ff.

115 Zum Verhältnis von unionsrechtlichem und nationalem Kartellverbot im Allgemeinen s. o. Zum Verhältnis von Art. 101 Abs. 3 AEUV und § 3 GWB im Speziellen vgl. Loewenheim/Meessen/Riesenkampff/Kersting/Meyer-Lindemann/*Nordemann*, § 3 GWB, Rn. 10.

Kartellen unterschieden.[116] In sie lassen sich auch die verschiedenen Fallgruppen kategorisieren, die, bis auf eine Ausnahme, jedoch alle gemeinsam haben, dass eine komplexe Beurteilung[117] über die Tatbestandsmäßigkeit und Freistellungsfähigkeit im Sinne von Art. 101 AEUV beziehungsweise §§ 1 f. GWB erforderlich ist.

Stehen die Kartellanten auf verschiedenen Wirtschaftsstufen, so spricht man von sogenannten vertikalen Kartellen.[118] Die Fallgruppen reichen von zum Beispiel Alleinbezugsverpflichtungen, Alleinvertriebsbindungen, Franchiseverträgen, Zuliefervereinbarungen und Import- und Exportvereinbarungen[119] bis hin zu Preisbindungen, Markenzwängen und Internetvertriebsrestriktionen[120].

Stehen die Kartellanten hingegen auf derselben Wirtschaftsstufe, also im Wettbewerb, spricht man von sogenannten horizontalen Kartellen.[121] Die Fallgruppen umfassen beispielsweise Vermarktungsvereinbarungen, Einkaufsgemeinschaften, Forschungs- und Entwicklungskooperationen, Produktionsgemeinschaften, Vereinbarungen über die technische Entwicklung und Liefer- und Zahlungsbedingungen[122] sowie Gemeinschaftsunternehmen[123], Arbeitsgemeinschaften, Spezialisierungsvereinbarungen und Umweltschutzvereinbarungen[124].

Die wichtigste Fallgruppe horizontaler Kartelle sind die sogenannten Hardcore-Kartelle. Darunter versteht man das Festsetzen von Preisen, Festlegen von Produktionsbeschränkungen oder Aufteilen von Absatzgebieten oder Kundengruppen durch Wettbewerber.[125] Sie sind im Anwendungsbereich der Kartellverbotstatbestände der Art. 101 AEUV und §§ 1 f.GWB ohne Weiteres tatbestandsmäßig und nicht freistellungsfähig.[126] Hardcore-Kartelle bezwecken stets

---

116 *Dreher/Kulka*, Wettbewerbs- und Kartellrecht, S. 385.

117 Vgl. Streinz/*Eilmannsberger/Kruis*, Art. 101 AEUV, Rn. 273.

118 Bechtold/Bosch/*Bosch*, § 1, Rn. 62.

119 Zu denen *Kling/Thomas*, Kartellrecht, S. 98 f.

120 Zu denen *Bunte/Stancke* Kartellrecht, S. 154 f.

121 Bechtold/Bosch/*Bosch*, § 1, Rn. 47.

122 Zu denen *Kling/Thomas*, Kartellrecht, S. 88 f.

123 Zu denen Immenga/Mestmäcker/*Zimmer*, § 1 GWB, Rn. 285 f.

124 Zu denen *Bunte/Stancke*, Kartellrecht, S. 90 f., 145 f.

125 Entwurf eines Achten Gesetzes zur Änderung des Gesetzes gegen Wettbewerbsbeschränkungen, BT-Drucks. 17/9852, S. 34; Bundeskartellamt, Wettbewerbsaufsicht in Deutschland, S. 2; *Bräunig*, HRRS 2011, S. 426; *Kling/Thomas*, Kartellrecht, S. 88; *Wagner-von Papp*, WuW 2010, S. 278.

126 Europäische Kommission, Guidance on restrictions of competition, S. 5 f.; *Bunte/Stancke*, Kartellrecht, S. 142; *Kling/Thomas*, Kartellrecht, S. 88; Saenger/Aderhold/

Wettbewerbsbeschränkungen, weil sie diese im Allgemeinen bewirken[127]; sie sind stets spürbar[128], von den Gruppenfreistellungsverordnungen immer ausgenommen[129] und erfüllen daher auch nicht die Voraussetzungen der Einzelfreistellungstatbestände der Art. 101 Abs. 3 AEUV[130] und §§ 2 Abs. 1,[131] 3 Abs. 1 Hs. 1[132] GWB. Wohl auch deshalb kommen Hardcore-Kartelle grundsätzlich im Geheimen zustande.[133]

VI. Ahndbarkeit mit einer Geldbuße und weitere Rechtsfolgen

Eine der ersten Rechtsfolgen, die mit Verstößen gegen das unionsrechtliche und deutsche Kartellverbot in Verbindung gebracht wird, ist die Ahndung mit einer Geldbuße.

Die Europäische Kommission hat nach Art. 23 Abs. 2 Kartellverfahrensverordnung[134] die Befugnis, vorsätzliche oder fahrlässige Verstöße gegen Art. 101 AEUV mit einer Geldbuße zu ahnden. Jedoch können nur die Unternehmen und Unternehmensvereinigungen im Sinne von Art. 101 Abs. 1 AEUV, nicht jedoch die für sie handelnden natürlichen Personen geahndet werden.[135] Den Unternehmen und Unternehmensvereinigungen wird die Handlung von natürlichen Personen schon dann zugerechnet, wenn sie berechtigt sind, für sie tätig zu sein.[136] Die Höhe der Geldbuße richtet sich nach der Schwere und Dauer der Zuwiderhandlung, darf aber jedenfalls 10 % des Gesamtumsatzes des vorausgegangenen Geschäftsjahres nicht übersteigen,

---

Lenkaitis/Speckmann/*Lotze*, § 12, Rn. 114; Schulte/Just/*de Bronett*, Art. 101 AEUV, Rn. 94. *Weitbrecht*, EuZW 2002, S. 583.

127 Vgl. auch Bekanntmachung der Kommission v. 27.4.2004, Europäische Kommission, Leitlinien zur Anwendung von Artikel 81 Absatz 3 EG-Vertrag, ABl. C 101, S. 100.

128 Bezweckte Wettbewerbsbeschränkungen sind stets spürbar, vgl. EuGH, Urteil v. 13.12.2012, C-226/11, GRUR Int 2013, S. 285/288.

129 *Dreher/Kulka*, Wettbewerbs- und Kartellrecht, S. 397 f.

130 Entscheidung der Kommission v. 8.7.2009, COMP/39.401, WuW 2010, S. 121/131.

131 Entwurf eines Siebten Gesetzes zur Änderung des Gesetzes gegen Wettbewerbsbeschränkungen, BT-Drucks. 15/3640, S. 24 f.

132 *Emmerich/Lange*, Kartellrecht, S. 199.

133 Schulte/Just/*de Bronett*, Art. 101 AEUV, Rn. 94.

134 Verordnung Nr. 1/2003 des Rates v. 16.12.2002, Die Durchführung der in den Artikeln 81 und 82 des Vertrags niedergelegten Wettbewerbsregeln, ABl. L 1, S. 1 ff.

135 *Emmerich/Lange*, Kartellrecht, S. 127.

136 EuGH, Urteil v. 7.6.1983, C-100/80, BeckEuRS 1983, 105187, Rn. 97.

Art. 23 Abs. 3 Kartellverfahrensverordnung[137]. Die mit einer Milliarde Euro bisher höchste Geldbuße[138] verhängte die Europäische Kommission gegen *Daimler* wegen der Festsetzung von Preisen und der Koordinierung von Emissionssenkungstechniken für Lkws mit anderen Lkw-Herstellern[139]. Gemäß der Kronzeugenregelung der Europäischen Kommission[140] wird einem Unternehmen die Geldbuße erlassen, wenn es ein Hardcore-Kartell aufdeckt. Die Geldbußen der anderen Hardcore-Kartellanten werden gemildert, wenn sie bei der Ermittlung kooperieren.[141]

Aber auch die deutschen Verwaltungsbehörden, insbesondere das Bundeskartellamt[142], können vorsätzliche oder fahrlässige Verstöße gegen das unionsrechtliche oder deutsche Kartellverbot gemäß §§ 81 Abs. 1 Nr. 1, Abs. 2 Nr. 1 GWB mit einer Geldbuße ahnden. Unter weiteren Voraussetzungen können bestimmte gesetzliche Vertreter und Beauftragte der Unternehmen und Unternehmensvereinigungen, § 9 OWiG, Aufsichtspflichtige, § 130 OWiG, Beteiligte, § 14 OWiG, sowie das Unternehmen und die Unternehmensvereinigung selbst, § 30 OWiG, mit Geldbußen geahndet werden.[143] Die Höhe der Geldbuße richtet sich ebenfalls nach der Schwere und Dauer der Zuwiderhandlung, darf aber bei natürlichen Personen eine Million Euro und bei Unternehmen und Unternehmensvereinigungen im Sinne von Art. 101 Abs. 1 AEUV und § 1 GWB 10 % des Gesamtumsatzes des vorausgegangenen Geschäftsjahres nicht übersteigen, § 81 Abs. 4 S. 2 Hs. 2 GWB. Besondere Aufmerksamkeit erfuhr zum Beispiel die Verhängung von Geldbußen durch das Bundeskartellamt in Höhe von insgesamt über 280 Millionen Euro gegen die drei deutschen Zuckerhersteller *Pfeifer & Langen*, *Südzucker* und *Nordzucker* sowie gegen einzelne natürliche Personen wegen der Aufteilung von Absatzgebieten.[144] Gemäß der Bonusregelung des

---

137 Verordnung Nr. 1/2003 des Rates v. 16.12.2002, Die Durchführung der in den Artikeln 81 und 82 des Vertrags niedergelegten Wettbewerbsregeln, ABl. L 1, S. 1 ff.

138 Europäische Kommission, Cartel Statistics, S. 3.

139 Pressemitteilung der Kommission v. 19.7.2016, Geldbuße in Höhe von 2.93 Mrd. EUR gegen Lkw-Hersteller, EuZW 2016, S. 563.

140 Mitteilung der Kommission v. 8.12.2006, Erlass und Ermäßigung von Geldbußen in Kartellsachen, ABl. C 298, S. 17 ff.

141 Hierzu eingehend *Kling/Thomas*, Kartellrecht, S. 459 f.

142 Zu den Zuständigkeiten eingehend Loewenheim/Meessen/Riesenkampff/Kersting/*Meyer-Lindemann*, § 81 GWB, Rn. 166.

143 Hierzu eingehend *Dreher/Kulka*, Wettbewerbs- und Kartellrecht, S. 714 f.

144 Bericht des Bundeskartellamtes über seine Tätigkeit in den Jahren 2013/2014 sowie über die Lage und Entwicklung auf seinem Aufgabengebiet und Stellungnahme der Bundesregierung, BT-Drucks. 18/5210, S. 50.

Bundeskartellamtes[145] wird einem Unternehmen oder einer Unternehmensvereinigung ebenfalls eine Geldbuße erlassen, wenn sie ihren Kartellverbotsverstoß aufdecken. Ebenso werden die Geldbußen der anderen Kartellanten gemildert, wenn sie bei der Ermittlung kooperieren.[146]

Darüber hinaus sind die Klauseln der Beschlüsse und Verträge zwischen Kartellanten, die gegen das unionsrechtliche oder deutsche Kartellverbot verstoßen, gemäß Art. 101 Abs. 2 AEUV und § 134 BGB in Verbindung mit § 1 GWB unwirksam.[147] Verträge mit unbeteiligten Dritten, die aufgrund eines solchen Kartells zustande kommen, sind dagegen nicht von der Unwirksamkeit umfasst.[148] Weiterhin lösen Verstöße gegen Art. 101 AEUV und §§ 1 f. GWB Beseitigungs- und Unterlassungsansprüche aus, § 33 Abs. 1 GWB. Aber auch die Europäische Kommission kann gemäß Art. 7 Abs. 1 Kartellverfahrensverordnung[149] bei Verstößen gegen das unionsrechtliche Kartellverbot eine Abstellungsverfügung erlassen.[150] Das gleiche Recht haben deutsche Kartellbehörden gemäß §32 Abs. 1 GWB bei Verstößen gegen das unionsrechtliche oder das deutsche Kartellverbot.[151] Schließlich lösen solche Verstöße bei Verschulden Schadensersatzansprüche, § 33a Abs. 1 GWB, deren Bedeutung stetig zunimmt, aus.[152]

---

145 Bekanntmachung des Bundeskartellamtes v. 7.3.2006, Erlass und Reduktion von Geldbußen in Kartellsachen, Nr. 9/2006, S. 1 ff.

146 Hierzu eingehend *Kling/Thomas*, Kartellrecht, S. 875 f.

147 Hierzu eingehend Loewenheim/Meessen/Riesenkampff/Kersting/Meyer-Lindemann/*Jaeger*, Art. 101 Abs. 2 AEUV, Rn. 1 f.

148 EuGH, Urteil v. 14.12.1983, 319/82, Slg. 1983, S. 4173/4183 f.; BGH, Beschluss v. 9.7.1984, KRB 1/84, NJW 1984, S. 2372/2373.

149 Verordnung Nr. 1/2003 des Rates v. 16.12.2002, Die Durchführung der in den Artikeln 81 und 82 des Vertrags niedergelegten Wettbewerbsregeln, ABl. L 1, S. 1 ff.

150 Hierzu eingehend Schulte/Just/*Sauer/Vollrath*, Art. 7 VO 1/2003, Rn. 1 f.

151 Hierzu eingehend Schulte/Just/*Staebe*, § 32 GWB, Rn. 1 f.

152 Hierzu eingehend Bechtold/Bosch/*Bosch*, § 33a, Rn. 1 f.

C. Die Strafwürdigkeit und Strafbedürftigkeit

Aufgrund des einschneidenden Charakters des Strafrechts sollten bei der Frage nach einer legitimen gegenwärtigen und künftigen Strafbarkeit von Verhaltensweisen die rechtspolitischen Vorgaben der Strafwürdigkeit und Strafbedürftigkeit[153] beachtet werden[154]. Die Strafbewehrung der Umsetzung von Kartellen durch hierauf beruhende Angebotsabgaben kann demnach legitimerweise nur in Betracht kommen, soweit sie strafwürdig und strafbedürftig sind.[155]

Nachfolgend werden zunächst die Gründe und die von der Literatur entwickelten Voraussetzungen der Strafwürdigkeit erläutert und erörtert, inwiefern Kartelle und unter anderem deshalb auch ihre Umsetzung durch entsprechend kartellbetroffene Angebotsabgaben strafwürdig sind. Anschließend werden die Gründe und die vom Schrifttum erarbeiteten Voraussetzungen der Strafbedürftigkeit dargelegt und geklärt, inwiefern Kartelle und darauf fundierende Angebotsabgaben strafbedürftig sind. Die Auswirkungen der Erörterungen zur Strafwürdigkeit und Strafbedürftigkeit werden schließlich in den jeweiligen Sinnzusammenhängen des weiteren Gangs der Untersuchung dargestellt.

I. Strafwürdigkeit

Die rechtspolitische Vorgabe der Strafwürdigkeit[156] für die Strafbewehrung einer Verhaltensweise wird unter anderem mit dem Verhältnismäßigkeitsgrundsatz begründet[157]. Denn die Strafe, die neben dem Strafmaß eine nachdrückliche Stigmatisierung im sozialen Umfeld zur Folge haben kann, zum Beispiel durch den Verlust des Arbeitsplatzes und freundschaftlicher oder gesellschaftlicher Beziehungen[158], ist das äußerste Mittel, das dem Staat zur Verfügung steht.[159]

---

153 Zu den verschiedenen verwendeten Begrifflichkeiten neben denen der weithin so benannten Strafwürdigkeit und Strafbedürftigkeit NK-StGB/*Hassemer/Neumann*, Vorbemerkungen zu § 1, Rn. 50 f. m. w. N.

154 *Amelung/Hassemer/Rudolphi/Scheerer*, StV 1989, S. 72 f. m. w. N.; *Jescheck/Weigend*, Lehrbuch des Strafrechts Allgemeiner Teil, S. 49 f. m. w. N.

155 Vgl. auch *Bräunig*, HRRS 2011, S. 427.

156 Zu den verschiedenen verwendeten Begrifflichkeiten neben dem der Strafwürdigkeit NK-StGB/*Hassemer/Neumann*, Vorbemerkungen zu § 1, Rn. 50 f. m. w. N.

157 *Gallas*, Beiträge zur Verbrechenslehre, S. 9.

158 Die Beispiele nennend *Günther*, JuS 1978, S. 13, der wohl als einer der Ersten in dem Beitrag eine schematische Strafgesetzgebungslehre entwickelt hat.

159 BVerfG, Beschluss v. 26.2.2008, 2 BvR 392/07, NJW 2008, S. 1137/1138.

Demnach dürfte sich die Strafbarkeit einer Verhaltensweise nur rechtfertigen lassen, wenn die besondere Sozialschädlichkeit der Verhaltensweise, die Nachteile durch das Strafmaß und die nachträgliche Stigmatisierung im sozialen Umfeld aufwiegt.[160]

Die Kriterien für die Beurteilung dieser Frage sind vor allem der objektiven Werteordnung des Grundgesetzes zu entnehmen.[161] Denn das Grundgesetz, insbesondere die Grundrechte, verkörpert verfassungsrechtliche Grundentscheidungen als objektive Werteordnung für alle Rechtsgebiete, auch für das Strafrecht.[162] Daneben sind aber der gesamten Rechtsordnung, zum Beispiel auch dem Vertrag über die Arbeitsweise der Europäischen Union, Kriterien für die genannte Beurteilung zu entnehmen[163].

Es gilt: Je höher der Rang eines Rechtsgutes, umso eher ist die Verhaltensweise einer Strafe würdig, die das Rechtsgut verletzt oder gefährdet.[164] Je geringer hingegen der Rang eines Rechtsgutes, desto höher muss der soziale Unwert der Verhaltensweise sein, mit der das Rechtsgut verletzt oder gefährdet wird, damit die Verhaltensweise als strafwürdig zu bewerten ist.[165] Da zum Beispiel das Rechtsgut Leben, Art. 2 Abs. 2 Alt. 1 GG, als Grundrecht ein überragend hohes Rechtsgut in der Werteordnung des Grundgesetzes ist[166], sind folgerichtig nahezu alle Verhaltensweisen, die den Tod eines Menschen, auch den eines noch nicht geborenen Menschen[167], verursachen, strafwürdig und daher auch strafbewehrt[168]. Im Übrigen kann jedoch selbst eine sozial besonders unwertige Verhaltensweise, die kein Rechtsgut verletzt oder gefährdet, nicht strafwürdig sein. Denn das Strafrecht dient dem Rechtsgüterschutz.[169]

Die relevanten Faktoren für die Beurteilung einer Verhaltensweise als strafwürdig sind demnach der Erfolgsunwert, der Rang eines Rechtsgutes und in

---

160 *Hassemer*, Theorie und Soziologie des Verbrechens, S. 200 f.

161 NK-StGB/*Hassemer/Neumann*, Vorbemerkungen zu § 1, Rn. 63 f.

162 BVerfG, Urteil v. 25.2.1975, 1 BvF 1/74, 1 BvF 2/74, 1 BvF 3/74, 1 BvF 4/74, 1 BvF 5/74, 1 BvF 6/74, BVerfGE 39, S. 1/41.

163 *Frisch*, Von totalitärem zu rechtsstaatlichem Strafrecht, S. 203.

164 Vgl. auch BVerfG, Urteil v. 25.2.1975, 1 BvF 1/74, 1 BvF 2/74, 1 BvF 3/74, 1 BvF 4/74, 1 BvF 5/74, 1 BvF 6/74, BVerfGE 39, S. 1/42.

165 *Jescheck/Weigend*, Lehrbuch des Strafrechts Allgemeiner Teil, S. 51.

166 BVerfG, Urteil v. 25.2.1975, 1 BvF 1/74, 1 BvF 2/74, 1 BvF 3/74, 1 BvF 4/74, 1 BvF 5/74, 1 BvF 6/74, BVerfGE 39, S. 1/42.

167 Vgl. BVerfG, Urteil v. 28.5.1993, 2 BvF 2/90, 2 BvF 4/90, 2 BvF 5/92, BVerfGE 88, S. 203 f.

168 Vgl. *Baumann/Weber/Mitsch/Eisele*, Strafrecht Allgemeiner Teil, S. 8.

169 BVerfG, Beschluss v. 26.2.2008, 2 BvR 392/07, NJW 2008, S. 1137/1138.

aller Regel kumulativ der Handlungsunwert, die Art und Weise der Verletzung oder Gefährdung des Rechtsgutes.[170]

1. Erfolgsunwert

Die Strafwürdigkeit von Kartellen und unter anderem damit auch ihre Umsetzung durch entsprechend kartellbetroffene Angebotsabgaben kommen in Bezug auf den freien Wettbewerb und das Vermögen der Marktgegenseite als mögliche Rechtsgüter im gerade genannten Sinne in Betracht. Daher ist zunächst zu erörtern, wie solche Rechtsgüter definiert werden. Sodann ist zu analysieren, ob der freie Wettbewerb und das Vermögen solche Rechtsgüter sind. Wenn das bejaht werden kann, ist der oben genannte Rang jener Rechtsgüter zu erörtern.

In der Literatur besteht aber bei der Strafwürdigkeitsbeurteilung über die genaue Definition des Rechtsguts bei weitem keine Einigkeit. Es finden sich die unterschiedlichsten, kaum mehr übersehbaren Definitionen.[171]

Das Bundesverfassungsgericht ist seit einer Entscheidung von 2008 der Auffassung, dass grundsätzlich der Gesetzgeber entscheide, was ein Rechtsgut ist.[172] Natürlich wurde die Widersprüchlichkeit der Entscheidung nicht nur in einem Sondervotum[173] sondern auch in der Literatur kritisiert[174].

Unabhängig von der Kritik an der Entscheidung bedarf es aber einer Definition des Rechtsgutes im Sinne der Strafwürdigkeitsbeurteilung, um die Strafwürdigkeit von Verhaltensweisen zu beurteilen, bevor der Gesetzgeber tätig wird. Wie bereits dargelegt sind die Kriterien für die Beurteilung der Sozialschädlichkeit einer Verhaltensweise der gesamten Rechtsordnung[175], insbesondere dem Grundgesetz[176], zu entnehmen. Daher erscheint es folgerichtig, dass ein solches Rechtsgut jedenfalls ein rechtlich schützenswertes oder rechtlich geschütztes Interesse ist.[177]

170 *Gallas*, Beiträge zur Verbrechenslehre, S. 9.

171 Siehe einige Beispiele bei *Roxin*, Strafrecht Allgemeiner Teil I, S. 14.

172 Interpretation von BVerfG, Beschluss v. 26.2.2008, 2 BvR 392/07, NJW 2008, S. 1137/1138 f. durch *Murmann*, Grundkurs Strafrecht, S. 21.

173 Sondervotum *Hassemer*, BVerfG, Beschluss v. 26.2.2008, 2 BvR 392/07, NJW 2008, S. 1137/1142 f.

174 Ausführlich *Noltenius*, ZJS 2009, S. 17 f. m. w. N.

175 *Frisch*, Von totalitärem zu rechtsstaatlichem Strafrecht, S. 203.

176 NK-StGB/*Hassemer/Neumann*, Vorbemerkungen zu § 1, Rn. 63 f.

177 *Binding*, Die Normen und ihre Übertretung, S. 353 f.; *Frisch*, Von totalitärem zu rechtsstaatlichem Strafrecht, S. 203.

a) Freier Wettbewerb

Seit jeher finden sich für die Rechtsgutsqualität des freien Wettbewerbs im Sinne der Strafwürdigkeitsbeurteilung Befürworter[178] und Gegner[179].

Am deutlichsten dürfte der freie Wettbewerb vom Vertrag über die Arbeitsweise der Europäischen Union und vom Vertrag über die Europäische Union als schützenswertes beziehungsweise geschütztes Interesse betrachtet werden. So findet sich im Ersteren wiederholt ausdrücklich der Grundsatz einer offenen Marktwirtschaft mit freiem Wettbewerb, Art. 119 ff. AEUV. Aus Art. 119 Abs. 1 AEUV, wonach die Tätigkeit der Europäischen Union und ihrer Mitgliedsstaaten die Einführung einer Wirtschaftspolitik umfasst, die dem Grundsatz einer offenen Marktwirtschaft mit freiem Wettbewerb verpflichtet ist, geht sogar eine Systementscheidung hervor.[180] Sie ergibt sich auch aus Art. 3 Abs. 3 EUV in Verbindung mit Art. 51 AEUV und dem Protokoll über den Binnenmarkt und den Wettbewerb[181].[182] Demnach errichtet die Europäische Union einen Binnenmarkt, der ein System umfasst, das den Wettbewerb vor Verfälschungen schützt[183]. Die verfassungsähnlichen Verträge der Europäischen Union[184] betrachten den freien Wettbewerb folglich ausdrücklich als schützenswertes beziehungsweise geschütztes Interesse im Sinne einer Systementscheidung.

Im Grundgesetz wird der freie Wettbewerb an keiner Stelle ausdrücklich genannt. Daraus könnte man schließen, dass er kein grundgesetzlich schützenswertes beziehungsweise geschütztes Interesse ist. Auch eine Entscheidung des Bundesverfassungsgerichts aus dem Jahr 1954, wonach die deutsche Wirtschaftsordnung nicht durch das Grundgesetz vorgegeben ist[185], ließe sich in dem Sinne deuten. Entscheidungen in den folgenden Jahren stellen jedoch klar, dass

---

178 Vor allem der Gesetzgeber, vgl. Entwurf eines Gesetzes zur Bekämpfung der Korruption, BT-Drucks. 13/5584, S. 12. Aber seit über 40 Jahren auch schon wie zuletzt *Tiedemann*, FS Müller-Dietz, S. 918. Ansonsten z. B. *Biermann*, ZWeR 2007, S. 28 f.

179 Z. B. *König*, JR 1997, S. 402; *Oldigs*, wistra 1998, S. 294; *Selmer*, Verfassungsrechtliche Probleme einer Kriminalisierung des Kartellrechts, S. 28.

180 Schwarze/Becker/Hatje/Schoo//*Hatje*, Art. 119 AEUV, Rn. 8.

181 Konsolidierte Fassungen des Vertrags über die Europäische Union und des Vertrags über die Arbeitsweise der Europäischen Union, ABl. C 83, S. 309.

182 Grabitz/Hilf/Nettesheim/*Bandilla*, Art. 119 AEUV, Rn. 23.

183 Calliess/Ruffert/*Ruffert*, Art. 3 EUV, Rn. 26.

184 *Möschel*, FS Immenga, S. 287.

185 BVerfG, Urteil v. 20.7.1954, 1 BvR 459/52; 1 BvR 484/52; 1 BvR 555/52; 1 BvR 623/5 2; 1 BvR 651/52; 1 BvR 748/52; 1 BvR 783/52; 1 BvR 801/52; 1 BvR 5/53; 1 BvR 9/53; 1 BvR 96/54; 1 BvR 114/54, NJW 1954, S. 1235.

die Grundrechte, namentlich die allgemeine Handlungsfreiheit, Art. 2 I GG, die Vereinigungsfreiheit, Art. 9 GG, die Berufsfreiheit, Art. 12 GG und die Eigentumsfreiheit, Art. 14 GG, der Unternehmerinitiative und dem Wirtschaftsleben wesentliche Freiheitsräume zusichern.[186] Damit korrespondiert jedenfalls die grundgesetzliche Entscheidung gegen eine zentrale Marktwirtschaft[187], sodass sich hinterfragen lässt, welche andere Wirtschaftsordnung als die (soziale) Marktwirtschaft dann noch übrig bleiben soll. Unabhängig davon dürften diese Entscheidungen jedenfalls implizieren, dass der freie Wettbewerb ein grundgesetzlich schützenswertes beziehungsweise geschütztes Interesse ist.[188] Das lässt sich durch den Grundsatz der unionsrechtsfreundlichen Auslegung des Grundgesetzes aus Art. 23 Abs. 1 S. 1 GG[189] bestätigen, da die Verträge der Europäischen Union den freien Wettbewerb, wie dargelegt, als schützenswertes beziehungsweise geschütztes Interesse im Sinne einer Systementscheidung betrachten.[190] Es bestehen somit gute Gründe dafür, dass der freie Wettbewerb ein grundgesetzlich schützenswertes beziehungsweise geschütztes Interesse ist.

Da die Kriterien im Rahmen dieser rechtspolitischen Beurteilung neben dem Grundgesetz[191] der gesamten Rechtsordnung[192] zu entnehmen sind, liegt es schließlich nahe anzunehmen, dass der freie Wettbewerb auch ein rechtlich schützenswertes beziehungsweise rechtlich geschütztes Interesse im Sinne des einfachgesetzlichen unionsrechtlichen und deutschen Kartellverbots ist. Denn Sinn und Zweck von Art. 101 Abs. 1 AEUV und somit auch von § 1 GWB[193] sind, wie bereits dargestellt, der Schutz der wirtschaftlichen Betätigungsfreiheit der Wettbewerber[194] sowie der Schutz der Marktgegenseite[195], und zwar durch den Schutz der Struktur des Marktes und damit des freien Wettbewerbs als solchen[196]. Der freie Wettbewerb ist somit auch nach dem unionsrechtlichen und

186 BVerfG, Beschluss v. 14.10.1970, 1 BvR 306/68, BVerfGE 29, S. 260/266 f.; BVerfG, Urteil v. 1.3.1979, 1 BvR 532/77, 1 BvR 533/77, 1 BvR 419/78, 1 BvL 21/78, BVerfGE 50, S. 290/366.

187 Wolf/*Antoni*, Art. 20, Rn. 5.

188 *Sodan*, DÖV 2000, S. 366.

189 Jarass/Pieroth/*Jarass*, Art. 23, Rn. 13, 42.

190 *Sodan*, DÖV 2000, S. 367.

191 NK-StGB/*Hassemer/Neumann*, Vorbemerkungen zu § 1, Rn. 63 f.

192 *Frisch*, Von totalitärem zu rechtsstaatlichem Strafrecht, S. 203.

193 *Lettl*, Kartellrecht, S. 243.

194 EuGH, Urteil v. 23.11.2006, C-238/05, EuZW 2006, S. 753/756.

195 Vgl. auch BGH, Urteil v. 25.1.1983, KZR 12/81, NJW 1984, S. 2819.

196 EuGH, Urteil v. 4.6.2009, C-8/08, EuZW 2009, S. 505/507.

dem deutschen Kartellverbot ein schützenswertes beziehungsweise geschütztes Interesse.

Daher handelt es sich beim freien Wettbewerb auch nach hiesiger Auffassung um ein Rechtsgut im Sinne der Strafwürdigkeitsbeurteilung. Die älteren sich hiergegen richtenden Ansichten[197] dürften jedenfalls teilweise mit den Änderungen im unionsrechtlichen Gefüge in den letzten Jahren nicht mehr vereinbar sein. Denn die ausschlaggebende Festlegung auf den Grundsatz einer offenen Marktwirtschaft mit freiem Wettbewerb im Sinne einer Systementscheidung findet sich in den Verträgen der Europäischen Union erstmals seit dem im Jahr 1993 in Kraft getretenen Vertrag von Maastricht.[198] Daher lassen sich auch erst seit dem Jahr 1993 die vorangegangenen Erörterungen, wonach der freie Wettbewerb ein grundgesetzlich schützenswertes beziehungsweise geschütztes Interesse ist, durch den Grundsatz der unionsrechtsfreundlichen Auslegung des Grundgesetzes[199] aus dem im Jahr 1992 in Kraft getretenen Art. 23 Abs. 1 S. 1 GG[200] ausschlaggebend bestätigen.

Der Rang des Rechtsgutes freier Wettbewerb im Sinne der Strafwürdigkeitsbeurteilung könnte ein hoher sein. Hierfür lässt sich anführen, dass nach dargelegter hiesiger Einschätzung der freie Wettbewerb ein Rechtsgut der verfassungsähnlichen Verträge der Europäischen Union im Sinne einer Systementscheidung und ein Rechtsgut des Grundgesetzes ist. Zudem spricht dafür, dass der freie Wettbewerb im Allgemeinen die höchstmögliche gesamtgesellschaftliche Wohlfahrt bei zugleich erwähnter größtmöglicher wirtschaftlicher Betätigungsfreiheit und somit auch allgemeiner Freiheit als solche bewirkt.[201] Denn die offene Marktwirtschaft mit freiem Wettbewerb hat ihre Überlegenheit gegenüber zentralen Marktwirtschaften bewiesen.[202] Dennoch kann der freie Wettbewerb – etwa im Vergleich zum Leben[203] – wohl eher kein überragend hohes Rechtsgut im vorerwähnten Sinne sein. Das belegt jedenfalls die Ausgestaltung des unionsrechtlichen und des deutschen Kartellverbots, Art. 101 AEUV und

---

197 Etwa die Ansicht von *Selmer*, Verfassungsrechtliche Probleme einer Kriminalisierung des Kartellrechts, S. 28, aus dem Jahr 1977.

198 *Sodan*, DÖV 2000, S. 367.

199 Jarass/Pieroth/*Jarass*, Art. 23, Rn. 13, 42.

200 Gesetz zur Änderung des Grundgesetzes v. 21.12.1992, BGBl. I S. 2086.

201 Vgl. *Tiedemann*, FS Müller-Dietz, S. 910.

202 So im Jahre 1975 schon *Schlecht*, Wettbewerb als Aufgabe, S. 6. Die Erkenntnis gilt heute umso mehr.

203 BVerfG, Urteil v. 25.2.1975, 1 BvF 1/74, 1 BvF 2/74, 1 BvF 3/74, 1 BvF 4/74, 1 BvF 5/74, 1 BvF 6/74, BVerfGE 39, S. 1/42.

§§ 1 f. GWB.[204] Denn wie eingangs dargelegt ist nach ihnen nicht jede bewirkte oder bezweckte Wettbewerbsbeschränkung verboten. Vielmehr können sie je nach Sachverhalt zum Beispiel aufgrund von Effizienzerwägungen[205] oder zur Stärkung der Wettbewerbsfähigkeit kleinerer und mittlerer Unternehmen[206] eine positive Wirkung auf die gesamtgesellschaftliche Wohlfahrt haben und folglich gemäß Art. 101 Abs. 3 AEUV beziehungsweise §§ 2 bis 3 GWB vom unionsrechtlichen beziehungsweise deutschen Kartellverbot freigestellt, also nicht verboten sein.[207] Diese rechtlich anerkannten Vorstellungen über die gesamtgesellschaftliche Wohlfahrt relativieren den Rang des freien Wettbewerbs als Rechtsgut[208] dahingehend, dass es sich nur um ein hohes und nicht um ein überragend hohes im Sinne der Strafwürdigkeitsbeurteilung handeln dürfte.

Aufgrund der vorangegangenen Erläuterungen ist in diesem Zusammenhang die Frage aufzuwerfen, ob sich aus dem Rechtfertigungsgrund der Notwehr, § 32 StGB, ergibt, dass selbst das Rechtsgut Leben kein überragend hohes Rechtsgut ist. Gerade die Voraussetzungen von § 32 StGB zeigen jedoch, dass die Tötung von Leben nur unter ganz besonders engen Voraussetzungen, insbesondere als letztes Mittel einer Verteidigung[209], nicht strafbar, demnach nicht verboten ist.[210] Das Rechtsgut Leben ist daher, wie auch vom Bundesverfassungsgericht entschieden[211], ein solch überragend hohes Rechtsgut.

b) Vermögen

Weitgehend unbestritten dürfte sein, dass auch das Vermögen der Marktgegenseite ein Rechtsgut im Sinne der Strafwürdigkeitsbeurteilung ist. Denn das Vermögen gehört zum Kanon der im Strafrecht allgemein anerkannten Rechtsgüter.[212] Das Vermögen, genauer gesagt die vermögenswerten Rechtspositionen, sind vom Grundrecht der Eigentumsfreiheit, Art. 14 GG, geschützt[213] und stellen

204 Vgl. *Möschel*, Zur Problematik einer Kriminalisierung von Submissionsabsprachen, S. 34.
205 Immenga/Mestmäcker/*Ellger*, Art. 101 Abs. 3 AEUV, Rn. 7.
206 Entwurf eines Siebten Gesetzes zur Änderung des Gesetzes gegen Wettbewerbsbeschränkungen, BT-Drucks. 15/3640, S. 44.
207 Immenga/Mestmäcker/*Ellger*, Art. 101 Abs. 3 AEUV, Rn. 7.
208 So auch *Möschel*, Zur Problematik einer Kriminalisierung von Submissionsabsprachen, S. 34 f.
209 BGH, Urteil v. 25.8.2005, 5 Str 255/05, BeckRS 2005, 10591.
210 *Wessels/Beulke/Satzger*, Strafrecht Allgemeiner Teil, S. 128.
211 BVerfG, Urteil v. 25.2.1975, 1 BvF 1/74, 1 BvF 2/74, 1 BvF 3/74, 1 BvF 4/74, 1 BvF 5/74, 1 BvF 6/74, BVerfGE 39, S. 1/42.
212 *Heger*, SpuRt 2007, S. 153.
213 BVerfG, Urteil v. 8.4.1997, 1 BvR 48/94, NJW 1997, S. 1975.

daher ein rechtlich schützenswertes beziehungsweise rechtlich geschütztes Interesse, demnach ein Rechtsgut im Sinne der Strafwürdigkeitsbeurteilung, dar.

Der Rang des Rechtsgutes Vermögen im Sinne der Strafwürdigkeitsbeurteilung dürfte wie beim freien Wettbewerb ein hoher sein. Das ergibt sich schon daraus, dass das Vermögen durch ein Grundrecht geschützt ist.[214] Dennoch ist das Vermögen ebenfalls wohl eher kein überragend hohes Rechtsgut in dem vorerwähnten Sinne. Denn zum einen kann die Beeinträchtigung des Vermögens durch die Entfaltung der allgemeinen Handlungsfreiheit, Art. 2 Abs. 1 GG, durchaus legitim sein. Wer nämlich durch überlegende Leistung Wettbewerber verdrängt, beeinträchtigt dadurch stets das Vermögen der Wettbewerber und in der Regel auch der Marktgegenseite.[215] Und zum anderen ergeben sich für das Grundrecht der Eigentumsfreiheit, Art. 14 GG, durch die Inhalts- und Schrankenbestimmung, Art. 14 Abs. 1 S. 2 GG, durch die Sozialbindung, Art. 14 Abs. 2 GG und die Möglichkeit der Enteignung, Art. 14 Abs. 3 GG, wesentliche Einschränkungen.[216]

2. Handlungsunwert

Für die Strafwürdigkeit von Kartellen und unter anderem deshalb auch ihre Umsetzung durch solch kartellbetroffene Angebotsabgaben kommt es nunmehr zum einen darauf an, dass diese Verhaltensweisen den freien Wettbewerb und/oder das Vermögen verletzen oder gefährden.[217] Zum anderen kommt es auf die Art und Weise der Verletzung oder Gefährdung an. Da nach hiesiger Ansicht sowohl der freie Wettbewerb als auch das Vermögen nur hohe Rechtsgüter und nicht überragend hohe Rechtsgüter im Sinne der Strafwürdigkeitsbeurteilung sind, müssten Kartelle beziehungsweise kartellbetroffene Angebotsabgaben den freien Wettbewerb und/oder das Vermögen auf eine sozial besonders unwertige Art und Weise verletzen oder gefährden.[218] Eine solche ist zum Beispiel die Verletzung oder Gefährdung von Rechtsgütern auf täuschende, vertrauensbrechende[219] oder besonders gefährliche Art und Weise[220], aber auch unter

214 BVerfG, Urteil v. 25.2.1975, 1 BvF 1/74, 1 BvF 2/74, 1 BvF 3/74, 1 BvF 4/74, 1 BvF 5/74, 1 BvF 6/74, BVerfGE 39, S. 1/42.

215 Vgl. auch *Möschel*, Zur Problematik einer Kriminalisierung von Submissionsabsprachen, S. 32.

216 *Günther*, JuS 1978, S. 13.

217 So im Allgemeinen *Amelung/Hassemer/Rudolphi/Scheerer*, StV 1989, S. 72.

218 So im Allgemeinen *Jescheck/Weigend*, Lehrbuch des Strafrechts Allgemeiner Teil, S. 51.

219 *Otto*, GS Schröder, S. 56.

220 *Jescheck/Weigend*, Lehrbuch des Strafrechts Allgemeiner Teil, S. 51.

Aufwendung besonderer deliktischer Energie[221]. Das bestätigen gegenwärtige Straftatbestände. So zeigt sich beispielsweise am Betrug, § 263 StGB, dass die Verletzung des Rechtsguts Vermögen auf eine täuschende Art und Weise eine Verletzung eines Rechtsguts auf sozial besonders unwertige Art und Weise ist. Hiesige Ausgangsüberlegung ist es, dabei zwischen Hardcore-Kartellen und sonstigen horizontalen und vertikalen Kartellfallgruppen zu differenzieren.

a) Hardcore-Kartelle

Wie eingangs beschrieben versteht man unter Hardcore-Kartellen das Festsetzen von Preisen, Festlegen von Produktionsbeschränkungen oder Aufteilen von Absatzgebieten oder Kundengruppen durch Wettbewerber.[222] Sie könnten stets das Rechtsgut des freien Wettbewerbs verletzen.

Bereits die Wertungen der Gesetzgeber des unionsrechtlichen und deutschen Kartellverbots dürften implizieren, dass Hardcore-Kartelle stets das Rechtsgut des freien Wettbewerbs verletzen. Denn die gesetzgeberische Normierung einer Wirtschaftsrechtsordnung impliziert, dass ein Rechtsverstoß gegen die Wirtschaftsrechtsordnung auch gegen den beabsichtigten Zweck der Wirtschaftsrechtsordnung verstößt.[223] Wie bereits erwähnt ist Sinn und Zweck von Art. 101 Abs. 1 AEUV und somit auch von § 1 GWB[224] der Schutz der wirtschaftlichen Betätigungsfreiheit der Wettbewerber[225] und der Schutz der Marktgegenseite[226], und zwar durch den Schutz der Struktur des Marktes und damit des freien Wettbewerbs als solchen[227]. Im Anwendungsbereich dieser Kartellverbotstatbestände bezwecken und bewirken Hardcore-Kartelle deshalb im Allgemeinen spürbare[228] Wettbewerbsbeschränkungen[229] und sind darüber hinaus

221 *Amelung*, NJW 1986, S. 2077.

222 Entwurf eines Achten Gesetzes zur Änderung des Gesetzes gegen Wettbewerbsbeschränkungen, BT-Drucks. 17/9852, S. 34; Bundeskartellamt, Wettbewerbsaufsicht in Deutschland, S. 2; *Bräunig*, HRRS 2011, S. 426; *Kling/Thomas*, Kartellrecht, S. 88; *Wagner-von Papp*, WuW 2010, S. 278.

223 *Tiedemann*, Kartellrechtsverstöße und Strafrecht, S. 106, 112.

224 *Lettl*, Kartellrecht, S. 243.

225 EuGH, Urteil v. 23.11.2006, C-238/05, EuZW 2006, S. 753/756.

226 Vgl. auch BGH, Urteil v. 25.1.1983, KZR 12/81, NJW 1984, S. 2819.

227 EuGH, Urteil v. 4.6.2009, C-8/08, EuZW 2009, S. 505/507.

228 EuGH, Urteil v. 13.12.2012, C-226/11, GRUR Int 2013, S. 285/288.

229 Vgl. auch Bekanntmachung der Kommission v. 27.4.2004, Europäische Kommission, Leitlinien zur Anwendung von Artikel 81 Absatz 3 EG-Vertrag, ABl. C 101, S. 100.

auch nicht freistellungsfähig[230]. Die Wertungen der Gesetzgeber des unionsrechtlichen und deutschen Kartellverbotes implizieren demnach schon, dass Hardcore-Kartelle stets das Rechtsgut des freien Wettbewerbs verletzen. Diese Bewertung wird von der wirtschaftswissenschaftlichen Literatur bestätigt. Hardcore-Kartelle verletzten danach stets den freien Wettbewerb. Denn sie beseitigen durchgehend das für den freien Wettbewerb erforderliche Unternehmerrisiko und die für den freien Wettbewerb ebenfalls erforderliche Unternehmerfreiheit der Wettbewerber, indem Wettbewerber einheitlich und verbindlich Preise festsetzen, Produktionsbeschränkungen festlegen oder Absatzgebiete oder Kundengruppen aufteilen.[231] Das führt wiederum dazu, dass die für den freien Wettbewerb erforderliche Auswahlmöglichkeit der Marktgegenseite im Allgemeinen beeinträchtigt wird, weil die Auswahl unterschiedlicher Preise, Produkte, Hersteller und Händler gemindert ist.[232]

Hardcore-Kartelle verletzen demnach wohl stets das aufgezeigte Rechtsgut des freien Wettbewerbs.

Möglicherweise gefährden Hardcore-Kartelle und derartig kartellbetroffene Angebotsabgaben zudem regelmäßig das Rechtsgut des Vermögens der Marktgegenseite.

Durch Hardcore-Kartelle steigen in der Regel die Preise – und zwar entweder direkt aufgrund der Festsetzung der Preise oder indirekt aufgrund des mengenmäßig verringerten Angebots.[233] Es besteht aufgrund einschlägiger ökonomischer Studien auch weitgehende Einigkeit darüber, dass Hardcore-Kartelle Vermögensschäden bei der Marktgegenseite verursachen.[234] Auch der zivilrechtlichen[235] und strafrechtlichen[236] Rechtsprechung zufolge ist das

230 So i. E. auch Europäische Kommission, Guidance on restrictions of competition, S. 5 f.; *Bunte/Stancke*, Kartellrecht, S. 142; *Kling/Thomas*, Kartellrecht, S. 88; Saenger/Aderhold/Lenkaitis/Speckmann/*Lotze*, § 12, Rn. 114; Schulte/Just/*de Bronett*, Art. 101 AEUV, Rn. 94. *Weitbrecht*, EuZW 2002, S. 583.

231 *Schmidt/Haucap*, Wettbewerbspolitik und Kartellrecht, S. 150.

232 *Homann/Kirchner*, Jahrbuch für Neue Politische Ökonomie 1995, S. 203.

233 *Bunte/Stancke*, Kartellrecht, S. 142

234 Eine Zusammenfassung der Studien findet sich bei *Hüschelrath/Scheitzer*, Schadensermittlung und Schadensersatz bei Hardcore-Kartellen, S. 20.

235 Vgl. BGH, Urteil v. 11.12.2018, KZR 26/17, NJW 2019, S. 664. Zu dem darüber hinausgehenden Anscheins- und Indizienbeweis für die preissteigernde Wirkung in Zivilprozessen vgl. BGH, Urteil v. 11.12.2018, KZR 26/17, NJW 2019, S. 661/664 f. und OLG Düsseldorf, Urteil v. 23.1.2019, VI-U (Kart) 18/17, NZKart 2019, S. 157/159 f.

236 Vgl. z. B. im Rahmen vergaberechtlicher Vergabeverfahren BGH, Beschluß v. 31.8.1994, 2 StR 256/94, NJW 1995, S. 737 – Rheinausbau II.

naheliegend. Gleichwohl war die für jeden Einzelfall darzulegende Bezifferung der Höhe der Vermögensschäden in den entsprechenden Zivil-[237] und Strafprozessen[238] sehr aufwendig. Indes ergibt eine Zusammenfassung der einschlägigen ökonomischen Studien, dass Hardcore-Kartelle zu einem Preisaufschlag von durchschnittlich 30 % führen.[239] Das ersetzt zwar nicht die prozessual für jeden Einzelfall darzulegende Bezifferung der Höhe der Vermögensschäden. Aus dem Gesagten ergibt sich aber, dass Hardcore-Kartelle und darauf beruhende Angebotsabgaben in besonderer Weise geeignet sind, das Vermögen der Marktgegenseite zu gefährden.[240]

Hardcore-Kartelle und entsprechende Angebotsabgaben könnten die Rechtsgüter freier Wettbewerb beziehungsweise Vermögen auch auf eine sozial besonders unwertige Art und Weise verletzen respektive gefährden.

Hardcore-Kartelle kommen grundsätzlich im Geheimen zustande.[241] So traf sich das sogenannte „Schienenkartell", bei dem unter anderem Preise für Schienen festgesetzt wurden[242], an immer wechselnden Orten, beispielsweise an Flughäfen und in Hotels[243]. Mit solchen Geheimhaltungsvorkehrungen dürfte zum einen eine besondere deliktische Energie verbunden sein, und zum anderen auch eine besondere Gefährlichkeit. Zwar wäre es auch dreist offen als Hardcore-Kartellanten aufzutreten. Aufgrund jener Geheimhaltungsvorkehrungen besteht aber eine geringe Aufdeckungswahrscheinlichkeit mit entsprechend gefährlichen langfristigen Auswirkungen auf den freien Wettbewerb und das Vermögen der Marktgegenseiten.[244]

Aber auch für die Umsetzung eines Hardcore-Kartells durch eine darauf fundierende Angebotsabgabe ist die Geheimhaltung der von Wettbewerbern festgesetzten Preise, festgelegten Produktionsbeschränkungen oder aufgeteilten Absatzgebiete oder Kundengruppen wesentlich. Mit dieser Geheimhaltung

237 Das berichtend *Schweitzer*, Schadensermittlung und Schadensersatz bei Hardcore-Kartellen, S. 46.

238 Das für Vermögensschäden bei vergaberechtlichen Vergabeverfahren berichtend Immenga/Mestmäcker/*Dannecker/Biermann*, Vorbemerkungen vor § 81, Rn. 174 f.

239 *Hüschelrath/Scheitzer*, Schadensermittlung und Schadensersatz bei Hardcore-Kartellen, S. 20.

240 So bei vergaberechtlichen Vergabeverfahren auch *Satzger*, Der Submissionsbetrug, S. 136.

241 Schulte/Just/*de Bronett*, Art. 101 AEUV, Rn. 94.

242 *Bischke/Brak*, NZG 2015, S. 349.

243 *Meinke*, Berliner Morgenpost v. 15.9.2015, S. 17.

244 *Biermann*, ZWeR 2007, S. 32.

dürfte auch eine besondere Gefährlichkeit verbunden sein, weil die beschriebenen Auswirkungen auf das Vermögen der konkreten Marktgegenseite durch den Angebotsempfänger nicht erkannt werden können.[245] Zudem kann die vorerwähnte Geheimhaltung jedenfalls in langjährigen Geschäftsbeziehungen ein Vertrauensbruch sein. Schließlich ist jene Geheimhaltung täuschungsähnlich. Denn sie ist darauf angelegt, einen Vermögensvorteil zu erzielen, der ohne die Geheimhaltung nicht erzielt worden wäre.

Es gibt daher gute Gründe dafür, dass Hardcore-Kartelle und entsprechend kartellbetroffene Angebotsabgaben die Rechtsgüter freier Wettbewerb beziehungsweise Vermögen auch auf eine sozial besonders unwertige Art und Weise verletzen respektive gefährden.

b) Sonstige Kartellfallgruppen

Die sonstigen horizontalen Kartellfallgruppen, zum Beispiel Einkaufsgemeinschaften, Forschungs- und Entwicklungskooperationen[246], Arbeitsgemeinschaften und Umweltschutzvereinbarungen[247], und die sonstigen vertikalen Kartellfallgruppen, beispielsweise Alleinvertriebsbindungen, Zuliefervereinbarungen[248], Preisbindungen und Markenzwänge[249], könnten anders als Hardcore-Kartelle nicht stets, sondern nur im Einzelfall das Rechtsgut des freien Wettbewerbs verletzen.

Auch das dürften zunächst die Wertungen des unionsrechtlichen und deutschen Kartellverbots implizieren.[250] Denn wie eingangs erwähnt ist den genannten Fallgruppen gemeinsam, dass eine komplexe Beurteilung[251] über die Tatbestandsmäßigkeit und Freistellungsfähigkeit im Sinne von Art. 101 AEUV beziehungsweise §§ 1 f. GWB erforderlich ist. Das impliziert, dass das aufgezeigte Rechtsgut freier Wettbewerb nicht stets, sondern nur im Einzelfall verletzt wird. Wirtschaftswissenschaftliche Erkenntnisse bestätigen das. Danach verletzen die sonstigen Kartellfallgruppen nicht stets den freien Wettbewerb, sondern können für ihn auch neutral oder sogar positiv sein.[252] Deshalb verletzen sie das aufgezeigte Rechtsgut des freien Wettbewerbs wohl nur im Einzelfall.

---

245 So bei vergaberechtlichen Vergabeverfahren auch *Jaath*, FS Schäfer, S. 110.
246 Zu denen *Kling/Thomas*, Kartellrecht, S. 88 f.
247 Zu denen *Bunte/Stancke*, Kartellrecht, S. 90 f., 145 f.
248 Zu denen *Kling/Thomas*, Kartellrecht, S. 98 f.
249 Zu denen *Bunte/Stancke*, Kartellrecht, S. 154 f.
250 *Tiedemann*, Kartellrechtsverstöße und Strafrecht, S. 106.
251 Vgl. Streinz/*Eilmannsberger/Kruis*, Art. 101 AEUV, Rn. 273.
252 *Schmidt/Haucap*, Wettbewerbspolitik und Kartellrecht, S. 157, 159.

Möglicherweise gefährden die sonstigen Kartellfallgruppen und ihre Umsetzung durch derart kartellbetroffene Angebotsabgaben ebenfalls nicht stets, auch nicht in der Regel, sondern nur im Einzelfall das Rechtsgut des Vermögens der Marktgegenseite.

Jene Kartellfallgruppen können für den Wettbewerbsaspekt der Preisbildung positiv, neutral oder negativ sein.[253] So beschränken zwar beispielsweise Vereinbarungen über Liefer- und Zahlungsbedingungen den Wettbewerb über solche Aspekte. Gleichzeitig wirkt sich das aber für den Wettbewerb über andere Aspekte, wie zum Beispiel der Preisbildung, dann positiv aus.[254] Unabhängig davon besteht eine weitgehende Einigkeit darüber, dass die sonstigen Kartellfallgruppen je nach Sachverhalt ebenfalls Vermögensschäden bei der Marktgegenseite verursachen.[255] Daher ergibt sich aus dem Gesagten, dass die sonstigen Kartellfallgruppen und entsprechende Angebotsabgaben nur im Einzelfall geeignet sind, das Vermögen der Marktgegenseite zu gefährden.

Selbst wenn sonstige Kartellfallgruppen und darauf beruhende Angebotsabgaben die Rechtsgüter freier Wettbewerb beziehungsweise Vermögen verletzen respektive gefährden können, dürfte das aber in der Regel auch nicht auf eine sozial besonders unwertige Art und Weise erfolgen. Denn es darf jedenfalls bezweifelt werden, dass die sonstigen Kartellfallgruppen wie beispielsweise Franchiseverträge[256] und Internetvertriebsrestriktionen[257] unter ähnlichen Geheimhaltungsvorkehrungen zustandekommen, wie sie für Hardcore-Kartelle üblich sind. Eine besondere deliktische Energie oder eine besondere Gefährlichkeit aufgrund geringer Aufdeckungswahrscheinlichkeit[258] besteht hier wohl nicht. Und auch für entsprechende Angebotsabgaben ist ihre Geheimhaltung in vielen Fällen nicht wesensimmanent. So werden beispielsweise Arbeitsgemeinschaften[259] und Einkaufsgemeinschaften[260] in der Regel auch als solche auftreten und ihre Offerte abgeben. Mit einer solchen fehlenden Geheimhaltung dürfte dann auch keine besondere Gefährlichkeit verbunden sein, weil die Auswirkungen jener sonstigen Kartellfallgruppen auf die konkrete Marktgegenseite durch den Offertenempfänger erkannt werden können. Mangels Geheimhaltung sind

---

253 *Kling/Thomas*, Kartellrecht, S. 88 f.; *Bunte/Stancke*, Kartellrecht, S. 145 f.
254 *Kling/Thomas*, Kartellrecht, S. 97.
255 *Jascke*, Der kartellrechtliche Schadensersatzanspruch, S. 139, 142, 143, 172.
256 Zu denen *Kling/Thomas*, Kartellrecht, S. 100 f.
257 Zu denen *Bunte/Stancke* Kartellrecht, S. 157 f.
258 *Biermann*, ZWeR 2007, S. 32.
259 Zu denen *Bunte/Stancke*, Kartellrecht, S. 90 f.
260 Zu denen *Kling/Thomas*, Kartellrecht, S. 89 f.

solche Angebotsabgaben auch nicht täuschungsähnlich oder vertrauensbrüchig. Das Gesagte wäre aber für eine Gefährdung von Rechtsgütern auf eine sozial besonders unwertige Art und Weise, als einzig in Betracht kommende sozial besonders unwertige Arten und Weisen, erforderlich[261].

Die vorangegangenen Ausführungen zeigen, dass gute Gründe dafür bestehen, nur Hardcore-Kartelle und unter anderem auch deshalb nur ihre Umsetzung durch solch kartellbetroffene Angebotsabgaben als einer Strafe würdig zu beurteilen.

II. Strafbedürftigkeit

Die rechtspolitische Vorgabe der Strafbedürftigkeit[262] für die Strafbewehrung einer Verhaltensweise wird unter anderem aus dem Ultima-Ratio-Grundsatz hergeleitet[263]. Denn die Strafe ist, wie dargestellt, das äußerste Mittel, das dem Staat zur Verfügung steht.[264] Demnach dürfte sich die Strafbarkeit einer strafwürdigen Verhaltensweise auch nur rechtfertigen lassen, wenn sich jedenfalls plausibilisieren lässt, dass die Strafbarkeit zum einen geeignet ist, die Verhaltensweise zu unterbinden, und zum anderen dafür nicht eine mildere, aber gleich geeignete Maßnahme zur Verfügung steht[265]. Für eine rechtspolitische Bewertung dürfte eine empirische, streng systematisch durchgeführte Untersuchung solcher Wirkungszusammenhänge nicht erforderlich sein.

Dabei reicht es für die Bejahung der Strafbedürftigkeit jedenfalls auch aus, wenn an der Geeignetheit der milderen Maßnahme ernsthafte Zweifel bestehen, während an der Geeignetheit der Strafbewehrung keine solchen Zweifel bestehen.[266] Denn dann kann die mildere Maßnahme auch nicht gleich geeignet sein wie die Strafbarkeit.[267]

---

261 *Jescheck/Weigend*, Lehrbuch des Strafrechts Allgemeiner Teil, S. 51; *Otto*, GS Schröder, S. 56.

262 Zu den verschiedenen verwendeten Begrifflichkeiten neben dem der Strafbedürftigkeit NK-StGB/*Hassemer/Neumann*, Vorbemerkungen zu § 1, Rn. 50 f. m. w. N.

263 *Blei*, FS Henkel, S. 109.

264 BVerfG, Beschluss v. 26.2.2008, 2 BvR 392/07, NJW 2008, S. 1137/1138.

265 Vgl. SK-StGB/*Jäger*, Vor § 1, Rn. 23, 24; *Günther*, JuS 1978, S. 11.

266 Vgl. in einem ähnlichen, aber nicht das Strafrecht betreffenden Zusammenhang BVerfG, Urteil v. 22.5.1963, 1 BvR 78/56, BVerfGE 16, S. 147/173; BVerfG, Beschluß v. 5.3.1974, 1 BvL 27/72, BVerfGE 37, S. 1/21.

267 So im Ergebnis beziehungsweise mit der Begründung auch *Gallwas*, MDR 1969, S. 894; *Günther*, JuS 1978, S. 10.

Milder als die Strafbarkeit einer Verhaltensweise ist jedenfalls auch ihre Ahndbarkeit mit einer Geldbuße.[268] Denn während die Strafe eine nachdrückliche und stark stigmatisierende Form eines Vorwurfs beinhaltet, enthält die Ahndung mit einer Geldbuße nur eine zurückhaltende und kaum diskriminierende Art von Vorwurf.[269] Das ergibt sich unter anderem aus der geringeren Eingriffsintensität der Ahndung mit einer Geldbuße, § 1 Abs. 1 OWiG, statt vor allem mit einer Geld- und Freiheitsstrafe, §§ 38 f. StGB, keiner Eintragung in das Bundeszentralregister, §§ 3 f. BRZG, oder Möglichkeit eines Berufsverbots, §§ 70 f. StGB, wie bei der Strafe und der bloßen Geltung des Opportunitätsprinzips, § 47 Abs. 1 S. 1 OWiG, anstatt des Legalitätsprinzips, § 152 Abs. 2 StPO.[270]

Bei der Beurteilung der Strafbedürftigkeit kommt neben den Erkenntnissen aus der bisherigen Rechtsanwendung der hiesigen Rechtsordnung unter anderem auch den Erkenntnissen aus der Rechtsanwendung fremder Rechtsordnungen eine aufschlussreiche Bedeutung zu. Denn sowohl die bisherige Rechtsanwendung der hiesigen Rechtsordnung als auch die Rechtsanwendung fremder Rechtsordnungen können einen Eindruck darüber vermitteln, welche Ergebnisse sich mit der Strafbewehrung einer Verhaltensweise und der Ahndbarkeit einer Verhaltensweise mit einer Geldbuße erzielen lassen.

Hiesige Ausgangsüberlegung ist es, ähnlich wie im Rahmen der Strafwürdigkeitsbeurteilung zwischen Hardcore-Kartellen und sonstigen horizontalen und vertikalen Kartellfallgruppen zu differenzieren.

1. Hardcore-Kartelle

Die Strafbarkeit von Hardcore-Kartellen und ihrer Umsetzung durch derart kartellbetroffene Angebotsabgaben könnte sich als geeignet plausibilisieren lassen, diese Verhaltensweisen zu unterbinden.[271]

Zum einen dürfte aus der besonders eingriffsintensiven Geld- und Freiheitsstrafe, §§ 38 f. StGB, Eintragung in das Bundeszentralregister, §§ 3 f. BZRG, Möglichkeit eines Berufsverbotes, §§ 70 f. StGB, und Geltung des Legalitätsprinzips, § 152 Abs. 2 StPO, regelmäßig schon aus sich selbst heraus eine entsprechende

268 Vgl. Immenga/Mestmäcker/*Dannecker/Biermann*, Vorbemerkungen vor § 81, Rn. 41 f.

269 *Stein*, Wirtschaftskriminalität und Wirtschaftsstrafrecht in einem Europa auf dem Weg zu Demokratie und Privatisierung, S. 73.

270 BVerfG, Beschluß v. 14.10.1958, 1 BvR 510/52, BVerfGE 8, S. 197/207.

271 Die OECD bezeichnet entsprechendes als offensichtlich, vgl. OECD, Journal of Competition Law and Policy, Volume 9/3, S. 10, was jedoch nur eine nicht weiterführende Behauptung sein dürfte.

Abschreckungswirkung folgen.[272] Und zum anderen lässt sich eine solche Geeignetheit damit begründen, dass eine Strafe mit einer nachdrücklichen und stark stigmatisierenden Form von Vorwurf verbunden ist[273], die das Vertrauen und Ansehen einer Person in der Gesellschaft beeinträchtigt. Insbesondere bei Personen, die wirtschaftlich im freien Wettbewerb tätig sind und somit planende Persönlichkeiten sind[274], dürfte eine Abschreckungswirkung der Strafe plausibel sein.[275] Denn eine solche Beeinträchtigung des Vertrauens und Ansehens einer Person kann sich für deren weitere wirtschaftliche Tätigkeit im freien Wettbewerb nachteilig auswirken.[276]

Das Gesagte lässt sich durch Erkenntnisse aus der Rechtsanwendung in den Vereinigten Staaten von Amerika bestätigen, wo ein entsprechendes Kartellstrafrecht eine lange und konstante Tradition hat[277]. Empirische, streng systematisch durchgeführte Untersuchungen, die jene Geeignetheit bestätigen würden, sind jedoch weder aus den Vereinigten Staaten noch aus anderen Ländern vorhanden.[278] Dennoch ist die Abschreckungswirkung der Strafe aufgrund von Beobachtungen seitens staatlicher Stellen der Vereinigten Staaten wahrscheinlich.[279] So wird von Seiten der Wettbewerbs- und Verbraucherschutzbehörde der Vereinigten Staaten, der Federal Trade Commission, berichtet, dass es in den Vereinigten Staaten immer weniger inländische Hardcore-Kartelle gibt.[280] Zudem wird von Seiten des Justizministeriums der Vereinigten Staaten, dem Department of Justice, berichtet, dass eine bedeutende Anzahl weltumspannender Hardcore-Kartelle die Vereinigten Staaten außen vor gelassen haben. Als Grund hierfür gaben die Personen, die bei dem Hardcore-Kartell gehandelt haben,

---

272 Monopolkommission, Hauptgutachten XX: Eine Wettbewerbsordnung für die Finanzmärkte, S. 97 f.

273 *Stein*, Wirtschaftskriminalität und Wirtschaftsstrafrecht in einem Europa auf dem Weg zu Demokratie und Privatisierung, S. 73.

274 *Tiedemann*, Kartellrechtsverstöße und Strafrecht, S. 178.

275 Vgl. auch OECD, Journal of Competition Law and Policy, Volume 9/3, S. 10 f.

276 *Satzger*, Der Submissionsbetrug, S. 56.

277 *Bräunig*, ZWeR 2007, S. 5 f.

278 Das bestätigend auch OECD, Journal of Competition Law and Policy, Volume 9/3, S. 10 f.

279 Ebenso *Wils*, Efficiency and Justice in European Antitrust Enforcement, S. 184.

280 So einer der damaligen Commissioner der Federal Trade Commission der Vereinigten Staaten, vgl. *Calvani*, Annual Proceedings of the Fordham Corporate Law Institute, S. 6.

gegenüber den Ermittlungspersonen des Department of Justice an, dass sie nicht in den Vereinigten Staaten bestraft werden wollten.[281]

Jene Strafbewehrung lässt sich somit als geeignet plausibilisieren, die vorerwähnten Verhaltensweisen zu unterbinden. Demgegenüber lässt sich vielleicht plausibilisieren, dass die Möglichkeit der Ahndung mit einer Geldbuße nicht in gleicher Weise geeignet ist, die genannten Verhaltensweisen zu unterbinden.[282]

Zum einen dürfte schon aus der geringen Eingriffsintensität der Geldbuße, § 1 Abs. 1 OWiG, und der bloßen Geltung des Opportunitätsprinzips, § 47 Abs. 1 S. 1 OWiG, regelmäßig eine geringere Abschreckungswirkung folgen. Und zum anderen lässt sich eine solch geringere Geeignetheit damit begründen, dass eine Ahndung mit einer Geldbuße nur eine zurückhaltende und kaum diskriminierende Art von Vorwurf enthält[283], die von der Gesellschaft demnach eher wie eine harmlose Bagatelle wahrgenommen wird.[284] Insbesondere bei Personen, die wirtschaftlich im freien Wettbewerb tätig sind und somit planende Persönlichkeiten sind[285], dürfte die Ahndung mit einer Geldbuße somit nicht nur eine geringe Abschreckungswirkung erzielen[286], sondern sogar von ihnen angesichts des eigenen erwarteten Gewinns durch das Hardcore-Kartell als dennoch lohnend einkalkuliert werden[287]. Schließlich bestehen darüber hinaus ernste Zweifel daran, dass die Ahndbarkeit mit einer Geldbuße bei den vorerwähnten Verhaltensweisen überhaupt irgendeine Abschreckungswirkung erzielen kann. Denn für den Rückgang von Hardcore-Kartellen sind hierzulande keine Anzeichen zu erkennen.[288] Während sich die Strafbarkeit als geeignet plausibilisieren lässt, die vorerwähnten Verhaltensweisen zu unterbinden, bestehen daher an der entsprechenden Geeignetheit der Ahndbarkeit mit einer Geldbuße ernsthafte Zweifel.

---

281 So das Department of Justice, stellvertretend durch den damals die Abteilung Kartellstrafrecht leitenden Assistant Attorney General, vgl. *Hammond*, Cornerstones Of An Effective Leniency Program, S. 8 f.

282 Die OECD bezeichnet entsprechendes als offensichtlich, vgl. OECD, Journal of Competition Law and Policy, Volume 9/3, S. 10, was jedoch nur eine nicht weiterführende Behauptung sein dürfte.

283 *Stein*, Wirtschaftskriminalität und Wirtschaftsstrafrecht in einem Europa auf dem Weg zu Demokratie und Privatisierung, S. 73.

284 *Schmid*, wistra 1984, S. 2.

285 *Tiedemann*, Kartellrechtsverstöße und Strafrecht, S. 178.

286 *Satzger*, Der Submissionsbetrug, S. 55.

287 *Landes*, University of Chicago Law Review 1983, S. 653.

288 So auch *Stockmann*, FS Bechtold, S. 566.

Auch aus diesem eingangs dargestellten Grund[289] lässt sich somit plausibilisieren, dass die Möglichkeit der Ahndung mit einer Geldbuße nicht in gleicher Weise geeignet ist, jene Verhaltensweisen zu unterbinden.

2. Sonstige Kartellfallgruppen

Eine entsprechende Beurteilung der sonstigen horizontalen und vertikalen Kartellfallgruppen und ihrer Umsetzung durch solch kartellbetroffene Angebotsabgaben kann kürzer ausfallen. Denn sie können aus den genannten Gründen ohnehin als nicht strafwürdig eingeschätzt werden.

Die Strafbarkeit der vorerwähnten Verhaltensweisen dürfte sich jedenfalls noch nicht im gleichen Maße wie bei Hardcore-Kartellen als geeignet plausibilisieren lassen, diese Verhaltensweisen zu unterbinden. Die Geeignetheit ließe sich zwar mit den beiden übertragbaren Gründen, die zur Plausibilität der Abschreckungswirkung der Strafbewehrung bei Hardcore-Kartellen genannt wurden, rechtfertigen. Unabhängig hiervon lässt sich eine solche Geeignetheit jedoch nicht wie bei Hardcore-Kartellen durch Erkenntnisse aus der Rechtsanwendung fremder Rechtsordnungen absichern. Denn in den meisten fremden Rechtsordnungen mit einem Kartellstrafrecht[290], so auch in den Vereinigten Staaten[291], werden nur Hardcore-Kartelle beziehungsweise derartig kartellbetroffene Angebotsabgaben strafrechtlich verfolgt.

Zudem dürfte sich auch jedenfalls noch nicht im gleichen Maße wie bei Hardcore-Kartellen plausibilisieren lassen, dass die Möglichkeit der Ahndung mit einer Geldbuße nicht in gleicher Weise geeignet ist, sonstige Kartellfallgruppen und entsprechende Angebotsabgaben zu unterbinden. Das ergibt sich daraus, dass die Gründe, die zur Abschreckungswirkung bei Hardcore-Kartellen genannt wurden, nur teilweise übertragbar sind. Es dürften beispielsweise noch keine ernsten Zweifel daran aufkommen, dass die Ahndbarkeit mit einer Geldbuße bei jenen Verhaltensweisen überhaupt irgendeine Abschreckungswirkung erzielt. Ein etwaiger fehlender Rückgang von sonstige Kartellfallgruppen ließe sich damit erklären, dass sie vom Bundeskartellamt und der Europäischen

289 Vgl. zu diesem Grund auch *Gallwas*, MDR 1969, S. 894; *Günther*, JuS 1978, S. 10. In einem ähnlichen, aber nicht das Strafrecht betreffenden Zusammenhang BVerfG, Urteil v. 22.5.1963, 1 BvR 78/56, BVerfGE 16, S. 147/173; BVerfG, Beschluß v. 5.3.1974, 1 BvL 27/72, BVerfGE 37, S. 1/21.

290 *Shaffer/Nesbitt/Waller*, Comparative Competition Law, S. 301 f.

291 *Wagner-von Papp*, WuW 2009, S. 1239.

Kommission bisher nicht in derselben Quantität und Qualität verfolgt und geahndet werden wie Hardcore-Kartelle.[292]

Für eine weitergehende Beurteilung bedarf es daher möglicherweise künftiger genannter Erkenntnisse aus der entsprechenden Rechtsanwendung in hiesigen und fremden Rechtsordnungen. So lange lässt es sich rechtfertigen, die genannten Verhaltensweisen jedenfalls als noch nicht strafbedürftig einzuschätzen.

Die vorangegangenen Ausführungen zeigen jedenfalls, dass gute Gründe dafür bestehen, dass nur Hardcore-Kartelle und unter anderem auch deshalb nur ihre Umsetzung durch derart kartellbetroffene Angebotsabgaben sowohl strafwürdig als auch strafbedürftig sein können, nicht aber die sonstigen Kartellfallgruppen und hierauf beruhende Angebotsabgaben.

292 Vgl. nur Bundeskartellamt, Erfolgreiche Kartellverfolgung, S. 5.

D. Die verfassungsrechtlichen Vorgaben

Bei der Frage nach einer gegenwärtigen und künftigen Strafbarkeit von Verhaltensweisen gilt es auch verfassungsrechtliche Vorgaben zu beachten. Für die Strafbewehrung der Umsetzung von Kartellen durch hierauf beruhende Angebotsabgaben sind das die Vorgaben des strafrechtlichen Bestimmtheitsgrundsatzes aus Art. 103 Abs. 2 GG.

Nach ihm muss die Strafbarkeit einer Verhaltensweise gesetzlich bestimmt sein, damit jeder vorhersehen kann, welche Verhaltensweise inwiefern strafbewehrt ist, um sein Verhalten entsprechend einrichten zu können.[293]

Im Anschluss sind zunächst die genauen von der Rechtsprechung und Literatur entwickelten Vorgaben und Kriterien des strafrechtlichen Bestimmtheitsgrundsatzes zu erläutern und darzulegen, welche Einschränkungen sich demnach aus ihm für die Strafbewehrung bei Kartellverbotsverstößen ergeben. In den jeweiligen Sinnzusammenhängen des weiteren Verlaufs der Untersuchung werden die sich dort konkretisierenden Resultate dieser Erörterungen sodann dargestellt.

I. Strafrechtlicher Bestimmtheitsgrundsatz

Der strafrechtliche Bestimmtheitsgrundsatz ist eine der Konkretisierungen des Gesetzlichkeitsgrundsatzes. Er ist im Grundgesetz, Art. 103 Abs. 2 GG, und im Strafgesetzbuch, § 1 StGB, normiert.[294]

Der Gesetzlichkeitsgrundsatz ist im Übrigen auch im Ordnungswidrigkeitengesetz, § 3 OWiG, normiert. Dennoch sind die im Folgenden aufzuzeigenden Vorgaben und Kriterien für die Strafbarkeit von Verhaltensweisen durch den strafrechtlichen Bestimmtheitsgrundsatz nicht ohne Weiteres auch solche Vorgaben für die Ahndbarkeit solcher Verhaltensweisen mit einer Geldbuße. Denn die Anforderungen an den Bestimmtheitsgrundsatz sind bei der Maßnahme der Ahndbarkeit mit einer Geldbuße wesentlich geringer als bei der Maßnahme der Strafbarkeit.[295] Das ist zum einen dadurch gerechtfertigt, dass die Ahndbarkeit einer Verhaltensweise mit einer Geldbuße milder ist als die Strafbewehrung einer Verhaltensweise.[296] Zum anderen sind weniger restriktive Anforderungen

293 BVerfG, Urteil v. 11.2.1976, 2 BvL 2/73, BVerfGE 41, S. 314/319

294 *Kindhäuser*, Strafrecht Allgemeiner Teil, S. 41.

295 Vgl. BeckOK-OWiG/*Gerhold*, § 3, Rn. 26.

296 Vgl. Immenga/Mestmäcker/*Dannecker/Biermann*, Vorbemerkungen vor § 81, Rn. 41 f.

dadurch gerechtfertigt, dass das Ordnungswidrigkeitenrecht häufiger vorkommende und daher vielfältigere Verhaltensweisen erfassen soll.[297] So hat das Bundesverfassungsgericht beispielsweise § 1 StVO für hinreichend bestimmt im Sinne von Art. 103 Abs. 2 GG und somit verfassungsgemäß erklärt.[298]

Die durch den strafrechtlichen Bestimmtheitsgrundsatz aus Art. 103 Abs. 2 GG garantierte Vorhersehbarkeit der Strafbarkeit einer Verhaltensweise[299] fehlt zum einen dann, wenn ein Straftatbestand zu unbestimmt ist[300]. Ein Straftatbestand muss klar die strafbaren Verhaltensweisen von den nicht strafbaren Verhaltensweisen abgrenzen.[301] Daher müssen die Straftatbestandsmerkmale so genau beschrieben sein, dass der Anwendungsbereich und die Tragweite des Straftatbestands aus ihm selbst erkennbar sind und sich durch Auslegung konkretisieren lassen.[302] Eindeutige Kriterien für die Handhabung dieses Postulats sind jedoch sowohl von der Rechtsprechung als auch von der Literatur nicht entwickelt worden.[303] Nach der Rechtsprechung des Bundesverfassungsgerichts ist jedenfalls Folgendes zu berücksichtigen: Straftatbestandsmerkmale, die in besonderem Maße auslegungsbedürftig sind, können erforderlich sein, um der Vielgestaltigkeit denkbarer Sachverhalte gerecht zu werden.[304] Die Anforderungen an die Bestimmtheit können außerdem je nach Adressat des Straftatbestands unterschiedlich sein.[305] Das gilt insbesondere im sogenannten Expertenstrafrecht wie zum Beispiel im Weinstrafrecht.[306] Weiterhin kann sich die Bestimmtheit von Straftatbestandsmerkmalen auch dadurch ergeben, dass sie zum überlieferten Bestand von Straftatbeständen gehören und durch eine jahrzehntelang gefestigte Rechtsprechung hinlänglich präzisiert wurden. Schließlich müssen die Straftatbestandsmerkmale jedoch umso präziser sein, je schwerer die Strafandrohung ist.[307]

Um der vom strafrechtlichen Bestimmtheitsgrundsatz, Art. 103 Abs. 2 GG, garantierten Vorhersehbarkeit der Strafbarkeit einer Verhaltensweise[308] gerecht

---

297 OLG Zweibrücken, Beschluß v. 5.10.1992, 1 Ss 127/92, NZV 1993, S. 451/452.
298 BVerfG, Beschluß v. 25.7.1968, 2 BvR 270/67, NJW 1969, S. 1164.
299 BVerfG, Urteil v. 11.2.1976, 2 BvL 2/73, BVerfGE 41, S. 314/319
300 Vgl. Schönke/Schröder/*Hecker*, § 1, Rn. 17.
301 BVerfG, Beschluß v. 26.2.1969, 2 BvL 15, 23/68, BVerfGE, S. 269/285.
302 BGH, Beschluß v, 25.10.2006, 1 StR 384/06, NJW 2007, S. 524/525.
303 Schönke/Schröder/*Hecker*, § 1, Rn. 20.
304 BVerfG, Urteil v. 11.2.1976, 2 BvL 2/73, BVerfGE 41, S. 314/320.
305 BVerfG, Beschluß v. 6.5.1987, 2 BvL 11/85, NJW 1987, S. 3175/3176.
306 *Satzger*, Die Europäisierung des Strafrechts, S. 242 f.
307 BVerfG, Beschluß v. 14.5.1969, 2 BvR 238/68, BVerfGE 26, S. 41/43.
308 BVerfG, Urteil v. 11.02.1976, 2 BvL 2/73, BVerfGE 41, S. 314/319

zu werden, sind weite generalklauselartige Straftatbestandsmerkmale, die in besonderem Maße auslegungsbedürftig sind, zudem restriktiv auszulegen. Das ergibt sich aus dem Grundsatz verfassungskonformer Gesetzesauslegung.[309] Denn die Beurteilung, ob solche Merkmale erfüllt sind, ist unter anderem aufgrund fließender Grenzen und unterschiedlicher Maßstäbe äußerst komplex.[310] Weite generalklauselartige Begriffe können die Strafbarkeit daher nur begründen, wenn sie eindeutig vorliegen, eine andere Bewertung also eindeutig unvertretbar ist.[311] Deshalb hat beispielsweise das Bundesverfassungsgericht im sogenannten Mannesmann-Prozess entschieden, dass die Pflichtwidrigkeit bei der Untreue, § 266 StGB, nur bei eindeutiger Unvertretbarkeit in Betracht kommt.[312]

II. Bestimmtheit der Kartellverbote

Für die Ausgestaltung eines künftigen neuen Kartellstraftatbestands könnte an einen Blankettstraftatbestand gedacht werden, der zur Konkretisierung seines Inhalts auf das unionsrechtliche, Art. 101 AEUV, beziehungsweise deutsche Kartellverbot, §§ 1 f. GWB, Bezug nimmt[313]. So dürfte es sich auch bei dem von der Monopolkommission gemachten Vorschlag für einen neuen Kartellstraftatbestand[314] um einen solchen Blankettstraftatbestand handeln, der zur Konkretisierung seines Inhalts auf diese Kartellverbote Bezug nimmt. Bei dem vom Strafrechtsausschuss der Justizministerkonferenz gemachten Vorschlag für einen neuen Kartellstraftatbestand[315] dürfte es sich hingegen nicht um ein Blankett handeln. Denn jener Straftatbestand verweist, anders als der von der

309 BVerfG, Beschluß v. 15.3.1978, 2 BvR 927/76, BVerfGE 48, S. 48/61 f.; *Tiedemann*, Wirtschaftsstrafrecht, S. 101.

310 Vgl. LK-StGB/*Tiedemann*, § 265b, Rn. 32.

311 *Tiedemann*, Wirtschaftsstrafrecht, S. 101 f.

312 Vgl. BVerfG, Beschluss v. 23.6.2010, 2 BvR 2559/08, 2 BvR 105/09 und 2 BvR 491/09, BVerfGE 126, S. 170/210.

313 Hierzu im Allgemeinen *Hoven*, NStZ 2016, S. 377/379.

314 Monopolkommission, Strafrechtliche Sanktionen bei Kartellverstößen, S. 67. Der Vorschlag wird auch im Abschnitt Ausgestaltung eines neuen Kartellstraftatbestands dargestellt und bewertet.

315 Strafrechtsausschuss der Justizministerkonferenz, Strafbarkeit von Kartellverstößen, S. 16, vorgestellt durch *Hombrecher*, NZKart 2017, S. 147. Der Vorschlag wird ebenfalls im Abschnitt Ausgestaltung eines neuen Kartellstraftatbestands dargestellt und bewertet.

Monopolkommission vorgeschlagene neue Kartellstraftatbestand, nicht ausdrücklich[316] auf Art. 101 AEUV und §§ 1 f. GWB.

Nur bei einer Ausgestaltung als Blankettstraftatbestand wäre es erforderlich, dass nicht nur er selbst, sondern auch Art. 101 AEUV und §§ 1 f. GWB sowie die Rechtsnormen, auf die Letztere verweisen, wie beispielsweise die Gruppenfreistellungsverordnungen, im Sinne von Art. 103 Abs. 2 GG hinreichend bestimmt sind.[317] Ob das unionsrechtliche und deutsche Kartellverbot den dargestellten Anforderungen des strafrechtlichen Bestimmtheitsgrundsatzes genügen, könnte aber bezweifelt werden.[318]

Die nach der Rechtsprechung des Bundesverfassungsgerichts erforderlichen Voraussetzungen für „mildere" Anforderungen an die Bestimmtheit von Straftatbestandsmerkmalen dürften insoweit jedenfalls nicht erfüllt sein. Denn zum einen richtet sich das Kartellverbot nicht an einzelne Expertengruppen, sondern, wie sich aus den verschiedenen Gruppenfreistellungsverordnungen ergibt, an alle wirtschaftlich tätigen Personen und Unternehmen.[319] Weiterhin gehören die Tatbestandsmerkmale des unionsrechtlichen und des deutschen Kartellverbotes auch nicht zum überlieferten Bestand von Tatbeständen, die durch eine jahrzehntelang gefestigte Rechtsprechung hinlänglich präzisiert worden sind. Das ist bis auf Weiteres auch gar nicht möglich, da die beiden Kartellverbotstatbestände[320] sowie die jeweiligen Freistellungen[321] stetig novelliert werden. Und schließlich ist eine Freiheitsstrafe, wie zum Beispiel gemäß dem von der Monopolkommission vorgeschlagenen Kartellstraftatbestand von bis zu 5 Jahren[322] eine schwere Strafandrohung.[323]

---

316 Das ist das wohl herrschende Kriterium für die Abgrenzung von einem normativen Tatbestandsmerkmal und einer Blankettverweisung, vgl. *Bülte*, JuS 2015, S. 774.

317 Vgl. BVerfG, Beschluß v. 7.5.1968, 2 BvR 702/65, BVerfGE 23, S. 265/270.

318 Vgl. *Dästner*, Bestimmtheitsgrundsatz und Schuldprinzip im EU-Kartellbußgeldrecht, S. 239 f.; *Lampe*, Tagungsberichte der Sachverständigenkommission zur Bekämpfung der Wirtschaftskriminalität, S. 92 f.; *Selmer*, Verfassungsrechtliche Probleme einer Kriminalisierung des Kartellrechts, S. 43.

319 In die Richtung auch *Federmann*, Kriminalstrafen im Kartellrecht, S. 292 f.

320 Vgl. *Dreher/Kulka*, Wettbewerbs- und Kartellrecht, S. 212 f.

321 Vgl. *Dreher/Kulka*, Wettbewerbs- und Kartellrecht, S. 396 f., 412 f.

322 Monopolkommission, Strafrechtliche Sanktionen bei Kartellverstößen, S. 67. Der Vorschlag wird auch im Abschnitt Ausgestaltung eines neuen Kartellstraftatbestands dargestellt und bewertet.

323 Vgl. *Selmer*, Verfassungsrechtliche Probleme einer Kriminalisierung des Kartellrechts, S. 43.

Die deshalb erforderliche klare Abgrenzung der dann strafbaren und nicht strafbaren Verhaltensweisen lässt sich zunächst bei dem Merkmal des Unternehmens bezweifeln. Denn der Wortlaut bietet schon keinerlei Anhaltspunkte, was ein Unternehmen im Sinne der Vorschrift überhaupt ausmacht.[324] Darüber hinaus handelt es sich bei der gängigen Definition für ein solches Unternehmen - eine wirtschaftliche Tätigkeit ausübende Einheit[325] - eher um eine Leerformel, deren Inhalt ebenfalls nicht dem normierten Kartellrecht zu entnehmen ist[326]. Insbesondere erscheint dabei problematisch, dass es keine allgemeingültigen Kriterien für die Voraussetzungen gibt, unter den eine Tochtereinheit der Muttereinheit und eine Vorgängereinheit der Nachfolgereinheit zugerechnet werden.[327]

Die hinreichend klare Abgrenzung dürfte auch bei den Tatbestandsmerkmalen der Spürbarkeit (der Wettbewerbsbeschränkung) fraglich sein. Gerade das in der neueren Gesetzgebung immer häufiger verwendete Merkmal der Erheblichkeit, das dem Tatbestandsmerkmal der Spürbarkeit sehr ähnlich ist, wird hinsichtlich der genannten Abgrenzungsfunktion immer wieder als bedenklich bezeichnet[328]. Wenn das Merkmal der Erheblichkeit hingegen zum überlieferten Bestand von Straftatbeständen gehört und durch eine jahrzehntelang gefestigte Rechtsprechung hinlänglich präzisiert wurde, bestehen jene Bedenken aufgrund der Rechtsprechung des Bundesverfassungsgerichts[329] nicht.[330]

Weiterhin ist die Bestimmtheit auch bei den Tatbestandsmerkmalen der Einzelfreistellung vom unionsrechtlichen beziehungsweise deutschen Kartellverbot gemäß Art. 101 Abs. 3 AEUV und § 2 Abs. 1 GWB problematisch.[331] So ist insbesondere das Tatbestandsmerkmal der Förderung des technischen oder wirtschaftlichen Fortschritts beim sogenannten Effizienzgewinn stark wertungsabhängig.

---

324 *Dästner*, Bestimmtheitsgrundsatz und Schuldprinzip im EU-Kartellbußgeldrecht, S. 76.

325 EuGH, Urteil v. 16.3.2004, C-264/01, NJW 2004, S. 2723;.

326 *Dästner*, Bestimmtheitsgrundsatz und Schuldprinzip im EU-Kartellbußgeldrecht, S. 102, 239.

327 *Dästner*, Bestimmtheitsgrundsatz und Schuldprinzip im EU-Kartellbußgeldrecht, S. 81 f., 94 f.

328 So z. B. in § 226 StGB, vgl. *Hirsch*, ZStW 1971, S. 155. Auch z. B. in § 38 Abs. 2 i. V. m. §§ 39 Abs. 1 Nr. 1, 2, Abs. 2 Nr. 1 i. V. m. § 20a WpHG a. F., vgl. *Park*, FS Rissing-van Saan, S. 412.

329 BVerfG, Beschluß v. 14.5.1969, 2 BvR 238/68, BVerfGE 26, S. 41/43.

330 So auch *Tiedemann*, Welche strafrechtlichen Mittel empfehlen sich für eine wirksamere Bekämpfung der Wirtschaftskriminalität?, S. C 43 f.

331 Vgl. *Dästner*, Bestimmtheitsgrundsatz und Schuldprinzip im EU-Kartellbußgeldrecht, S. 185 f.

Aber auch die Tatbestandsmerkmale der Angemessenheit der Beteiligung der Verbraucher am Effizienzgewinn und der dazu erforderlichen Unerlässlichkeit der Wettbewerbsbeschränkung sind nur schwer handhabbar.[332]

Die hinreichend klare Abgrenzung ist vor allem auch deshalb problematisch, weil bei den Kartellverboten, zum Beispiel durch die Gruppenfreistellungsverordnungen, immer wieder auf Marktanteile und damit auf die Problematik des relevanten Marktes verwiesen wird[333]. Er wird aufgrund einer wirtschaftlichen Analyse sachlich, durch die Bestimmung des Produkt- oder Dienstleistungssektors, und räumlich, durch die Bestimmung des Gebietes, in dem die Produkte oder Dienstleistungen angeboten werden, abgegrenzt.[334] Die Marktanteile werden dann nach den Umsätzen auf diesem Markt berechnet.[335] Wegen des somit auch aufgrund der Besonderheiten einer wirtschaftlichen Analyse schwer durchschaubaren Merkmals des relevanten Marktes wurde er als Bezugnahme für einen Straftatbestand schon früh als ungeeignet angesehen.[336]

Es lässt sich schließlich festhalten, dass das unionsrechtliche und deutsche Kartellverbot insgesamt eine Vielzahl schwer durchschaubarer wirtschaftlicher und generalklauselartiger Formulierungen enthält. Auch deshalb kann jedenfalls bezweifelt werden, ob die erlaubten von den nicht erlaubten und daher dann strafbaren Verhaltensweisen so klar abgegrenzt sind, dass die Strafbarkeit einer Verhaltensweise vorhersehbar wäre.[337]

Aufgrund der erläuterten Zweifel an der Vereinbarkeit der beiden Kartellverbote mit dem strafrechtlichen Bestimmtheitsgrundsatz wurde nach hiesiger Auffassung zu Recht schon bei früheren Vorschlägen für einen neuen Kartellstraftatbestand von einer Ausgestaltung als Blankettstraftatbestand, der zur Konkretisierung seines Inhalts auf die Kartellverbote Bezug nimmt, abgesehen.[338]

---

332 *Koch*, ZWeR 2005, S. 381.

333 Vgl. z. B. Art. 3 Abs. 1 der Verordnung Nr. 330/2010 der Kommission vom 20.4.2010, Die Anwendung von Artikel 101 Absatz 3 des Vertrags über die Arbeitsweise der Europäischen Union auf Gruppen von vertikalen Vereinbarungen und abgestimmten Verhaltensweisen, ABl. L 102, S. 1 ff.

334 Ausführlich dazu Grabitz/Hilf/Nettesheim/*Jung*, Art. 102 AEUV, Rn. 36 f.

335 Loewenheim/Meessen/Riesenkampff/Kersting/Meyer-Lindemann/*Kühnen*, § 18 GWB, Rn. 77.

336 *Tiedemann*, Kartellrechtsverstöße und Strafrecht, S. 106 f.

337 Vgl. *Selmer*, Verfassungsrechtliche Probleme einer Kriminalisierung des Kartellrechts, S. 44.

338 *Lampe*, Tagungsberichte der Sachverständigenkommission zur Bekämpfung der Wirtschaftskriminalität, S. 92 f.

III. Restriktive Auslegung der Kartellverbote

Wie erwähnt sind weite generalklauselartige Straftatbestandsmerkmale, die in besonderem Maße auslegungsbedürftig sind, restriktiv auszulegen[339], weil Art. 103 Abs. 2 GG die Vorhersehbarkeit der Strafbarkeit einer Verhaltensweise garantiert[340] und die Beurteilung, ob solche Merkmale erfüllt sind, äußerst komplex ist[341].

Das unionsrechtliche und das deutsche Kartellverbot bestehen aus weiten generalklauselartigen und besonders auslegungsbedürftigen Tatbestands- und Freistellungsmerkmalen. Außer Frage steht daher auch, dass grundsätzlich die Beurteilung, ob Tatbestands- und Freistellungsmerkmale des unionsrechtlichen und des deutschen Kartellverbots im Einzelfall erfüllt sind, äußerst komplex ist.[342] Daher sollten das unionsrechtliche und das deutsche Kartellverbot im Rahmen eines entsprechenden gegenwärtigen oder künftigen Straftatbestands restriktiv ausgelegt werden. Vereinbarungen, abgestimmte Verhaltensweisen und Beschlüsse im Sinne von Art. 101 Abs. 1 AEUV und § 1 GWB sollten daher im Rahmen eines entsprechenden gegenwärtigen oder künftigen Straftatbestands nur dann diesen Kartellverboten unterfallen, wenn sie eindeutig tatbestandsmäßig und nicht freistellungsfähig sind. Das ist der Fall, wenn eine andere Bewertung eindeutig unvertretbar ist.[343]

Eine solche gebotene restriktive Auslegung des unionsrechtlichen und des deutschen Kartellverbots im Rahmen eines entsprechenden gegenwärtigen und künftigen Straftatbestands wird derzeit für die Kartellfallgruppen der Arbeitsgemeinschaften und Gemeinschaftsunternehmen bei § 298 StGB vertreten.[344] Jene gebotene restriktive Auslegung sollte jedoch konsequenterweise auf sämtliche Kartellfallgruppen übertragen werden, wobei Hardcore-Kartelle wie aufgezeigt im Allgemeinen immer eindeutig tatbestandsmäßig und nicht freistellungsfähig im Sinne von Art. 101 AEUV und §§ 1 f. GWB sind.

---

339 BVerfG, Beschluß v. 15.3.1978, 2 BvR 927/76, BVerfGE 48, S. 48/61 f.; *Tiedemann*, Wirtschaftsstrafrecht, S. 101.

340 BVerfG, Urteil v. 11.02.1976, 2 BvL 2/73, BVerfGE 41, S. 314/319

341 Vgl. LK-StGB/*Tiedemann*, § 265b, Rn. 32.

342 Vgl. Streinz/*Eilmannsberger/Kruis*, Art. 101 AEUV, Rn. 273.

343 *Tiedemann*, Wirtschaftsstrafrecht, S. 101 f.

344 LK-StGB/*Tiedemann*, § 298, Rn. 35; NK-StGB/*Dannecker*, § 298, Rn. 81 f.; MK-StGB/*Hohmann*, § 298, Rn. 73 f.

E. Die Strafbarkeit bei Vergabeverfahren gemäß § 298 StGB

Die Strafbarkeit der wettbewerbsbeschränkenden Absprachen bei Ausschreibungen, § 298 StGB, bedarf nur einer kurzen Darstellung. Denn wie diese amtliche[345], aber insofern als missverständlich kritisierte[346] Überschrift des einzigen spezifischen Kartellstraftatbestands andeutet, ist nach ihm nur die auf einem – dafür aber jedem – Verstoß gegen Art. 101 AEUV oder §§ 1 f. GWB beruhende Angebotsabgabe bei bestimmten Vergabeverfahren nach dem Vergaberecht strafbewehrt. Gemäß § 298 StGB sind daher nicht alle, sondern nur ein Teil der als strafwürdig und strafbedürftig eingeschätzten auf einem Hardcore-Kartell fundierenden Angebotsabgaben strafbar.[347]

Dennoch lohnt sich eine kurze Abhandlung des trotz überschaubarer Literatur und Rechtsprechung in nahezu allen Einzelheiten umstrittenen Straftatbestands[348]. Denn § 298 StGB ist der einzige spezifische Straftatbestand für immerhin einen Teil der Angebotsabgaben, die auf einem Hardcore-Kartell beruhen. Zudem kann in dem Zuge aufgezeigt werden, inwiefern sich die gegen jenes Kartellverbot verstoßenden Personen gemäß §§ 298 Abs. 1, 13 Abs. 1 StGB durch Unterlassen strafbar machen, wenn sie eine entsprechende Angebotsabgabe nicht verhindern. Weiterhin gilt es, § 298 StGB hinsichtlich der zuvor entwickelten rechtspolitischen und verfassungsrechtlichen Postulate zu beurteilen. Und schließlich könnte die Kenntnis von § 298 StGB auch für die eventuelle Ausgestaltung eines neuen Kartellstraftatbestands aufschlussreich sein.

I. Allgemeines

Der Straftatbestand trat im Jahr 1997 durch das Gesetz zur Bekämpfung der Korruption in Kraft. Vorausgegangen waren eine lange Diskussion in der Literatur und einige Rechtsprechungsänderungen zur Strafbarkeit einiger solcher Verhaltensweisen als Betrug, § 263 StGB.[349] Mit dieser

345 Entwurf eines Gesetzes zur Bekämpfung der Korruption, BT-Drucks. 13/5584, S. 12.

346 So z. B., allerdings ohne Verweis auf die Überschrift früherer Vorschläge für einen solchen Straftatbestand, MK-StGB/*Hohmann*, § 298, Rn. 54.

347 *Fischer*-StGB, § 298, Rn. 4 f, 9 f.

348 Hierzu und zu den wesentlichen Meinungsstreiten, auf die im Folgenden nicht mehr eingegangen wird, *Rotsch*, ZIS 2014, S. 579 f.

349 Immenga/Mestmäcker/*Dannecker*/*Biermann*, Vorbemerkungen vor § 81, Rn. 1 f.

„Betrugsnähe“[350] und einem Begründung- und Nachweisaufwand des Vermögensschadens im Sinne von § 263 Abs. 1 StGB[351] begründete der Gesetzgeber sodann die Regelung des § 298 StGB. Die Rechtsprechung zum entsprechenden Betrug[352] ist aber auch weiterhin noch relevant. Denn das Strafmaß des Betrugs im besonders schweren Fall, § 263 Abs. 3 StGB, ist höher als das Strafmaß des § 298 StGB.[353]

Schutzgedanke des § 298 StGB ist dem Gesetzgeber zufolge der Schutz des freien Wettbewerbs und dadurch auch der Schutz des Vermögens des Veranstalters des Vergabeverfahrens und möglicher Mitwettbewerber.[354] Die Strafe ist gemäß § 298 Abs. 1 StGB eine Freiheitsstrafe von bis zu fünf Jahren oder eine Geldstrafe.

II. Tatbestand

Der Straftatbestand ist sowohl kartellrechts- als auch vergaberechtsakzessorisch. Das bedeutet, dass bei der Auslegung der Tatbestandsmerkmale sowohl das Kartellrecht als auch das Vergaberecht zu berücksichtigen sind.[355]

1. Ausschreibung

Zunächst muss eine Ausschreibung über Waren oder Dienstleistungen vorliegen, § 298 Abs. 1 StGB. Ausschreibungen in dem Sinne sind die vergaberechtlichen Vergabeverfahren der öffentlichen Ausschreibung und der beschränkten Ausschreibung. Eine Ausschreibung im genannten Sinne ist kraft gesetzlicher Gleichstellung gemäß § 298 Abs. 2 StGB auch das vergaberechtliche Verfahren der freihändigen Vergabe; aber nur, wenn ihm ein öffentlicher Teilnahmewettbewerb nach dem Vergaberecht vorausgegangen ist.[356]

Die genannten Vergabeverfahren unterscheiden sich nach den gesetzlichen Regelungen der Vergabeverfahren durch die Anwendungsvoraussetzungen, die zulässige Bieteranzahl und vor allem den formalisierten Ablauf.[357] Die

---

350 So berichtet z. B. *Immenga*, NZKart 2016, S. 201.

351 Vgl. Entwurf eines Gesetzes zur Bekämpfung der Korruption, BT-Drucks. 13/5584, S. 13.

352 Auf sie wird im Verlauf der weiteren Untersuchung noch eingegangen.

353 LK-StGB/*Tiedemann*, § 298, Rn. 50.

354 Vgl. Entwurf eines Gesetzes zur Bekämpfung der Korruption, BT-Drucks. 13/5584, S. 13.

355 Zur Kartellrechtsakzessorietät Leitner/Rosenau/*Greeve*, § 298 StGB, Rn. 75. Zur Vergaberechtsakzessorietät *Conrad*, ZfBR 2015, S. 132 f.

356 Entwurf eines Gesetzes zur Bekämpfung der Korruption, BT-Drucks. 13/5584, S. 14.

357 Vgl. z. B. Leupertz/Wietersheim/*Stolz*, § 3 VOB/A, Rn. 10 f., § 3a VOB/A, Rn. 1 f.

gesetzlichen Regelungen jener Vergabeverfahren ergeben sich aus dem kürzlich novellierten Vergaberecht, neben §§ 97 ff. GWB insbesondere aus den jeweiligen Vergabeverordnungen, zum Beispiel für Bauleistungen[358], Konzessionen[359], andere Leistungen[360] oder im Bereich Sicherheit und Verteidigung[361]. Einer eingehenden Erläuterung der genannten Vergabeverfahren nach jedem der jeweiligen gesetzlichen Regelungen bedarf es für diese Untersuchung nicht. Um Missverständnissen[362] vorzubeugen, aber auch für ein besseres Verständnis der Rechtsprechung zur konkludenten Täuschung bei bestimmten Vergabeverfahren beim Betrug, § 263 StGB, sollte jedoch Folgendes zu den genannten Vergabeverfahren verinnerlicht werden: Bei der öffentlichen Ausschreibung ergeht eine öffentliche Bekanntmachung über das Vergabeverfahren mit der Aufforderung an jedermann, bei Interesse entsprechende Angebote beim Veranstalter des Vergabeverfahrens abzugeben.[363] Bei der beschränkten Ausschreibung und der freihändigen Vergabe ergeht eine solche öffentliche Bekanntmachung grundsätzlich nicht.[364] Vielmehr fordert der Veranstalter solcher Vergabeverfahren nach einer internen Eignungsprüfung nur ausgewählte Einheiten auf, Angebote abzugeben.[365] Der Veranstalter solcher Vergabeverfahren kann jedoch den Angebotsaufforderungen einen öffentlichen Teilnahmewettbewerb vorschalten. Bei dem öffentlichen Teilnahmewettbewerb ergeht eine öffentliche Bekanntmachung über das Vergabeverfahren mit der Aufforderung an jedermann, sich bei Interesse um die Teilnahme am Vergabeverfahren zu bewerben. Sodann wird die Eignung der Bewerber geprüft und werden geeignete Einheiten aufgefordert, ein Angebot abzugeben.[366] Bei der freihändigen Vergabe hat der Veranstalter übrigens keineswegs, wie man vermuten könnte, freie Hand. Vielmehr sind bei

---

358 Vergabe- und Vertragsordnung für Bauleistungen (VOB), Teil A, Ausgabe 2016 v. 23.6.2016, BAnz. AT 1.7.2016 B4.

359 Verordnung über die Vergabe von Konzessionen (KonzVgV), v. 12.4.2016, BGBl. I, S. 683 ff.

360 Vergabe- und Vertragsordnung für Leistungen (VOL), Teil A, Ausgabe 2009 v. 20.11.2009, BAnz. Nr. 196a v. 29.12.2009.

361 Vergabeverordnung Verteidigung und Sicherheit (VSVgV), v. 12.7.2012, BGBl. I, S. 1509, zuletzt geändert durch Art. 5 der Verordnung vom 12. April 2016, BGBl. I, S. 712 f.

362 So z. B. zu finden bei *Satzger*, JR 2002, S. 392, der ausführt, dass bei Angebotsanfragen an mindestens zwei Einheiten ein öffentlicher Teilnahmewettbewerb vorläge.

363 Vgl. z. B. Leupertz/Wietersheim/*Stolz*, § 3 VOB/A, Rn. 11 f.

364 Vgl. z. B. Kapellmann /Messerschmidt/*Stickler*, § 3 VOB/A, Rn. 9, 26.

365 Vgl. z. B. Leupertz/Wietersheim/*Stolz*, § 3 VOB/A, Rn. 22 f., 27 f.

366 Vgl. z. B. Kapellmann /Messerschmidt/*Stickler*, § 3 VOB/A, Rn. 12 f., 26

der freihändigen Vergabe zwar weniger, aber immer noch gewisse Vorgaben wie beispielsweise Abläufe, Fristen, Wertungsmaßstäbe und Informationspflichten zu beachten.[367]

Die Vergabeverfahren der öffentlichen Ausschreibung, der beschränkten Ausschreibung und der freihändigen Vergabe entsprechen nach dem Vergaberecht zudem weitestgehend den unionsweiten Vergabeverfahren des offenen Verfahrens, des nicht offenen Verfahrens und des Verhandlungsverfahrens. Die vorerwähnten unionsweiten Vergabeverfahren finden nach dem Vergaberecht oberhalb gewisser Schwellenwerte Anwendung.[368] Daher sind auch sie von § 298 StGB umfasst.[369] Das Verhandlungsverfahren ist aber ebenfalls nur von § 298 StGB umfasst, wenn ihm ein öffentlicher Teilnahmewettbewerb nach dem Vergaberecht vorausgegangen ist.[370] Auf die unionsweiten Vergabeverfahren wird aus Gründen der Übersichtlichkeit im weiteren Verlauf nicht mehr eingegangen.

Die öffentliche Hand ist zu jenen Vergabeverfahren nach haushaltsrechtlichen und europarechtlichen Vorgaben verpflichtet.[371] Ausschreibungen im Sinne von §§ 298 Abs. 1, 2 StGB sind aber auch Vergabeverfahren durch private Veranstalter, die nicht an das Vergaberecht gebunden sind, soweit sie gleich oder ähnlich den genannten vergaberechtlichen Vergabeverfahren ausgestaltet sind.[372] Ein Vergabeverfahren durch private Veranstalter ist ähnlich den genannten Vergabeverfahren ausgestaltet, wenn die wesentlichen Vorgaben jener Vergabeverfahren nach dem Vergaberecht, insbesondere Abläufe und Wertungsmaßstäbe, eingehalten sind.[373]

Eine Ware im Sinne von § 298 Abs. 1 StGB ist nach dem maßgeblichen kartellrechtlichen Verständnis jedes Objekt, das geeignet ist, Gegenstand des Geschäftsverkehrs zu sein, also bewegliche und unbewegliche Sachen sowie unkörperliche Gegenstände wie zum Beispiel Rechte und Ideen.[374] Eine Dienstleistung im genannten Sinne ist demnach jede gewerbliche oder freiberufliche Tätigkeit für einen anderen, bei der der Erfolg dem anderen zukommt. Bei den

367 Vgl. z. B. Leupertz/Wietersheim/*Stolz*, § 3 VOB/A, Rn. 27 f.
368 *Noch*, Vergaberecht kompakt, S. 547 f.
369 *Fischer*-StGB, § 298, Rn. 4 f.
370 *Greeve*, NStZ 2002, S. 506.
371 Leitner/Rosenau/*Greeve*, § 298 StGB, Rn. 11 f.
372 Entwurf eines Gesetzes zur Bekämpfung der Korruption, BT-Drucks. 13/5584, S. 14.
373 Leitner/Rosenau/*Greeve*, § 298 StGB, Rn. 61 f.
374 MK-StGB/*Hohmann*, § 298, Rn. 52.

genannten Vergabeverfahren besonders relevant ist zum Beispiel die Tätigkeit eines Bauingenieurs.[375]

2. Angebotsabgabe

Beim Veranstalter des Vergabeverfahrens muss ein Angebot im Sinne von § 298 Abs. 1 StGB abgegeben werden. Das ist der Fall, wenn das Angebot den Gegenstand des Vergabeverfahrens betrifft, einen Zuschlag ohne Weiteres ermöglicht und dem Veranstalter des Vergabeverfahrens durch Einreichung zugegangen ist.[376]

3. Kartellrechtswidrige Absprache

Das Angebot muss auf einer rechtswidrigen Absprache beruhen, § 298 Abs. 1 StGB.

Absprachen sind nach der Gesetzesbegründung Vereinbarung und aufeinander abgestimmte Verhaltensweisen, nicht aber Beschlüsse im Sinne von Art. 101 Abs. 1 AEUV beziehungsweise § 1 GWB.[377] Eine solche Absprache ist, aufgrund der Kartellrechtsakzessorietät von § 298 StGB[378] und des dargestellten Gebotes restriktiver Auslegung der Kartellverbote im Rahmen von Straftatbeständen zur Wahrung von Art. 103 Abs. 2 GG[379], rechtswidrig, wenn sie eindeutig tatbestandsmäßig und nicht freistellungsfähig im Sinne von Art. 101 AEUV beziehungsweise §§ 1 f. GWB ist. Das ist zwar bei Hardcore-Kartellen wie aufgezeigt im Allgemeinen der Fall. Dennoch sollte bei der Rechtswidrigkeit der Absprache besser nur noch von einer limitierten Kartellrechtsakzessorietät gesprochen werden.

Das Angebot beruht dabei auf der rechtswidrigen Absprache, wenn sie für das Angebot kausal ist.[380]

Schließlich muss die Absprache darauf abzielen, den Veranstalter der genannten Vergabeverfahren zur Annahme eines bestimmten Angebots zu veranlassen,

---

375 *Kindhäuser/Böse*, Strafrecht Besonderer Teil II, S. 376 f.

376 Vgl. *Fischer*-StGB, § 298, Rn. 13 f.

377 Vgl. Entwurf eines Gesetzes zur Bekämpfung der Korruption, BT-Drucks. 13/5584, S. 14.

378 BGH, Beschluss v. 25.7.2012, 2 StR 154/12, NJW 2012, S. 3318.

379 Soweit ersichtlich wird das Gebot im Rahmen von § 298 StGB bisher für die Kartellfallgruppen der Arbeitsgemeinschaften und Gemeinschaftsunternehmen vertreten, vgl. LK-StGB/*Tiedemann*, § 298, Rn. 35; NK-StGB/*Dannecker*, § 298, Rn. 81 f.; MK-StGB/*Hohmann*, § 298, Rn. 73 f.

380 LK-StGB/*Tiedemann*, § 298, Rn. 31.

§ 298 Abs. 1 StGB. Dafür ist aber nicht erforderlich, dass die Absprache darauf abzielt, den Veranstalter des Vergabeverfahrens zur Annahme eines Angebots eines bestimmten Anbieters zu veranlassen. Vielmehr ist ausreichend, dass die Absprache darauf abzielt, den Veranstalter des Vergabeverfahrens zur Annahme eines Angebots mit einem hinreichend bestimmten Inhalt zu veranlassen. Ein solcher hinreichend bestimmter Inhalt kann zum Beispiel eine Preisuntergrenze sein.[381]

4. Vorsatz

In subjektiver Hinsicht ist Vorsatz erforderlich, §§ 15, 16 Abs. 1 S. 1 StGB. Der Vorsatz muss somit auch die Kartellrechtswidrigkeit im Sinne von § 298 StGB umfassen. Hierbei dürfte es sich um ein normatives Tatbestandsmerkmal und keine Blankettverweisung handeln, weil § 298 StGB zur Konkretisierung seines Inhalts nicht ausdrücklich[382] auf Art. 101 AEUV beziehungsweise §§ 1 f. GWB Bezug nimmt.[383] Entsprechend der Ausführungen zur Kartellrechtswidrigkeit und der allgemeinen Grundsätze[384] handelt in dem Sinne vorsätzlich, wer jenen Kartellverbotsverstoß für möglich hält und billigend in Kauf nimmt[385].

Da der Vorsatz auch die Kartellrechtswidrigkeit im Sinne von § 298 StGB umfassen muss, könnte man durchaus noch anführen, die dargelegten Einwände hinsichtlich des strafrechtlichen Bestimmtheitsgrundsatzes ließen sich insofern auch auf subjektiver Tatbestandsseite mildern.[386] Dagegen kann jedoch zum einen eingewendet werden, dass es der Rechtsprechung des Bundesverfassungsgerichts entspricht, solchen Einwänden bereits in objektiver Hinsicht entgegen zu treten.[387] Und zum anderen dürfte dagegen eine beim Nachweis des Eventualvorsatzes zu befürchtende vorschnelle richterliche Überzeugung, § 261 StPO,

381 Satzger/Schluckebier/Widmaier/*Bosch*, § 298, Rn. 10.

382 Das ist das wohl herrschende Kriterium für die Abgrenzung von einem normativen Tatbestandsmerkmal und einer Blankettverweisung, vgl. *Bülte*, JuS 2015, S. 774.

383 Ebenso NK-StGB/*Dannecker*, § 298, Rn. 20 m. w. N.

384 Hierzu *Fischer*-StGB, § 15, Rn. 9b f, § 16, Rn. 14 f.

385 Vgl. auch NK-StGB/*Dannecker*, § 298, Rn. 90 f.; *Fischer*-StGB, § 298, Rn. 18a.

386 Nach ständiger Rechtsprechung mache der weit gefasste objektive Tatbestand von § 266 StGB einen besonders sorgfältigen Vorsatznachweis erforderlich, vgl. z. B. BGH, Urteil v. 7.11.1990, 2 StR 439/90, NJW 1991, S. 990/991.

387 Vgl. BVerfG, Beschluss v. 23.6.2010, 2 BvR 2559/08, 2 BvR 105/09 und 2 BvR 491/09, BVerfGE 126, S. 170/210; BVerfG, Beschluß v. 15.3.1978, 2 BvR 927/76, BVerfGE 48, S. 48/61 f. Anders bei einem Grundrechtseingriff BVerfG, Urteil v. 30.3.2004, 2 BvR 1520/01, 2 BvR 1521/01, BVerfGE 110, S. 226/246.

sprechen.[388] In der Hinsicht lässt sich konkludieren, dass sich die vorerwähnten Einwände auf subjektiver Seite mittels Dolus eventualis jedenfalls nicht hinreichend effektiv mildern lassen.[389]

III. Weitere Unterlassensstrafbarkeit

Nach der Literatur machen sich die sich im Sinne von § 298 Abs. 1 StGB kartellrechtswidrig absprechenden Personen[390] durch Unterlassen strafbar[391], wenn sie eine entsprechende Angebotsabgabe nicht verhindern[392]. Gleichwohl findet sich hierfür - soweit ersichtlich - weder eine umfänglichere und substantiierte Begründung noch eine Stellungnahme der Rechtsprechung.

Für die Strafbarkeit von § 298 StGB durch Unterlassen gelten die allgemeinen Regeln gemäß § 13 StGB.[393] Daher gilt es aufzuzeigen, ob jene Personen garantenpflichtig sind, das Unterlassen der Tatbestandsverwirklichung durch ein Tun entspricht und das Verhindern einer der genannten Angebotsabgaben möglich und zumutbar ist.

1. Garantenpflicht

Die zunächst erforderliche Garantenpflicht zum Verhindern von auf einer kartellrechtswidrigen Absprache beruhenden Angebotsabgaben in jenen

---

388 Eine solch diskussionswürdige richterliche Überzeugung zeigt sich z. B. bei BGH, Urteil v. 21.12.2005, 3 StR 470/04, NJW 2006, S. 522/531. Das veranschaulichend *Deiters*, ZIS 2006, S. 158.

389 So im Rahmen von § 266 StGB auch Schönke/Schröder/*Perron*, § 266, Rn. 50 m. w. N. Zu der Frage, ob hinsichtlich der Kartellrechtswidrigkeit de lege ferenda, aus anderen Gründen, sicheres Wissen in Form des Dolus directus zweiten Grades gefordert werden sollte, wird im Abschnitt Ausgestaltung eines neuen Kartellstraftatbestands Stellung genommen.

390 In Betracht kommen insbesondere Personen, die im Sinne von §§ 9, 14 OWiG bei dem Kartellverbotsverstoß gehandelt oder sich beteiligt haben. Eingehend hierzu *Dreher/Kulka*, Wettbewerbs- und Kartellrecht, S. 714 f. In Betracht kommen aber auch Personen, die bereits nach dem erwähnten maßgeblichen funktionalen Unternehmensbegriffs Adressaten der Kartellverbotstatbestände sind. Hierzu *Lettl*, Kartellrecht, S. 26.

391 *Fischer*-StGB, § 298, Rn. 16 m. w. N.; Graf/Jäger/Wittig/*Böse*, § 298, Rn. 37 m. w. N. Wohl als Erste haben darauf hingewiesen *Kleinmann/Berg*, BB 1998, S. 280.

392 NK-StGB/*Dannecker*, § 298, Rn. 108.

393 Hierzu im Allgemeinen Schönke/Schröder/*Bosch*, § 13, Rn. 1 f. In Bezug auf § 298 StGB vgl. MK-StGB/*Hohmann*, § 298, Rn. 96.

Vergabeverfahren dürfte sich nicht aus dem Gesetz ergeben. In Betracht hierfür käme allenfalls der eingangs erwähnte Beseitigungsanspruch gemäß § 33 Abs. 1 GWB. Aus ihm ergibt sich aber keine solche Verhinderungsspflicht, da demjenigen, der gegen das unionsrechtliche oder nationale Kartellverbot verstößt, jedenfalls die Art und Weise der Beseitigung überlassen ist und somit kein bestimmtes Verhalten verlangt werden kann.[394] Eine Garantenpflicht zu einem solchen Verhindern dürfte sich ohne Weiteres auch nicht aus Treu und Glauben, § 242 BGB, ergeben.[395] Dazu wären, auch vor dem Hintergrund des strafrechtlichen Bestimmtheitsgrundsatzes aus Art. 103 Abs. 2 GG, vielmehr zusätzliche Umstände, wie beispielsweise eine langjährige Geschäftsbeziehung, erforderlich.[396]

Eine Garantenpflicht zum Verhindern einer solchen Angebotsabgabe könnte sich aber für jene sich kartellrechtswidrig absprechende Person[397] aus Ingerenz ergeben.[398] Die allgemeine Garantenpflicht aus Ingerenz ist von der Rechtsprechung[399] und einem großen Teil der Literatur[400] anerkannt und wird aus dem Verbot andere zu schädigen, „neminem laede", hergeleitet: Denn es gilt im Allgemeinen, dass derjenige, der durch ein Vorverhalten eine Gefahr schafft, sie auch wieder beseitigen muss.[401] Umstritten sind lediglich einzelne der folgenden Voraussetzungen für eine Garantenpflicht aus Ingerenz.

Das gilt zunächst für die Frage, welche rechtliche Qualität das Vorverhalten haben muss. Ausreichend ist aber, wenn das Vorverhalten eine Rechtsnorm verletzt, es nach der Gesamtrechtsordnung rechtswidrig ist und der Sinn und Zweck der verletzten Rechtsnorm zumindest auch darin besteht, ein Rechtsgut

---

394 Wiedemann/*Topel*, § 50, Rn 68.

395 Hierzu bei § 263 StGB LK-StGB/*Tiedemann*, § 263, Rn. 66 f.

396 So auch bei § 263 StGB, vgl. BGH, Beschluss v. 22.3.1988, 1 StR 106/88, StV 1988, S. 386.

397 In Betracht kommen insbesondere Personen, die im Sinne von §§ 9, 14 OWiG bei dem Kartellverbotsverstoß gehandelt oder sich beteiligt haben. Eingehend hierzu *Dreher/Kulka*, Wettbewerbs- und Kartellrecht, S. 714 f. In Betracht kommen aber auch Personen, die bereits nach dem erwähnten maßgeblichen funktionalen Unternehmensbegriffs Adressaten der Kartellverbotstatbestände sind. Hierzu *Lettl*, Kartellrecht, S. 26.

398 So im Ergebnis die Literatur, vgl. *Fischer*-StGB, § 298, Rn. 16 m. w. N. Wohl als Erste haben darauf hingewiesen *Kleinmann/Berg*, BB 1998, S. 280.

399 Vgl. BGH, Urteil v. 25.9.1991, 3 StR 95/91, NJW 1992, S. 1246/1247.

400 *Fischer*-StGB, § 13, Rn. 47 f. m. w. N; Schönke/Schröder/*Bosch*, § 13, Rn. 32 m. w. N.

401 Vgl. *Weigend*, LK-StGB, § 13, Rn. 42.

zu schützen, das nach Sinn und Zweck des Straftatbestands geschützt werden soll.[402]

Wie bereits umschrieben ist eine kartellrechtswidrige Absprache im Sinne von § 298 Abs. 1 StGB eine rechtswidrige Verletzung des unionsrechtlichen und des deutschen Kartellverbots.[403] Sinn und Zweck der Kartellverbote ist es zumindest auch, den freien Wettbewerb, der zugleich ein Schutzgut von § 298 StGB ist[404], zu schützen. Denn wie eingangs festgestellt ist Sinn und Zweck von Art. 101 Abs. 1 AEUV und somit auch von § 1 GWB[405] der Schutz der wirtschaftlichen Betätigungsfreiheit der Wettbewerber[406] und der Schutz der Marktgegenseite[407], und zwar durch den Schutz der Struktur des Marktes und damit des freien Wettbewerbs als solchen[408].

Jenes Vorverhalten müsste für eine Garantenpflicht über die angesprochene rechtliche Qualität zudem eine naheliegende Gefahr für den tatbestandsmäßigen Erfolg des Straftatbestands begründen.[409] Eine solche Absprache müssten also zudem eine naheliegende Gefahr für eine hierauf beruhende Angebotsabgabe in einem der genannten Vergabeverfahren[410] begründen. Das für jeden Einzelfall darzulegende Erfordernis dürfte im Allgemeinen erfüllt sein. Denn es entspricht dem Zweck einer solchen Absprache, dass anderen entsprechende Angebote zugeleitet werden. Nur so können die damit verbundenen Ziele erreicht werden. Alles andere dürfte unternehmerischen Erfahrungswerten widersprechen.

Für jene sich kartellrechtswidrig absprechende Person besteht somit zum Verhindern solcher Angebotsabgaben im Allgemeinen eine Garantenpflicht aus Ingerenz.[411]

---

402 Zu den Voraussetzungen und den dazugehörigen Meinungsstreiten vgl. SK-StGB/*Stein*, § 13, Rn. 50 f.

403 BGH, Beschluss v. 25.7.2012, 2 StR 154/12, NJW 2012, S. 3318.

404 Vgl. Entwurf eines Gesetzes zur Bekämpfung der Korruption, BT-Drucks. 13/5584, S. 13.

405 *Lettl*, Kartellrecht, S. 243.

406 EuGH, Urteil v. 23.11.2006, C-238/05, EuZW 2006, S. 753/756.

407 Vgl. auch BGH, Urteil v. 25.1.1983, KZR 12/81, NJW 1984, S. 2819.

408 EuGH, Urteil v. 4.6.2009, C-8/08, EuZW 2009, S. 505/507.

409 Vgl. BGH, Urteil v. 25.9.1991, 3 StR 95/91, NJW 1992, S. 1246/1247.

410 Das ist der tatbestandsmäßige Erfolg des § 298 StGB, vgl. MK-StGB/*Hohmann*, § 298, Rn. 97.

411 So im Ergebnis auch die Literatur, vgl. *Fischer*-StGB, § 298, Rn. 16 m. w. N. Wohl als Erste haben darauf hingewiesen *Kleinmann/Berg*, BB 1998, S. 280.

2. Entsprechungserfordernis

Weiterhin müsste ein unterlassenes Verhindern einer solchen Angebotsabgabe der Tatbestandsverwirklichung des § 298 StGB durch ein Tun entsprechen. Das ergibt sich aus dem sogenannten Entsprechungserfordernis gemäß § 13 Abs. 1 StGB.

Nach der Rechtsprechung[412] und einem großen Teil der Literatur[413] bleibt die Prüfung dieses Erfordernisses jedenfalls bei reinen Erfolgsdelikten aus. Denn bei reinen Erfolgsdelikten entspricht bereits das unterlassene Abwenden jenes Erfolgs durch einen Abwendungspflichtigen dem erfolgsherbeiführenden Tun.[414]

Bei § 298 StGB dürfte es sich um ein solches reines Erfolgsdelikt handeln. Denn für die Tatbestandsverwirklichung ist lediglich erforderlich, dass ein Angebot, das auf einer bestimmten kartellrechtswidrigen Absprache beruht, in einem der dargestellten Vergabeverfahren abgegeben wird, also dem Veranstalter zugeht[415]. Deshalb lässt es sich auch rechtfertigen, in § 298 StGB eben kein Tätigkeitsdelikt zu sehen[416], weil es beispielsweise nicht darauf ankommt, dass ein solches Angebot abgeschickt wird.[417] Der Tatbestand weist jedenfalls wohl auch keine irgendwie besonders ausgestalteten Merkmale auf, die der Einordnung als reines Erfolgsdelikt entgegenstehen. Das gilt auch für die Absprache, die darauf abzielen muss, den Veranstalter des Vergabeverfahrens zur Annahme eines bestimmten Angebots zu veranlassen. Denn sie ist lediglich eine Vorbereitungshandlung.[418]

Über die Garantenpflicht zum Verhindern solcher Angebotsabgaben hinaus dürften für das Entsprechungserfordernis bei §§ 298, 13 Abs. 1 StGB daher gegenüber der Tatbestandsverwirklichung von § 298 StGB durch ein Tun keine gesonderten Anforderungen bestehen.

3. Mögliches und zumutbares Verhindern

Schließlich müsste der sich im Sinne von § 298 Abs. 1 StGB kartellrechtswidrig absprechenden Person das Verhindern einer entsprechenden Angebotsabgabe

412 BGH, Urteil v. 4.8.2015, 1 StR 624/14, NJW 2015, S. 3047/3049.

413 *Fischer*-StGB, § 13, Rn. 86 m. w. N.; *Weigend*, LK-StGB, § 13, Rn. 77 m. w. N.

414 So auch Schönke/Schröder/*Bosch*, § 13, Rn. 4.

415 Vgl. *Fischer*-StGB, § 298, Rn. 13 f.

416 So im Ergebnis auch MK-StGB/*Hohmann*, § 298, Rn. 6 f. m. w. N..

417 Mit der Begründung ebenso Graf/Jäger/Wittig/*Böse*, § 298, Rn. 2 m. w. N.

418 Mit der Begründung ebenso *Rotsch*, ZIS 2014, S. 587 f. m. w. N.

möglich und zumutbar sein. Das ergibt sich aus den allgemeinen Strafbarkeitsvoraussetzungen unechten Unterlassens.[419]

Ein solches Verhindern wird im Allgemeinen spätestens beim Vorbereiten eines Angebots nach Maßgabe der Vergabeanforderungen und auch vorher schon durch entsprechende interne Reorgansationsmaßnahmen[420] hinsichtlich dessen, was kartellrechtswidrig abgesprochen wurde, wohl möglich sein. Das Verhindern einer solchen Angebotsabgabe könnte aber wegen einer Gefahr für den eigenen oder einen kollegialen Arbeitsplatz sowie die eigene wirtschaftliche Existenz oder die des Arbeitgebers unzumutbar sein. Denn in einer auf freiem Wettbewerb beruhenden Marktwirtschaft werden weniger leistungsfähige Einheiten vom Markt verdrängt.[421]. Es müssen aber jene Gefahren hingenommen werden, die offensichtlich vom Gesetzgeber aufgrund schutzwürdigerer gesamtgesellschaftlicher Interessen einkalkuliert sind.[422] Wie eingangs erörtert wird der freie Wettbewerb von den verfassungsähnlichen Verträgen der Europäischen Union und jedenfalls dadurch auch vom Grundgesetz sowie vom unionsrechtlichen und deutschen Kartellverbot als schutzwürdiges gesamtgesellschaftliches Interesse und primäre Form des Wirtschaftslebens angesehen. Für den freien Wettbewerb ist es wesensimmanent, dass die daraus resultierenden Gefahren für die einen die Chancen für die anderen sind. Das ist vom Gesetzgeber daher auch offensichtlich einkalkuliert. Somit ist auch im freien Wettbewerb die Gefahr für einen Arbeitsplatz oder eine wirtschaftliche Existenz offensichtlich einkalkuliert, weil sie die Chance anderer auf einen Arbeitsplatz oder eine wirtschaftliche Existenz ist. Daher bestehen gute Gründe dafür, dass jene sich kartellrechtswidrig absprechende Person die vorerwähnten Gefahren im Allgemeinen hinnehmen muss.

Ihr dürfte das Verhindern einer entsprechenden Angebotsabgabe somit im Allgemeinen auch möglich und zumutbar sein.

4. Ergebnis

Der genannten Literatur kann demnach zugestimmt werden. Die sich im Sinne von § 298 Abs. 1 StGB kartellrechtswidrig absprechenden Personen[423] können

419 Zu denen LK-StGB/*Weigend*, § 13, Rn. 65 f.

420 Zu solchen Maßnahmen bei vergaberechtlichen Selbstreinigungen und kartellrechtsbezogenen Compliance-Systemen vgl. *Mutschler-Siebert/Dorschfeldt*, BB 2015, S. 644.

421 So berichtet *Baumann*, NJW 1992, S. 1664.

422 Vgl. *Tiedemann*, Wirtschaftsstrafrecht, S. 143.

423 In Betracht kommen insbesondere Personen, die im Sinne von §§ 9, 14 OWiG bei dem Kartellverbotsverstoß gehandelt oder sich beteiligt haben. Eingehend hierzu

sich durch Unterlassen strafbar machen[424], wenn sie eine entsprechende Angebotsabgabe nicht verhindern[425].

IV. Beurteilung

Nunmehr kann der Straftatbestand der wettbewerbsbeschränkenden Absprachen bei Ausschreibungen, § 298 StGB, hinsichtlich der weiteren zuvor entwickelten rechtspolitischen und verfassungsrechtlichen Postulate beurteilt werden.

Die Vorgaben der Strafwürdigkeit und Strafbedürftigkeit[426] von Verhaltensweisen dürften nur rechtspolitischer Natur und keine verfassungsrechtlichen Voraussetzungen dafür sein, dass der Gesetzgeber Straftatbestände für eine solche Verhaltensweise normieren darf. Denn die bisherige Rechtsprechung des Bundesverfassungsgerichts verwendet diese Termini nicht und legt auch in ihrer Gesamtheit nahe, dass deren aufgezeigte Inhalte sich nicht aus dem Grundgesetz ableiten lassen. Vielmehr steht dem Gesetzgeber auch im Rahmen der Strafgesetzgebung ein breiter Beurteilungsspielraum zu.[427] Wie § 298 StGB zeigt, sieht der Gesetzgeber bei bestimmten Vergabeverfahren nach dem Vergaberecht offenbar alle Absprachen, die im Sinne von Art. 101 AEUV und §§ 1 f. GWB tatbestandsmäßig und nicht freistellungsfähig sind, beziehungsweise hierauf beruhende Angebotsabgaben als strafwürdig und strafbedürftig an. Daher ist trotz der eigenen Einschätzung, nach der nur Hardcore-Kartelle und derartig kartellbetroffene Angebotsabgaben einer Strafe würdig und bedürftig sind, nicht aber die sonstigen Kartellfallgruppen und entsprechend kartellbetroffene Angebotsabgaben, § 298 StGB insofern jedenfalls verfassungsgemäß.

Daher ergibt sich nach hiesiger Auffassung für § 298 StGB auch keine Möglichkeit, ihn restriktiv nur auf Hardcore-Kartelle anzuwenden. Zwar soll nach vereinzelter Ansicht die fehlende Strafwürdigkeit und Strafbedürftigkeit einer Verhaltensweise bei auslegungsfähigen Straftatbestandsmerkmalen restriktiv

---

Dreher/Kulka, Wettbewerbs- und Kartellrecht, S. 714 f. In Betracht kommen aber auch Personen, die bereits nach dem erwähnten maßgeblichen funktionalen Unternehmensbegriffs Adressaten der Kartellverbotstatbestände sind. Hierzu *Lettl*, Kartellrecht, S. 26.

424 *Fischer*-StGB, § 298, Rn. 16 m. w. N.; Graf/Jäger/Wittig/*Böse*, § 298, Rn. 37 m. w. N. Wohl als Erste haben darauf hingewiesen *Kleinmann/Berg*, BB 1998, S. 280.

425 NK-StGB/*Dannecker*, § 298, Rn. 108.

426 Zu den verschiedenen verwendeten Begrifflichkeiten neben denen der weithin so benannten Strafwürdigkeit und Strafbedürftigkeit NK-StGB/*Hassemer/Neumann*, Vorbemerkungen zu § 1, Rn. 50 f. m. w. N.

427 BVerfG, Beschluss v. 26.2.2008, 2 BvR 392/07, NJW 2008, S. 1137/1138.

berücksichtigt werden können.[428] Insbesondere mit Blick auf die gerade genannten Erwägungen dürfte sich aber jedenfalls keine Möglichkeit ergeben, ihn restriktiv, beispielsweise im Rahmen der Rechtswidrigkeit der Absprache im Sinne von § 298 StGB, ausschließlich auf Hardcore-Kartelle hin auszulegen.

Eine Untersuchung, nach der Verhaltensweisen nicht im aufgezeigten Sinne strafwürdig und strafbedürftig sind, sollte den Gesetzgeber aber, aufgrund der somit getroffenen Wertungen, rechtspolitisch dazu bewegen, jene Verhaltensweisen wieder zu entkriminalisieren.[429] Daher sollte der Gesetzgeber in § 298 StGB die Angebotsabgaben, die auf einer der sonstigen Kartellfallgruppen beruhen, wieder entkriminalisieren.

Schließlich bestehen nach hier vertretener Auffassung trotz der erläuterten Zweifel an der Vereinbarkeit der beiden Kartellverbote mit dem Bestimmtheitsgrundsatz, Art. 103 Abs. 2 GG, keine solchen Zweifel an der Vereinbarkeit von § 298 StGB mit dem Bestimmtheitsgrundsatz. Denn § 298 StGB dürfte nicht als Blankettstraftatbestand ausgestaltet sein[430], weil er nicht zur Konkretisierung seines Inhalts ausdrücklich[431] auf die beiden Kartellverbote Bezug nimmt. Eine Entscheidung des Bundesverfassungsgerichts lässt jedenfalls den unverbindlichen Eindruck zu, dass es hieran ebenfalls keine Zweifel hat. Denn als es eine mittelbar gegen § 298 StGB gerichtete Verfassungsbeschwerde nicht zur Entscheidung annahm, sah es offenbar auch keine Anlässe, zur Vereinbarkeit der beiden Kartellverbote mit dem strafrechtlichen Bestimmtheitsgrundsatz Stellung zu nehmen[432]. Der damals entscheidende Zweite Senat nimmt für sich aber im Gegensatz zum Ersten Senat in Anspruch eine jeweilige Verfassungsmäßigkeit unter jedem ersichtlichen Gesichtspunkt unabhängig von den Rügen des Beschwerdeführers zu prüfen.[433]

---

428 *Otto*, GS Schröder, S. 68.

429 So im Allgemeinen auch *Roxin*, Strafrecht Allgemeiner Teil I, S. 43, nach dem entsprechende Postulate den Gesetzgeber zwar nicht zwingen, aber er solche Postulate jedenfalls beachten muss.

430 Ebenso NK-StGB/*Dannecker*, § 298, Rn. 20 m. w. N. Anders SK-StGB/*Rogall*, § 298, Rn. 26 m. w. N.

431 Das ist das wohl herrschende Kriterium für die Abgrenzung von einem normativen Tatbestandsmerkmal und einer Blankettverweisung, vgl. *Bülte*, JuS 2015, S. 774.

432 Vgl. BVerfG, Beschluss v. 2.4.2009, 2 BvR 1468/08, BVerfGK 15, S. 316 f.

433 *Klein*, Linien der Rechtsprechung des Bundesverfassungsgerichts, S. 87.

F. Die Strafbarkeit außerhalb von Vergabeverfahren gemäß § 263 StGB

Nunmehr gilt es zu analysieren, inwiefern sich nicht auch derjenige bereits gegenwärtig strafbar machen kann, der ein auf einem Hardcore-Kartell beruhendes Angebot außerhalb vergaberechtlicher Vergabeverfahren abgibt. Denn wenn und soweit eine Verhaltensweise als strafwürdig und strafbedürftig charakterisiert wird, sollte zunächst stets, mit Hilfe aller methodisch sachgerechten Auslegungsmöglichkeiten[434], analysiert werden, ob die Verhaltensweise bereits nach der gegenwärtigen Rechtslage strafbewehrt ist. Ansonsten wäre die Behauptung einer rechtspolitisch nicht hinnehmbaren Strafbarkeitslücke im Grunde spekulativ.[435] Zudem lassen sich dadurch für einen künftigen Straftatbestand diejenigen Tatbestandsmerkmale identifizieren, die möglicherweise für die Subsumtion jener Verhaltensweise unter einen Straftatbestand hinderlich sind.

Gleichwohl ist bisher die Strafbarkeit jener Verhaltensweise gemäß gegenwärtiger Straftatbestände nicht umfänglicher und substantiiert analysiert worden. Lediglich die annähernd vergleichbare Strafbarkeit von auf einem Kartellverbotsverstoß basierenden Angebotsabgaben bei einigen vergaberechtlichen Vergabeverfahren, gemäß § 298 StGB und § 263 StGB, wurde in größerem Umfang analysiert.[436] Die Strafbarkeit von auf einem Hardcore-Kartell fundierenden Angebotsabgaben außerhalb solcher Vergabeverfahren gemäß gegenwärtiger Straftatbestände wurde bislang nur am Rand behandelt.[437] Denn die entsprechenden Diskussionen in der Literatur und die betreffenden Rechtsprechungsänderungen vor Inkrafttreten von § 298 StGB im Jahr 1997 beschränkten sich stets auf die Strafbarkeit von kartellbetroffenen Angebotsabgaben bei jenen Vergabeverfahren.[438]

---

434 Hingegen dürfte es nicht Aufgabe einer solchen Untersuchung sein, als findig beurteilte Verhaltensweisen mit gegenwärtigen Straftatbeständen ebenso findig zu begegnen. Das vor der Normierung neuer spezifischer Straftatbestände fordernd *Schlüchter*, Zweites Gesetz zur Bekämpfung der Wirtschaftskriminalität, S. 44.

435 *Möschel*, Zur Problematik einer Kriminalisierung von Submissionsabsprachen, S. 29.

436 Zuletzt *Grützner*, Die Sanktionierung von Submissionsabsprachen, S. 161 f.

437 Vgl. z. B. *Altemeier*, Verantwortlichkeit des Vorstands für Kartellrechtsverstöße, S. 17; *Federmann*, Kriminalstrafen im Kartellrecht, S. 124 f.; *Lampert/Götting*, WuW 2002, S. 1070; *Twele*, Die Haftung des Vorstands für Kartellrechtsverstöße, S. 220 f.; *Wagner-von Papp*, Competition Law Compliance Programmes, S. 153 f.

438 Immenga/Mestmäcker/*Dannecker/Biermann*, Vorbemerkungen vor § 81, Rn. 1 f.

Diese Lücke soll durch die folgende Analyse geschlossen werden. Dafür wird erörtert, inwiefern sich derjenige, der einem anderen ein solches Angebot außerhalb jener Vergabeverfahren zukommen lässt, wegen Betrugs gemäß § 263 StGB strafbar macht. Die Strafbarkeit dieser Verhaltensweise wegen Betrugs erscheint zum einen am aussichtsreichsten begründbar zu seien. Und zum anderen sind hierfür im Gegensatz zu etwa dem Wucher gemäß § 291 StGB oder der Strafbaren Werbung gemäß § 16 UWG keine wesentlichen zusätzlichen Verhaltensweisen oder Sachverhalte, die über für solche Angebotsabgaben typischen Verhaltensweisen oder Sachverhalte hinausgehen, erforderlich. Danach ist noch aufzuzeigen, inwiefern sich Hardcore-Kartellanten[439] wegen Betrugs durch Unterlassen der Aufklärung, §§ 263 Abs. 1, 13 Abs. 1 StGB, strafbar machen, ohne selbst eine solche Offerte abzugeben.

I. Betrugstatbestand

Derjenige, der ein auf einem Hardcore-Kartell fundierendes Angebot außerhalb jener Vergabeverfahren Angebot abgibt, könnte sich also wegen Betrugs gemäß § 263 StGB strafbar machen.

1. Täuschungsrelevante Tatsache

Zunächst muss dafür die Tatsache, über die möglicherweise bei einer solchen Verhaltensweise im Sinne von § 263 Abs. 1 StGB getäuscht wird, identifiziert werden. Solche Tatsachen sind nach der Rechtsprechung[440] und einem großen Teil der Literatur[441] alle Geschehnisse oder Zustände der Vergangenheit oder Gegenwart, die dem Beweis zugänglich sind.

Wie bereits dargestellt steigen durch Hardcore-Kartelle regelmäßig die Preise – entweder direkt aufgrund der Festsetzung der Preise oder indirekt aufgrund des mengenmäßig verringerten beziehungsweise begrenzten Angebots.[442] Das belegen sowohl die erwähnten einschlägigen ökonomischen Studien, nach denen Hardcore-Kartelle zu einem Preisaufschlag von durchschnittlich 30 %

---

439 In Betracht kommen insbesondere Personen, die im Sinne von §§ 9, 14 OWiG bei dem Hardcore-Kartell gehandelt oder sich beteiligt haben. Eingehend hierzu *Dreher/Kulka*, Wettbewerbs- und Kartellrecht, S. 714 f. In Betracht kommen aber auch Personen, die bereits wegen des erwähnten maßgeblichen funktionalen Unternehmensbegriffs Hardcore-Kartellanten sind. Hierzu *Lettl*, Kartellrecht, S. 26.

440 RG, Urteil v. 21.12.1920, II 1214/20, RGSt 55, S. 129/131.

441 NK-StGB/*Kindhäuser*, § 263, Rn. 73 m. w. N.; Lackner/*Kühl*, § 263, Rn. 4 m. w. N.

442 *Bunte/Stancke*, Kartellrecht, S. 142.

führen[443], als auch bisherige Entscheidungen der Rechtsprechung. So wurde beispielsweise in der Rheinausbau-II-Entscheidung des Bundesgerichtshofes das Verursachen von Vermögensschäden durch ein Hardcore-Kartell als naheliegend festgestellt.[444] Wie bereits erwähnt ersetzt das gerade Gesagte nicht die prozessual für jeden Einzelfall darzulegende Bezifferung der Höhe solcher Vermögensschäden. Aufgrund des Gesagten könnte man jedoch in Betracht ziehen, dass die Angemessenheit des Angebots, das auf dem Hardcore-Kartell basiert, die Tatsache ist, über die bei der Angebotsabgabe möglicherweise im Sinne von § 263 Abs. 1 StGB getäuscht wird. Da die Angemessenheit einer Offerte aber wohl nicht objektiv nachprüfbar, also nicht dem Beweis zugänglich ist, handelt es sich dabei eher nicht um eine Tatsache im genannten Sinne, sondern vielmehr um eine subjektive Beurteilung.[445]

Die Tatsache, über die möglicherweise bei einer auf einem Hardcore-Kartell beruhenden Angebotsabgabe außerhalb jener Vergabeverfahren im Sinne von § 263 Abs. 1 StGB getäuscht wird, dürfte eher die nicht auf freiem Wettbewerb beruhende Preisbildung sein[446]. Das entspricht auch der schon länger bestehenden ständigen Rechtsprechung[447] und der schon älteren Literatur[448] zur täuschungsrelevanten Tatsache bei solchen Angebotsabgaben in bestimmten Vergabeverfahren nach dem Vergaberecht. Die wettbewerbsunkonforme Preisbildung dürfte auch eine Tatsache sein, weil sie ein vergangenes Geschehnis ist, das prinzipiell[449] auch beweisbar ist.

443 Eine Zusammenfassung der Studien findet sich bei *Hüschelrath/Scheitzer*, Schadensermittlung und Schadensersatz bei Hardcore-Kartellen, S. 20.

444 Der Entscheidung lag ein vergaberechtliches Vergabeverfahren zugrunde, vgl. BGH, Beschluß v. 31.8.1994, 2 StR 256/94, NJW 1995, S. 737 – Rheinausbau II. Zu dem Anscheins- und Indizienbeweis für die preissteigernde Wirkung in Zivilprozessen, auch außerhalb solcher Vergabeverfahren, vgl. BGH, Urteil v. 11.12.2018, KZR 26/17, NJW 2019, S. 661/664 f. und OLG Düsseldorf, Urteil v. 23.1.2019, VI-U (Kart) 18/17, NZKart 2019, S. 157/159 f.

445 Vgl. *Locher/Blind*, NJW 1971, S. 2291.

446 Die Preisbildung beruht auf dem Festsetzen von Preisen, Festlegen von Produktionsbeschränkungen oder Aufteilen von Absatzgebieten oder Kundengruppen durch Wettbewerber, vgl. Entwurf eines Achten Gesetzes zur Änderung des Gesetzes gegen Wettbewerbsbeschränkungen, BT-Drucks. 17/9852, S. 34; Bundeskartellamt, Wettbewerbsaufsicht in Deutschland, S. 2; *Bräunig*, HRRS 2011, S. 426; *Kling/Thomas*, Kartellrecht, S. 88; *Wagner-von Papp*, WuW 2010, S. 278.

447 BGH, Urteil v. 21.11.1961, 1 StR 424/61, BGHSt 16, S. 367/371.

448 Vgl. *Schmid*, Der Ausschreibungsbetrug als ein Problem der Strafgesetzgebung, S. 87 m. w. N.

449 Was ausreicht, vgl. NK-StGB/*Kindhäuser*, § 263, Rn. 74 f.

2. Täuschung

Über die Tatsache müsste derjenige, der einem anderen das Angebot außerhalb jener Vergabeverfahren zukommen lässt, ausdrücklich, konkludent oder durch Unterlassen der Aufklärung täuschen.[450] Diese Tatbestandsalternativen ergeben sich aus der nur unvollkommenen Umschreibung in § 263 Abs. 1 StGB:[451] Die Tatbestandsalternative der ausdrücklichen Täuschung ergibt sich aus dem Gesetzeswortlaut „Vorspiegelung … falscher Tatsachen" und die Tatbestandsalternative der konkludenten Täuschung aus dem Gesetzeswortlaut „Entstellung … wahrer Tatsachen"[452]. Die Tatbestandsalternative der Täuschung durch Unterlassen der Aufklärung ergibt sich schließlich aus dem Gesetzeswortlaut „Unterdrückung wahrer Tatsachen" und aus § 13 Abs. 1 StGB[453].

a) Ausdrückliche Täuschung

Bevor erörtert wird, inwieweit bei einer auf einem Hardcore-Kartell beruhenden Angebotsabgabe außerhalb jener Vergabeverfahren konkludent oder durch Unterlassen der Aufklärung über die vorerwähnte Tatsache getäuscht werden kann, sind potentielle Möglichkeiten einer ausdrücklichen Täuschung über die Tatsache bei einer solchen Angebotsabgabe aufzuzeigen.

Eine solch ausdrückliche Täuschung über eine Tatsache setzt nach wohl allgemeiner Auffassung voraus, dass die Unwahrheit über die Tatsache zum Gegenstand der mündlichen oder schriftlichen Aussage gemacht wird.[454] Dementsprechend liegt bei einer auf einem Hardcore-Kartell fundierenden Angebotsabgabe eine ausdrückliche Täuschung vor, wenn auch die auf freiem Wettbewerb beruhende Preisbildung zum Gegenstand einer der das Feilgebot beinhaltenden oder begleitenden Aussage gemacht wird. Denn eine solche Aussage ist die Unwahrheit über jene Tatsache – die aufgrund des Hardcore-Kartells nicht auf freiem Wettbewerb beruhende Preisbildung. Vor allem in den drei folgenden, aber freilich nicht abschließenden Konstellationen sind Aussagen mit dem genannten Gegenstand vorstellbar.

---

450 Die Möglichkeit jeder solcher Täuschungen bejahend, ohne das jedoch zu erläutern, *Altemeier*, Verantwortlichkeit des Vorstands für Kartellrechtsverstöße, S. 17.

451 LK-StGB/*Tiedemann*, § 263, Rn. 7.

452 LK-StGB/*Tiedemann*, § 263, Rn. 24, 28. Letzteres i. Ü. verfassungsrechtlich nicht zu beanstanden, vgl. BVerfG, Beschluss v. 7.12.2011, 2 BVR 2500/09, wistra 2012, S. 102/104.

453 Vgl. MK-StGB/*Hefendehl*, § 263, Rn. 103; LK-StGB/*Tiedemann*, § 263, Rn. 21.

454 Vgl. Schönke/Schröder/*Perron*, § 263, Rn. 13.

Abnehmer verlangen immer häufiger, dass mit dem Angebot erklärt wird, nicht gegen Art. 101 AEUV oder §§ 1 f. GWB verstoßen zu haben und sich zur Leistung eines pauschalierten Schadensersatzes oder einer Vertragsstrafe für solche Verstöße in bestimmter Höhe zu verpflichten.[455] Denn bei den eingangs genannten Schadensersatzklagen wegen eines Hardcore-Kartells erfordert eigentlich nur die für jeden Einzelfall darzulegende Bezifferung der Höhe der Vermögensschäden einigen Aufwand.[456] Entsprechende, teils auch nicht durch pauschalierten Schadensersatz oder Vertragsstrafe abgesicherte Erklärungen können natürlich variieren. So müssen Lieferanten bei *Lindt & Sprüngli* beispielsweise ausdrücklich die Erfüllung von Folgendem schriftlich bestätigen:

> „Die Lieferanten haben sich den Grundsätzen eines freien Wettbewerbs zu unterwerfen und von Angebotsabsprachen, Preisfestsetzungen, Preisdiskriminierungen und sonstigen unlauteren Handelspraktiken abzusehen."[457]

Zumindest einem Urteil des Bundesgerichtshofs lag schon ein Sachverhalt mit einer solchen Erklärung zugrunde. So wurde beim Sachverhalt der Entscheidung Rheinausbau I des Bundesgerichtshofs einfach nur erklärt, keine Preisabsprachen getroffen zu haben.[458] Auch Rechtsanwälte raten ihren Mandanten häufig, Erklärungen dergestalt zu fordern, dass derjenige, der ein Angebot abgibt, nicht an einem Kartell beteiligt ist.[459] Bei vielen solchen Aussagen wird die Unwahrheit über die Tatsache, die aufgrund des Hardcore-Kartells nicht auf freiem Wettbewerb beruhende Preisbildung, zum Gegenstand der Aussage gemacht.

Natürlich können die genannten Erklärungen variierend auch mündlich mit einer Offerte, die auf einem Hardcore-Kartell beruht, abgegeben werden. Eine solche Situation ist insbesondere gut vorstellbar, wenn bei einer Vertragsverhandlung entsprechend nachgefragt wird. In einer solchen Situation fragt der Angebotsempfänger bei einer Vertragsverhandlung beispielsweise, ob Preise abgesprochen, sich an Kartellen beteiligt wurde oder Ähnliches. Verneint das derjenige, der die Offerte abgibt, dürfte er die Unwahrheit, die auf freiem

---

455 Eingehend *Criegern/Engelhoven*, WRP 2013, S. 1441 f.

456 Zu dem Anscheins- und Indizienbeweis für die preissteigernde Wirkung von Hardcore-Kartellen in Zivilprozessen, auch außerhalb vergaberechtlicher Vergabeverfahren, vgl. BGH, Urteil v. 11.12.2018, KZR 26/17, NJW 2019, S. 661/664 f. und OLG Düsseldorf, Urteil v. 23.1.2019, VI-U (Kart) 18/17, NZKart 2019, S. 157/159 f.

457 Lindt & Sprüngli, Verhaltenskodex für Lieferanten und Zustimmungserklärung des Lieferanten, S. 2, 6.

458 Allerdings handelte es sich dabei auch um eine Ausschreibungssituation, vgl. BGH, Urteil v. 8.1.1992, 2 StR 102/91, BGHSt 38, S. 186/188 – Rheinausbau I.

459 So z. B. auch *Criegern/Engelhoven*, WRP 2013, S. 1443.

Wettbewerb beruhende Preisbildung, über die genannte gegenteilige Tatsache zum Gegenstand seiner Aussage machen.[460]

Schließlich werden bei Angebotsabgaben, die auf einem Hardcore-Kartell beruhen, auch mündliche oder schriftliche Formulierungen wie „marktgerecht" verwendet. Dabei erklärt jener, der das Angebot abgibt, auf Nachfrage oder von selbst beispielsweise, dass der Preis für die Ware marktgerecht wäre. Wie bereits ausgeführt ist die auf einem Hardcore-Kartell beruhende Preisbildung aber kein marktgerechtes Verhalten. Daher dürfte auch bei solchen Formulierungen die Unwahrheit, die auf freiem Wettbewerb beruhende Preisbildung als marktgerechtes Verhalten, über die Tatsache, die nicht auf Wettbewerb beruhende Preisbildung als nicht marktgerechtes Verhalten, zum Gegenstand der Aussage gemacht werden.[461]

b) Konkludente Täuschung

Inwieweit in den vor allem denkbaren Konstellationen bei auf einem Hardcore-Kartell beruhenden Angebotsabgaben außerhalb von vergaberechtlichen Vergabeverfahren konkludent über die genannte Tatsache im Sinne von § 263 Abs. 1 StGB getäuscht wird, hängt von den von der Rechtsprechung und Literatur entwickelten allgemeinen Kriterien für eine solche konkludente Täuschung ab. Zudem lassen sich auch die Kriterien für eine konkludente Täuschung bei entsprechenden Angebotsabgaben in Vergabeverfahren heranziehen.

(1) Kriterien der konkludenten Täuschung

Eine konkludente Täuschung über eine Tatsache im Sinne von § 263 Abs. 1 StGB setzt voraus, dass die Unwahrheit über die Tatsache bei einer Verhaltensweise stillschweigend miterklärt wird.[462]

Zunächst einmal muss festgehalten werden, dass nicht jedes Hervorrufen eines Irrtums über eine Tatsache ein stillschweigendes Miterklären der Unwahrheit über die Tatsache bei einer bestimmten Verhaltensweise darstellt. Eine solche Sichtweise würde die Tatbestandsmerkmale der konkludenten Täuschung und des Irrtums, § 263 Abs. 1 StGB, vermengen.[463] Auch nicht jede nach eigenem Empfinden unredliche oder enttäuschende Verhaltensweise stellt eine solche stillschweigende Miterklärung der Unwahrheit dar.[464] Denn niemand ist

460 Darauf wurde schon früh hingewiesen, vgl. *Baumann/Arzt*, ZHR 1970, S. 35.

461 So auch, allerdings bei Versteigerungen, *Locher/Blind*, NJW 1971, S. 2291.

462 BGH, Urteil v. 26.4.2001, 4 StR 439/00, BGHSt 47, S. 1/3.

463 Vgl. *Garbe*, NJW 1999, S. 2869.

464 Vgl. *Frisch*, FS Jakobs, S. 117.

gegenüber geschäftlichen oder gegenüber privaten Kontakten verpflichtet, ohne Weiteres vollumfängliche Informationen zu offenbaren.[465]

Ob die Unwahrheit über eine Tatsache bei einer Verhaltensweise stillschweigend miterklärt wird und das somit eine konkludente Täuschung über eine Tatsache gemäß § 263 Abs. 1 StGB darstellt, richtet sich der Rechtsprechung[466] und Literatur[467] zufolge nach der Verkehrsanschauung. Hierfür sind sowohl faktische als auch normative Gesichtspunkte zu berücksichtigen. Die faktischen Gesichtspunkte sind die erkennbaren Erwartungshaltungen der Beteiligten.[468] Die normativen Gesichtspunkte sind sodann die rechtlichen Rahmenbedingungen, die die erkennbaren Erwartungshaltungen der Beteiligten prägen und konkretisieren. Die Berücksichtigung normativer Gesichtspunkte ist erforderlich, da sich die Verkehrsanschauung allein anhand von Erwartungen der Beteiligten häufig überhaupt nicht feststellen lassen wird.[469] Die rechtlichen Rahmenbedingungen, die die erkennbaren Erwartungshaltungen der Beteiligten prägen und konkretisieren, sind neben den allgemeinen Gesetzen unter anderem auch die Grundlagen der verschiedenen Typen von Austauschverhältnissen und deren intendierte Risikoverteilung.[470] Dabei ist jene Risikoverteilung solange maßgebend, wie sie nicht auf vertragliche oder eine andere erkennbare Weise geändert wurde.[471]

In der Literatur werden zum Teil auch Auffassungen vertreten, die je nach Urheber entweder die faktischen oder die normativen Gesichtspunkte stets für gewichtiger halten.[472] Das entspricht jedoch nicht der Handhabung der Rechtsprechung[473] und großer Teile der Literatur[474]. Zu einer sachgerechten Beurteilung dürfte die Gewichtung der faktischen und normativen Gesichtspunkte nämlich vielmehr eine Frage des Einzelfalls oder konkreter Fallgruppen sein.[475]

---

465 Vgl. *Kindhäuser*, ZStW 1991, S. 402 f.

466 BGH, Urteil v. 26.4.2001, 4 StR 439/00, BGHSt 47, S. 1/3.

467 Schönke/Schröder/*Perron*, § 263, Rn. 14/15 m. w. N.

468 BGH, Urteil v. 15.12.2006, 5 StR 181/06, BGHSt 51, S. 165/170.

469 LK-StGB/*Tiedemann*, § 263, Rn. 30.

470 BGH, Urteil v. 15.12.2006, 5 StR 181/06, BGHSt 51, S. 165/170; LK-StGB/*Tiedemann*, § 263, Rn. 30.

471 LK-StGB/*Tiedemann*, § 263, Rn. 30.

472 Zu denen MK-StGB/*Hefendehl*, § 263, Rn. 63 f. m. w. N.

473 Vgl. BGH, Urteil v. 15.12.2006, 5 StR 181/06, BGHSt 51, S. 165/169 f.

474 So z. B. Schönke/Schröder/*Perron*, § 263, Rn. 14/15 m. w. N; Matt/Renzikowski/*Saliger*, § 263, Rn. 35 m. w. N.

475 Schönke/Schröder/*Perron*, § 263, Rn. 14/15.

(2) *Konkludente Täuschung bei auf einem Hardcore-Kartell beruhenden Angebotsabgaben in Vergabeverfahren nach dem Vergaberecht*

Nach der Rechtsprechung wird bei einer auf einem Hardcore-Kartell fundierenden Angebotsabgabe in den bereits dargestellten Vergabeverfahren nach dem Vergaberecht in den allermeisten Konstellationen konkludent über die nicht auf freiem Wettbewerb beruhende Preisbildung getäuscht. Denn bei solchen Angebotsabgaben soll die Unwahrheit, die auf freiem Wettbewerb beruhende Preisbildung, über die wegen des Hardcore-Kartells gegenteilige Tatsache stillschweigend miterklärt werden.[476]

Für die Vergabeverfahren der öffentlichen und beschränkten Ausschreibung ist das schon länger ständige Rechtsprechung.[477] Vor einigen Jahren hat der Bundesgerichtshof mit der Entscheidung-Flughafen-München diese Rechtsprechung auf das Vergabeverfahren der freihändigen Vergabe in den meisten Konstellationen erweitert und gleichzeitig klargestellt, dass es irrelevant ist, ob jene Vergabeverfahren von der öffentlichen Hand oder von einem privaten Veranstalter durchgeführt werden.[478]

Denn in den vorerwähnten vergaberechtlichen Vergabeverfahren soll in den allermeisten Konstellationen die erkennbare Erwartungshaltung entstehen, dass ein zugegangenes Angebot durch eine wettbewerbskonforme Preisbildung zustande gekommen ist. Nach den Kriterien der Rechtsprechung entsteht diese erkennbare Erwartungshaltung in jenen Vergabeverfahren jedoch nicht immer.[479] Vorstellbar ist eine solche erkennbare Erwartungshaltung aber bei bestimmten Anlässen, entweder schon bei einer anfänglichen vergaberechtlichen öffentlichen Bekanntmachung[480] oder im Verlauf des Vergabeverfahrens bei Angebotsanfragen an mindestens zwei Einheiten[481].

Eine solche Angebotsanfrage an nur eine Einheit kommt in der Praxis jedoch nur äußerst selten vor[482] und ist auch nur unter ganz besonderen Umständen,

476 Vgl. BGH, Urteil v. 11.7.2001, 1 StR 576/00, BGHSt 47, S. 83/86 f. – Flughafen München.

477 BGH, Urteil v. 21.11.1961, 1 StR 424/61, BGHSt 16, S. 367/371.

478 BGH, Urteil v. 11.7.2001, 1 StR 576/00, BGHSt 47, S. 83/86 f. – Flughafen München.

479 Vgl. BGH, Urteil v. 11.7.2001, 1 StR 576/00, BGHSt 47, S. 83/87 f. – Flughafen München. Dazu wird in entsprechender Weise auch im Rahmen der Erörterung zu einer konkludenten Täuschung allein aufgrund des normierten Kartellverbots Stellung genommen.

480 So wohl auch *Best*, GA 2003, S. 162 f.

481 Für den Fall nimmt der BGH eine konkludente Täuschung an, vgl. BGH, Urteil v. 11.7.2001, 1 StR 576/00, BGHSt 47, S. 83/86 f. – Flughafen München.

482 *Best*, GA 2003, S. 162.

wie zum Beispiel militärischen Gesichtspunkten, überhaupt rechtmäßig[483]. Denn nach dem vergaberechtlichen Wettbewerbsgrundsatz[484] muss das Vergabeverfahren grundsätzlich auf einem freien Wettbewerb beruhen.[485]

Aufgrund einer vergaberechtlichen öffentlichen Bekanntmachung könnte also die erkennbare Erwartungshaltung entstehen, dass eine Angebotsabgabe durch eine marktkonforme Preisbildung zustande kommt. Durch eine öffentliche Bekanntmachung nach dem Vergaberecht dürfte der Veranstalter eines Vergabeverfahrens zum Ausdruck bringen, durch mehrere Teilnehmer im Vergabeverfahren Aufschluss über den Markt und somit auch den Marktpreis bezüglich des Vergabegegenstands erhalten zu wollen.[486] Dadurch macht der Veranstalter wohl auch deutlich, dass er bei dem Marktpreis von einer auf freiem Wettbewerb beruhenden Preisbildung ausgeht.[487] Andernfalls würde die vergaberechtliche öffentliche Bekanntmachung ihren Zweck verfehlen und wäre für ihn nutzlos.[488] Zudem dürfte er deutlich machen, dass er die Auswahl eines im Laufe des Vergabeverfahrens zugegangenen Angebots von dem von vornherein verfolgten Zweck abhängig machen will.[489] Von einer solch erkennbaren Erwartungshaltung für denjenigen, der das Angebot abgibt, kann umso mehr ausgegangen werden, als Art. 101 AEUV und §§ 1 f. GWB, der vergaberechtliche Wettbewerbsgrundsatz sowie § 298 StGB eine solch erkennbare Erwartungshaltung prägen und konkretisieren.[490]

Aufgrund einer im Verlaufe eines Vergabeverfahrens erfolgten Angebotsanfrage an mindestens zwei Einheiten entsteht demnach vielleicht aus ähnlichen Gründen die erkennbare Erwartungshaltung, dass eine Angebotsabgabe durch eine auf freiem Wettbewerb beruhende Preisbildung zustande kommt. Durch eine solche Angebotsanfrage an mehrere Einheiten bringt der Veranstalter des

---

483 Vgl. z. B. Leupertz/Wietersheim/*Schranner*, § 2 VOB/A, Rn. 73.

484 Zu seiner allgemeinen Ausprägung vgl. z. B. *Noch*, Vergaberecht kompakt, S. 6 f. Zu seiner speziellen Ausprägung bezüglich des Umgangs mit wettbewerbsbeschränkenden Verhaltensweisen unter Bietern vgl. z. B. *Noch*, Vergaberecht kompakt, S. 791 f.

485 Vgl. z. B. Leupertz/Wietersheim/*Schranner*, § 2 VOB/A, Rn. 73.

486 So für das gesamte Vergabeverfahren nach dem Vergaberecht verallgemeinernd *Grützner*, Die Sanktionierung von Submissionsabsprachen, S. 165.

487 So für das gesamte Vergabeverfahren nach dem Vergaberecht verallgemeinernd *Satzger*, Der Submissionsbetrug, S. 59 f.

488 So auch BGH, Urteil v. 11.7.2001, 1 StR 576/00, BGHSt 47, S. 83/87 – Flughafen München für die Angebotsanfrage an mehrere Einheiten.

489 Vgl. LG Frankfurt, Urteil v. 26.7.1990, 5/28 Kls 91 Js 36228/81, wistra 1991, S. 152.

490 BGH, Urteil v. 11.7.2001, 1 StR 576/00, BGHSt 47, S. 83/87 f. – Flughafen München.

Vergabeverfahrens wohl zum Ausdruck, durch mehrere Angebotsabgaben Aufschluss über den Markt und somit auch den Marktpreis bezüglich des Vergabegegenstands erhalten zu wollen.[491] Dadurch dürfte der Veranstalter auch deutlich machen, dass er bei dem Preis eine marktkonforme Preisbildung annimmt.[492] Ansonsten würde die Angebotsanfrage an mehrere Einheiten ihrer Funktion nicht gerecht werden und wäre für ihn sinnlos.[493] Weiterhin dürfte er verdeutlichen, dass er die Wahl einer daraufhin zugegangenen Offerte von dem von vornherein verfolgten Ziel abhängig machen möchte.[494] Eine derartig ersichtliche Erwartungshaltung für jenen, der das Feilgebot abgibt, kann auch hier umso mehr angenommen werden, als das unionsrechtliche und das deutsche Kartellverbot, das vergaberechtliche Wettbewerbsprinzip sowie § 298 StGB eine derartig ersichtliche Erwartungshaltung beeinflussen und präzisieren.[495]

Daher lässt es sich begründen, dass jemand, der nach einer vergaberechtlichen öffentlichen Bekanntmachung oder nach einer Angebotsaufforderung an mindestens zwei Einheiten im Verlaufe eines Vergabeverfahrens ein auf einem Hardcore-Kartell fundierendes Angebot abgibt, nach der Verkehrsauffassung stillschweigend miterklärt, das Angebot sei durch eine auf freiem Wettbewerb beruhende Preisbildung zustande gekommen.[496]

Demnach kann der vorerwähnten Rechtsprechung zugestimmt werden, nach der bei einer solchen Angebotsabgabe in Vergabeverfahren in den allermeisten Konstellationen konkludent über die nicht marktkonforme Preisbildung getäuscht wird. Die vorangegangenen Ausführungen zeigen jedoch auch, dass es zu kurz greifen dürfte, bei jeder solchen Angebotsabgabe im Rahmen einer öffentlichen oder beschränkten Ausschreibung sowie einer freihändigen Vergabe von einer konkludenten Täuschung auszugehen.[497]

---

491 So für das gesamte Vergabeverfahren nach dem Vergaberecht verallgemeinernd *Grützner*, Die Sanktionierung von Submissionsabsprachen, S. 165.

492 So für das gesamte Vergabeverfahren nach dem Vergaberecht verallgemeinernd *Satzger*, Der Submissionsbetrug, S. 59 f.

493 BGH, Urteil v. 11.7.2001, 1 StR 576/00, BGHSt 47, S. 83/87 – Flughafen München.

494 Vgl. LG Frankfurt, Urteil v. 26.7.1990, 5/28 Kls 91 Js 36228/81, wistra 1991, S. 152.

495 BGH, Urteil v. 11.7.2001, 1 StR 576/00, BGHSt 47, S. 83/87 f. – Flughafen München.

496 Vgl. *Best*, GA 2003, S. 161.

497 Vgl. hierzu z. B. aber die letzte ausführliche Erörterung zur Strafbarkeit von auf einem Kartellverbotsverstoß beruhenden Angebotsabgaben in Vergabeverfahren. *Grützner*, Die Sanktionierung von Submissionsabsprachen, S. 164 f.

(3) *Konkludente Täuschung bei auf einem Hardcore-Kartell beruhenden Angebotsabgaben allein aufgrund des normierten Kartellverbots*

Damit ist noch nicht zugleich entschieden, ob auch bei auf einem Hardcore-Kartell beruhenden Angebotsabgaben außerhalb von vergaberechtlichen Vergabeverfahren allein aufgrund des normierten Kartellverbots konkludent über die nicht auf freiem Wettbewerb beruhende Preisbildung getäuscht wird. Die Rechtsprechung hat hierzu – soweit ersichtlich – noch nicht Stellung genommen.

Nach der in einem Gespräch mit *Gerhardt* 1992 geäußerten Einschätzung *Tiedemanns* liegt es in der Tendenz der grundlegenden Entscheidung des Bundesgerichtshof im Fall Rheinausbau I[498], dass kartellrechtlich relevante Handlungen auch außerhalb von vergaberechtlichen Vergabeverfahren gemäß § 263 StGB strafbar sein können.[499]

Nur nach *Lampert* und *Götting* sowie *Wagner-von Papp* dürfte aber bei auf einem Hardcore-Kartell fundierenden Angebotsabgaben allein aufgrund des normierten Kartellverbots konkludent getäuscht werden. Nach ihnen wird nämlich bei jeglicher Handlung, der irgendein Kartellverbotsverstoß zugrundeliegt, konkludent getäuscht. Die hierfür erforderliche erkennbare Erwartungshaltung würde sich allein aus dem gesetzlich normierten Kartellverbot ergeben.[500]

Die Ansicht ist womöglich jedoch aufgrund der genannten Kriterien für eine konkludente Täuschung[501] abzulehnen[502]. Denn bei solchen Angebotsabgaben erscheint es plausibel, dass die Unwahrheit, die auf freiem Wettbewerb beruhende Preisbildung, über die gegenteilige Tatsache nicht stillschweigend miterklärt wird. Ohne zusätzliche Anlässe, wie beispielsweise eben eine anfängliche vergaberechtliche öffentliche Bekanntmachung, dürfte gerade nicht die erkennbare Erwartungshaltung entstehen, dass eine zugegangene Offerte durch eine marktkonforme Preisbildung zustande gekommen ist[503]. Ohne solche

---

498 BGH, Urteil v. 8.1.1992, 2 StR 102/91, BGHSt 38, S. 186/188 – Rheinausbau I.

499 *Gerhardt*, ZRP 1992, S. 150.

500 *Lampert/Götting*, WuW 2002, S. 1070; *Wagner-von Papp*, Competition Law Compliance Programmes, S. 153.

501 Für die zu berücksichtigenden faktischen und normativen Gesichtspunkte vgl. Schönke/Schröder/*Perron*, § 263, Rn. 14/15.

502 So z. B. auch *Lange*, ZWeR 2003, S. 365 f., und dem folgend *Federmann*, Kriminalstrafen im Kartellrecht, S. 125 f. und *Twele*, Die Haftung des Vorstands für Kartellrechtsverstöße, S. 220 f.

503 So auch *Federmann*, Kriminalstrafen im Kartellrecht, S. 126, und *Twele*, Die Haftung des Vorstands für Kartellrechtsverstöße, S. 220 f., die eine solche erkennbare Erwartungshaltung aber nur in einer Wettbewerbssituation für möglich halten.

zusätzlichen Anlässe wird durch einen potentiellen Angebotsempfänger eher überhaupt nichts zum Ausdruck gebracht.[504] So dürfte dann auch nicht deutlich werden, dass er die Annahme eines Angebots von einer marktgerechten Preisbildung abhängig machen will. Eine solch gänzlich fehlende erkennbare Erwartungshaltung kann dann auch nicht, was *Lampert* und *Götting* sowie *Wagner-von Papp* wohl verkennen, durch Art. 101 AEUV und §§ 1 f. GWB geprägt und konkretisiert werden[505]. Entscheidend dürfte also nicht die Erwartungshaltung, dass nicht gegen dieses Kartellverbot verstoßen wurde, sein. Entscheidend ist auch nach hier vertretener Ansicht vielmehr die gänzlich fehlende Erkennbarkeit einer solchen Erwartungshaltung. Insoweit gilt dann, wie bereits erwähnt, dass man weder gegenüber geschäftlichen noch gegenüber privaten Kontakten verpflichtet ist, vollumfänglich alle Informationen zu offenbaren.[506] Daher lässt es sich rechtfertigen, dass jemand, der ein auf einem Hardcore-Kartell beruhendes Angebot abgibt, ohne zusätzliche Anlässe, allein aufgrund des normierten Kartellverbots, nach der Verkehrsauffassung nicht stillschweigend miterklärt, das Angebot sei durch eine auf freiem Wettbewerb beruhende Preisbildung zustande gekommen.

Das Gesagte entspricht im Übrigen auch der dargestellten Rechtsprechung des Bundesgerichtshofs zur erläuterten konkludenten Täuschung in vergaberechtlichen Vergabeverfahren. Denn der Bundesgerichtshof begründet eine solche konkludente Täuschung in den Vergabeverfahren auch nicht allein mit normativen Gesichtspunkten, wie beispielsweise dem normierten Kartellverbot, sondern kumulativ mit zusätzlichen faktischen Gesichtspunkten, etwa den im Verlaufe eines Vergabeverfahrens erfolgten Angebotsanfragen an zwei Einheiten.[507]

Somit bestehen gute Gründe dafür, dass bei einer vorerwähnten Angebotsabgabe außerhalb jener Vergabeverfahren ohne zusätzliche Anlässe, also allein aufgrund des normierten Kartellverbots, nicht konkludent über die nicht auf freiem Wettbewerb beruhende Preisbildung getäuscht wird.

---

504 Vgl. *Lange*, ZWeR 2003, S. 366, für den anderes i. E. lebensfremd wäre.

505 So auch *Twele*, Die Haftung des Vorstands für Kartellrechtsverstöße, S. 220 f.

506 Vgl. *Kindhäuser*, ZStW 1991, S. 402 f.

507 Vgl. abermals BGH, Urteil v. 11.7.2001, 1 StR 576/00, BGHSt 47, S. 83/86 f. – Flughafen München.

(4) Konkludente Täuschung bei auf einem Hardcore-Kartell beruhenden Angebotsabgaben nach Angebotsanfragen an zwei Einheiten

Nunmehr liegt es nahe zu erörtern, ob nicht auch bei auf einem Hardcore-Kartell beruhenden Angebotsabgaben außerhalb jener Vergabeverfahren nach Angebotsanfragen an mindestens zwei Einheiten konkludent über die nicht auf freiem Wettbewerb beruhende Preisbildung getäuscht wird. Sowohl die Rechtsprechung als auch die Literatur haben hierzu - soweit ersichtlich - noch nicht Stellung genommen. Aufgrund der Kriterien, die gerade auch die Rechtsprechung in jenen Vergabeverfahren für richtig erachtet[508], ist das jedenfalls plausibel.

Solche Sachverhalte dürften im Übrigen durchaus häufig vorkommen. Das legen zum Beispiel die Vorgaben der Qualitätsmanagementnorm DIN EN ISO 9001 und die sie umsetzenden Musterhandbücher nahe. Die Qualitätsmanagementnorm ist die in Deutschland und der Welt am meisten verbreitete ihrer Art. Mit über 60.000 Zertifizierungen in Deutschland kann sie als Standard in der Wirtschaft bezeichnet werden.[509] Sie legt nahe, wie auch die umsetzenden Musterhandbücher ausdrücklich bestätigen[510], dass Angebote, wenn möglich, bei mindestens zwei Einheiten erfragt werden müssen[511].

Bei auf einem Hardcore-Kartell fundierenden Angebotsabgaben nach Angebotsanfragen an mindestens zwei Einheiten könnte die genannte Unwahrheit über die gegenteilige Tatsache aufgrund der für die vergaberechtlichen Vergabeverfahren dargelegten Wertungen stillschweigend miterklärt werden. Auch außerhalb von Vergabeverfahren nach dem Vergaberecht dürfte nämlich bei Angebotsanfragen an mindestens zwei Einheiten die erkennbare Erwartungshaltung entstehen, dass eine zugegangene Offerte durch eine marktgerechte Preisbildung zustande gekommen ist. Durch eine solche Angebotsanfrage an mehrere Einheiten bringt der Anfragende wohl auch außerhalb jener Vergabeverfahren zum Ausdruck bringen, durch mehrere Angebotsabgaben Aufschluss über den Markt und somit auch den Marktpreis erhalten zu wollen.[512] Dadurch macht

508 Vgl. abermals BGH, Urteil v. 11.7.2001, 1 StR 576/00, BGHSt 47, S. 83/86 f. - Flughafen München.

509 Vgl. *Hinsch*, Die neue ISO 9001:2015, S. V; *Pfitzinger*, Projekt DIN EN ISO 9001:2015, S. 33 f.

510 So z. B. auch *Seiler*, DIN EN ISO 9001:2015 Dienstleistung und Vertrieb, Kapitel Prozessbeschreibungen, Unterkapitel 8.4.2 Beschaffung, S. 1.

511 Vgl. Deutsches Institut für Normung, Qualitätsmanagementsysteme - Anforderungen (ISO 9001:2015), S. 38, hinsichtlich des Beurteilen und Auswählen von Anbietern.

512 So auch, allerdings nur für vergaberechtliche Vergabeverfahren verallgemeinernd, *Grützner*, Die Sanktionierung von Submissionsabsprachen, S. 165.

der Anfragende wohl ebenso deutlich, dass er bei dem Marktpreis von einer auf freiem Wettbewerb beruhenden Preisbildung ausgeht.[513] Andernfalls würde die Angebotsanfrage an mehrere Einheiten ihren Zweck verfehlen und wäre für ihn nutzlos. Die Rechtsprechung hält das bei den genannten Vergabeverfahren für entscheidend.[514] Zudem dürfte er deutlich machen, dass er die Auswahl einer daraufhin zugegangenen Offerte von dem von vornherein verfolgten Zweck abhängig machen will.[515] Von einer solch erkennbaren Erwartungshaltung für denjenigen, der das Angebot abgibt, kann hier umso mehr ausgegangen werden, als Art. 101 AEUV und §§ 1 f. GWB eine solch erkennbare Erwartungshaltung prägen und konkretisieren. Das hält die Rechtsprechung bei jenen Vergabeverfahren für mitentscheidend.[516] Daher dürfte jemand auch außerhalb jener Vergabeverfahren, der nach einer Angebotsaufforderung an mindestens zwei Einheiten ein auf einem Hardcore-Kartell fundierendes Angebot abgibt, nach der Verkehrsauffassung stillschweigend miterklären, dass das Angebot durch eine wettbewerbskonforme Preisbildung zustande gekommen ist.

Somit lässt es sich rechtfertigen, dass nach einer durchaus häufigen Angebotsaufforderung an mindestens zwei Einheiten auch außerhalb von vergaberechtlichen Vergabeverfahren bei einer solchen Angebotsabgabe konkludent über die nicht auf freiem Wettbewerb beruhende Preisbildung getäuscht wird.

(5) Konkludente Täuschung bei auf einem Hardcore-Kartell beruhenden Angebotsabgaben wegen kartellverbotsbezogener Verhaltenskodizes

Die in der Wirtschaft von Angebotsempfängern verwendeten kartellverbotsbezogenen Verhaltenskodizes legen nahe zu erörtern, ob auch hierbei außerhalb von Vergabeverfahren konkludent über die nicht auf freiem Wettbewerb beruhende Preisbildung getäuscht wird.[517] Die Rechtsprechung hat hierzu – soweit ersichtlich – noch nicht Stellung genommen.

Derartige Sachverhalte dürften im Übrigen immer häufiger vorkommen. Solche nicht zustimmungsbedürftigen, kartellverbotsbezogene Verhaltenskodizes werden jedenfalls von einer großen Anzahl an Unternehmen immer häufiger

---

513 So auch, allerdings nur für vergaberechtliche Vergabeverfahren verallgemeinernd, *Satzger*, Der Submissionsbetrug, S. 59 f.

514 Vgl. BGH, Urteil v. 11.7.2001, 1 StR 576/00, BGHSt 47, S. 83/87 – Flughafen München.

515 Für vergaberechtliche Vergabeverfahren vgl. LG Frankfurt, Urteil v. 26.7.1990, 5/28 Kls 91 Js 36228/81, wistra 1991, S. 152.

516 Vgl. BGH, Urteil v. 11.7.2001, 1 StR 576/00, BGHSt 47, S. 83/87 – Flughafen München.

517 Auf solche Konstellationen wurde, allerdings als Allgemeine Geschäftsbedingung, schon früh hingewiesen, vgl. *Baumann/Arzt*, ZHR 1970, S. 35.

verwendet. Das zeigt sich auch anhand entsprechender Einträge zu Verhaltenskodizes verschiedener Unternehmen in den gängigen Internetsuchmaschinen. Ein Beispiel für solche Verhaltenskodizes findet sich in einem Verhaltenskodex für Lieferanten von *Bilfinger*. Dort heißt es auszugsweise:

> „Auch von ihren … Lieferanten erwartet Bilfinger … (ein) Verhalten, das den … nachgenannten Mindeststandards entspricht. … Lieferanten beteiligen sich nicht an illegalen wettbewerbsbeschränkenden Absprachen und bekämpfen verbotene Kartelle."[518]

Wegen solcher Verhaltenskodizes wird möglicherweise also bei jenen Angebotsabgaben die genannte Unwahrheit über die gegenteilige Tatsache aufgrund der vorerwähnten Kriterien ebenfalls stillschweigend miterklärt. In der Konstellation dürfte die durch Art. 101 AEUV und §§ 1 f. GWB geprägte und konkretisierte erkennbare Erwartungshaltung, dass eine zugegangene Offerte durch eine auf freiem Wettbewerb beruhende Preisbildung zustande gekommen ist, äußerst deutlich entstehen. Durch solche Verhaltenskodizes bringt der potenzielle Angebotsempfänger sogar schriftlich zum Ausdruck, dass er bei Angeboten von einer marktgerechten Preisbildung ausgeht. Andernfalls würden solche Verhaltenskodizes darüber hinaus auch ihren Zweck verfehlen und wären nutzlos. Zudem dürfte er deutlich machen, dass er die Annahme einer zugegangenen Offerte von dem von vornherein verfolgten Zweck abhängig machen will. Daher lässt es sich begründen, dass jemand, der bei solchen Verhaltenskodizes ein auf einem Hardcore-Kartell basierendes Angebot abgibt, nach der Verkehrsauffassung stillschweigend miterklärt, das Angebot sei durch eine auf freiem Wettbewerb beruhende Preisbildung zustande gekommen.

Somit bestehen gute Gründe dafür, dass auch im Falle der durchaus häufigen kartellverbotsbezogenen Verhaltenskodizes außerhalb von vergaberechtlichen Vergabeverfahren bei solchen Angebotsabgaben konkludent über die nicht auf freiem Wettbewerb beruhende Preisbildung getäuscht wird.

c) Täuschung durch Unterlassen der Aufklärung

Die vorangegangenen Ausführungen haben gezeigt, dass bei auf einem Hardcore-Kartell beruhenden Angebotsabgaben außerhalb von Vergabeverfahren häufig, aber eben nicht immer ausdrücklich oder konkludent über die nicht auf freiem Wettbewerb beruhende Preisbildung getäuscht werden kann. Für die Fälle, in denen das nicht der Fall ist, muss daher im Folgenden erörtert werden, ob hierbei eine Täuschung durch Unterlassen der Aufklärung in Betracht

518 Bilfinger, Einkaufsbedingungen und Verhaltenskodex, S. 4.

kommt. Sowohl die Rechtsprechung als auch die Literatur haben hierzu – soweit ersichtlich – noch nicht eingehend Stellung genommen.[519]

Eine Täuschung durch Unterlassen setzt voraus, dass eine Garantenpflicht besteht, das Unterlassen der Tatbestandsverwirklichung durch ein Tun entspricht und die Aufklärung möglich und zumutbar ist, §§ 263 Abs. 1, 13 Abs. 1 StGB.[520]

(1) Garantenpflicht

Die zunächst erforderliche Garantenpflicht zur Aufklärung über die nicht marktgerechte Preisbildung dürfte sich auch in diesem Kontext nicht aus dem Gesetz ergeben. In Betracht hierfür käme abermals nur der eingangs erwähnte Beseitigungsanspruch gemäß § 33 Abs. 1 GWB. Aus ihm ergibt sich aber auch keine Aufklärungspflicht, weil mit dem Anspruch eben kein bestimmtes Verhalten verlangt werden kann.[521] Eine Garantenpflicht zu einer solchen Aufklärung dürfte sich auch nicht aufgrund der Vertragsanbahnung ohne Weiteres aus Treu und Glauben, § 242 BGB,[522] ergeben, weil vor dem Hintergrund von Art. 103 Abs. 2 GG zusätzlich beispielsweise eine langjährige Geschäftsbeziehung erforderlich wäre.[523]

---

519 Die Möglichkeit einer solcher Täuschung erwähnend, ohne das jedoch zu erläutern, *Altemeier*, Verantwortlichkeit des Vorstands für Kartellrechtsverstöße, S. 17. Eine entsprechende Täuschung mit dem Hinweis auf eine Garantenstellung aus Ingerenz wegen Art. 101 Abs. 1 AEUV und § 1 GWB für möglich haltend, jedoch ebenfalls ohne das zu erläutern, *Wagner-von Papp*, Competition Law Compliance Programmes, S. 154. Längere Ausführungen finden sich lediglich zu vergaberechtlichen Vergabeverfahren: Zur Täuschung durch Unterlassen bezüglich derjenigen, die kartellbedingt kein Angebot abgeben, vgl. zuletzt *Grützner*, Die Sanktionierung von Submissionsabsprachen, S. 166 f., der eine solche Täuschung durch Unterlassen mit Hinweis auf das Entsprechungserfordernis, § 13 Abs. 1 StGB, jedoch ablehnt. Zur Täuschung durch Unterlassen bei der Angebotsabgabe vgl. z. B. *Tiedemann*, LK-StGB, § 263, Rn. 69, der sich aufgrund der dargelegten Möglichkeit der konkludenten Täuschung hierbei jedoch wiederum kurz hält.

520 Vgl. BGH, Urteil v. 25.7.2000, 1 StR 162/00, NJW 2000, S. 3013 f.; *Fischer*-StGB, § 263, Rn. 38. Meinungsstreite hierüber werden erörtert, wenn und soweit sie im Folgenden hinreichend relevant werden. Darüber hinaus eingehend MK-StGB/*Hefendehl*, § 263, Rn. 179 f.

521 Wiedemann/*Topel*, § 50, Rn 68.

522 Hierzu LK-StGB/*Tiedemann*, § 263, Rn. 66 f.

523 BGH, Beschluss v. 22.3.1988, 1 StR 106/88, StV 1988, S. 386.

Eine Garantenpflicht zu einer Aufklärung über die nicht auf freiem Wettbewerb beruhende Preisbildung könnte sich aber für einen Hardcore-Kartellanten[524] auch in diesem Kontext aus Ingerenz ergeben.[525]

Für die rechtliche Qualität des Vorverhalten ist es wie bereits erwähnt jedenfalls ausreichend, wenn das Vorverhalten eine Rechtsnorm verletzt, es nach der Gesamtrechtsordnung rechtswidrig ist und der Sinn und Zweck der verletzten Rechtsnorm zumindest auch darin besteht, ein Rechtsgut zu schützen, das nach Sinn und Zweck des Straftatbestands jedenfalls mitgeschützt werden soll.[526]

Wie eingangs beschrieben ist ein Hardcore-Kartell im Anwendungsbereich von Art. 101 Abs. 1 AEUV und § 1 GWB im Allgemeinen tatbestandsmäßig und darüber hinaus auch nicht freistellungsfähig.[527] Ein Hardcore-Kartellant verletzt somit im Allgemeinen rechtswidrig die Kartellverbote. Sinn und Zweck dieser Kartellverbote ist es zumindest auch, das Vermögen des Empfängers, das zugleich Schutzgut des § 263 StGB ist[528], eines auf einem Hardcore-Kartell beruhenden Angebots zu schützen. Denn wie eingangs festgestellt ist Sinn und Zweck von Art. 101 Abs. 1 AEUV und somit auch von § 1 GWB[529] sowohl eben dieser Schutz der Marktgegenseite[530] als auch der Schutz der wirtschaftlichen Betätigungsfreiheit der Wettbewerber[531], und zwar durch den Schutz der Struktur des Marktes und damit des freien Wettbewerbs als solchen[532]. Die geschützte Marktgegenseite umfasst auch die bestmögliche Versorgung der Endverbraucher[533]

---

524 In Betracht kommen insbesondere Personen, die im Sinne von §§ 9, 14 OWiG bei dem Hardcore-Kartell gehandelt oder sich beteiligt haben. Eingehend hierzu *Dreher/Kulka*, Wettbewerbs- und Kartellrecht, S. 714 f. In Betracht kommen aber auch Personen, die bereits wegen des erwähnten maßgeblichen funktionalen Unternehmensbegriffs Hardcore-Kartellanten sind. Hierzu *Lettl*, Kartellrecht, S. 26.

525 So z. B. auch *Wagner-von Papp*, Competition Law Compliance Programmes, S. 154 und, allerdings für Kartellverbotsverstöße in vergaberechtlichen Vergabeverfahren, *Satzger*, ZStW 1997, S. 375.

526 Zu den Voraussetzungen und den dazugehörigen Meinungsstreiten vgl. SK-StGB/*Stein*, § 13, Rn. 50 f.

527 So i. E. auch Europäische Kommission, Guidance on restrictions of competition, S. 5 f.; *Bunte/Stancke*, Kartellrecht, S. 142; *Kling/Thomas*, Kartellrecht, S. 88; Saenger/Aderhold/Lenkaitis/Speckmann/*Lotze*, § 12, Rn. 114; Schulte/Just/*de Bronett*, Art. 101 AEUV, Rn. 94. *Weitbrecht*, EuZW 2002, S. 583.

528 RG, Urteil v. 9.4.1940, 1 D 161/40, RGSt 74, S. 167/168.

529 *Lettl*, Kartellrecht, S. 243.

530 Vgl. auch BGH, Urteil v. 25.1.1983, KZR 12/81, NJW 1984, S. 2819.

531 EuGH, Urteil v. 23.11.2006, C-238/05, EuZW 2006, S. 753/756.

532 EuGH, Urteil v. 4.6.2009, C-8/08, EuZW 2009, S. 505/507.

533 MK-WettbR/*Säcker*, Einl. EuWettbR, Rn. 1.

neben den gegebenenfalls zwischengeschalteten unternehmerisch handelnden direkten Abnehmern.

Aufgrund der zudem erforderlichen naheliegenden Gefahr für den tatbestandsmäßigen Erfolg[534] müsste ein Hardcore-Kartell zudem eine solche Gefahr für das Vermögen des Empfängers eines entsprechenden Angebots begründen.

Von allen Kartellfallgruppen dürfte das für jeden Einzelfall darzulegende Erfordernis insbesondere bei einem Hardcore-Kartell regelmäßig erfüllt sein. Denn wie beschrieben versteht man unter einem Hardcore-Kartell das Festsetzen von Preisen, Festlegen von Produktionsbeschränkungen oder Aufteilen von Absatzgebieten oder Kundengruppen durch Wettbewerber.[535] Durch eine solche Verhaltensweise steigen regelmäßig die Preise, und zwar entweder direkt aufgrund der Festsetzung der Preise oder indirekt aufgrund des mengenmäßig verringerten beziehungsweise begrenzten Angebots.[536] Das belegen sowohl die einschlägigen ökonomischen Studien, nach denen Hardcore-Kartelle zu einem Preisaufschlag von durchschnittlich 30 % führen[537], als auch bisherige Entscheidungen der Rechtsprechung. So wurde beispielsweise in der Rheinausbau-II-Entscheidung des Bundesgerichtshofes das Verursachen von Vermögensschäden durch ein Hardcore-Kartell als naheliegend festgestellt.[538] Das ersetzt bei der Beurteilung des tatbestandlichen Erfolgs des § 263 StGB zwar nicht die jeweils darzulegende Bezifferung der Höhe des Vermögensschadens. Aus dem Gesagten ergibt sich aber, dass ein Hardcore-Kartell in der Regel die für jeden Einzelfall darzulegende naheliegende Gefahr für das Vermögen des Empfängers einer

---

534 Vgl. BGH, Urteil v. 25.9.1991, 3 StR 95/91, NJW 1992, S. 1246/1247.

535 Entwurf eines Achten Gesetzes zur Änderung des Gesetzes gegen Wettbewerbsbeschränkungen, BT-Drucks. 17/9852, S. 34; Bundeskartellamt, Wettbewerbsaufsicht in Deutschland, S. 2; *Bräunig*, HRRS 2011, S. 426; *Kling/Thomas*, Kartellrecht, S. 88; *Wagner-von Papp*, WuW 2010, S. 278.

536 *Bunte/Stancke*, Kartellrecht, S. 142.

537 Eine Zusammenfassung der Studien findet sich bei *Hüschelrath/Scheitzer*, Schadensermittlung und Schadensersatz bei Hardcore-Kartellen, S. 20.

538 Der Entscheidung lag ein vergaberechtliches Vergabeverfahren zugrunde, vgl. BGH, Beschluß v. 31.8.1994, 2 StR 256/94, NJW 1995, S. 737 – Rheinausbau II. Zu dem Anscheins- und Indizienbeweis für die preissteigernde Wirkung in Zivilprozessen, auch außerhalb solcher Vergabeverfahren, vgl. BGH, Urteil v. 11.12.2018, KZR 26/17, NJW 2019, S. 661/664 f. und OLG Düsseldorf, Urteil v. 23.1.2019, VI-U (Kart) 18/17, NZKart 2019, S. 157/159 f.

entsprechenden Feilgebots begründet, weil er sich zur Zahlung eines höheren Preises als des Marktpreises der Gegenleistung verpflichten könnte.[539]

Für einen Hardcore-Kartellanten besteht somit bei einer auf einem Hardcore-Kartell beruhenden Angebotsabgabe regelmäßig eine Garantenpflicht aus Ingerenz zur Aufklärung über die nicht auf freiem Wettbewerb beruhende Preisbildung.

(2) Entsprechungserfordernis

Zusätzlich ergibt sich aus dem Entsprechungserfordernis gemäß § 13 Abs. 1 StGB, dass das Unterlassen der Aufklärung über die genannte Tatsache der Tatbestandsverwirklichung des § 263 StGB durch ein Tun entsprechen müsste.

In diesem Kontext haben sich zu dem Erfordernis bereits konkretisierende Ansichten entwickelt. Nach der Rechtsprechung[540] und einem großem Teil der Literatur[541] ist bereits mit einer Pflicht zur Aufklärung das Entsprechungserfordernis erfüllt. Einem Teil der Literatur zufolge muss hingegen für das Entsprechungserfordernis ein besonderes, erhöhten Anforderungen genügendes Vertrauensverhältnis[542] zwischen dem Garantenpflichtigen und Garantenbegünstigten bestehen[543]. Das dürfte ohne Weiteres wohl nicht bestehen.[544] Da die genannten erhöhten Anforderungen an ein solches Vertrauensverhältnis für das Entsprechungserfordernis nicht erkennbar sind, ist unklar, ob ein solches Vertrauensverhältnis schon bei einer jeden Angebotsabgabe oder beispielsweise erst bei langen Geschäftsbeziehungen entsteht. Nähere Ausführungen hierzu erübrigen sich jedoch, weil die Ansicht aus den folgenden Gründen abzulehnen sein dürfte. In der Literatur wird die Ansicht abgelehnt, da eine Irrtumserregung

539 Ähnlich, aber ohnehin nur für Kartellverbotsverstöße vor vergaberechtlichen Vergabeverfahren, *Satzger*, Der Submissionsbetrug, S. 61 f. Näheres zu der Begründung und dem Nachweis des Vermögensschadens im Sinne von § 263 Abs. 1 StGB bei auf einem Hardcore-Kartell beruhenden Angebotsabgaben folgt sogleich.

540 BGH, Urteil v. 25.7.2000, 1 StR 162/00, NJW 2000, S. 3013/3014.

541 So z. B. *Fischer*-StGB, § 263, Rn. 52 m. w. N.; *Kindhäuser/Böse*, Strafrecht Besonderer Teil II, S. 232 m. w. N.

542 Nach wiederum einem Teil der Literatur soll das bei einer Garantenpflicht aus Ingerenz nur aufgrund einer vorherigen Fehlinformation bestehen können, vgl. *Maaß*, Betrug verübt durch Schweigen, S. 44.

543 Schönke/Schröder/*Perron*, § 263, Rn. 19 m. w. N.

544 So auch für alle kartellbedingt unterlassenen Angebotsabgaben bei vergaberechtlichen Vergabeverfahren zuletzt *Grützner*, Die Sanktionierung von Submissionsabsprachen, S. 171.

infolge einer pflichtwidrigen Erteilung einer falschen Information und eine Irrtumserregung infolge einer pflichtwidrigen Nichterteilung einer zutreffenden Information insofern als gleichwertig anzusehen sind, dass jeweils die pflichtwidrige Irrtumserregung entscheidend ist.[545] Auch die Rechtsprechung hat die genannte Ansicht kürzlich aus einem ähnlichen Grund als zu eng ausdrücklich abgelehnt. So wird ausgeführt, dass die genannte Ansicht den schon mit der Garantenpflicht zur Aufklärung bestehenden Vertrauensgedanken des Garantenbegünstigten unberücksichtigt lässt.[546]

Über die Garantenpflicht zur Aufklärung hinaus dürften für das Entsprechungserfordernis bei §§ 263, 13 Abs. 1 StGB daher gegenüber der Tatbestandsverwirklichung von § 263 StGB durch ein Tun keine gesonderten Anforderungen bestehen.

(3) Mögliche und zumutbare Aufklärung

Zuletzt müsste dem Hardcore-Kartellanten bei einer entsprechenden Angebotsabgabe die Aufklärung über die wettbewerbsunkonforme Preisbildung möglich und zumutbar sein. Das ist auch bei §§ 263, 13 Abs. 1 StGB allgemein anerkannt[547].

Eine solche Aufklärung wird wohl grundsätzlich mit der Angebotsabgabe, im Übrigen durch entsprechende öffentliche Bekanntgaben oder nichtöffentliche Erklärungen auch vorher schon möglich sein. Entsprechend der vorherigen Ausführungen dürfte eine solche Aufklärung im Allgemeinen jedenfalls nicht aufgrund einer Gefahr für Arbeitsplätze oder wirtschaftliche Existenzen unzumutbar sein.

Die Aufklärung könnte für einen Hardcore-Kartellanten aber, auch aufgrund des Nemo-tenetur-Grundsatzes, unzumutbar sein, weil er dadurch seine eigene Ordnungswidrigkeit aufdecken müsste.[548] Wie eingangs dargestellt sind vorsätzliche oder fahrlässige Verstöße gegen das unionsrechtliche oder deutsche Kartellverbot gemäß §§ 81 Abs. 1 Nr. 1, Abs. 2 Nr. 1 GWB eine Ordnungswidrigkeit.[549] Eine solche Unzumutbarkeit wird von der höchstrichterlichen Rechtsprechung[550] und einem großen Teil der

545 *Kindhäuser/Böse*, Strafrecht Besonderer Teil II, S. 232 m. w. N.

546 BGH, Beschluss v. 8.3.2017, 1 StR 466/16, NJW 2017, S. 2052/2055.

547 MK-StGB/*Hefendehl*, § 263, Rn. 248 m. w. N.

548 So für die Gefahr einer Strafverfolgung hielt es das AG Tiergarten, Beschluss v. 29.11.1993, 272 Ds 833/93, NStZ 1994, S. 243.

549 Eingehend hierzu und zum diesbezüglichen allgemeinen Ordnungswidrigkeitenrecht, *Dreher/Kulka*, Wettbewerbs- und Kartellrecht, S. 714 f.

550 BGH, Urteil v. 13.4.1976, 1 StR 45/76, BeckRS 2016, 08414.

Literatur[551] im Rahmen von §§ 263 Abs. 1, 13 Abs. 1 StGB verneint. Denn der berechtigte Selbstschutz ende, wenn zur Verdeckung der eigenen Straftat oder Ordnungswidrigkeit neues Unrecht begangen wird.[552]

Darüber hinaus ist nach verbreiteter Auffassung bei der Unterlassenen Hilfeleistung, § 323c StGB, die Hilfeleistung trotz Gefahr einer Strafverfolgung jedenfalls dann zumutbar, wenn der Unglücksfall oder die gemeine Gefahr oder Not herbeigeführt wurde.[553] Das soll sich auch aus dem Rechtsgedanken von § 35 Abs. 1 S. 2 StGB ergeben.[554] Überträgt man das auf diesen Kontext, dürfte die Unzumutbarkeit trotz Gefahr einer Bußgeldverfolgung jedenfalls auch bei jener regelmäßig durch ein Hardcore-Kartell begründeten Gefahr für das Vermögen des Empfängers eines entsprechenden Angebots fehlen.

Somit lässt es sich begründen, dass dem Hardcore-Kartellanten[555] bei einer entsprechenden Angebotsabgabe die Aufklärung über die nicht auf freiem Wettbewerb beruhende Preisbildung in der Regel auch möglich und zumutbar ist.

d) Fazit

Die vorangegangenen Ausführungen zeigen, dass derjenige, der ein auf einem Hardcore-Kartell beruhendes Angebot außerhalb von vergaberechtlichen Vergabeverfahren abgibt, oftmals ausdrücklich, konkludent oder durch garantenpflichtwidriges Unterlassen der Aufklärung über die nicht auf freiem Wettbewerb beruhende Preisbildung täuscht.

---

551 NK-StGB/*Kindhäuser*, § 263, Rn. 152 m. w. N.; LK-StGB/*Tiedemann*, § 263, Rn. 75 m. w. N.

552 So die entsprechende Begründung von BGH, Urteil v. 13.4.1976, 1 StR 45/76, BeckRS 2016, 08414 und LK-StGB/*Tiedemann*, § 263, Rn. 75.

553 BGH, Urteil v. 23.3.1993, 1 StR 21/93, BGHSt 39, S. 164/166; *Fischer*-StGB, § 323c, Rn. 16 m. w. N.; Schönke/Schröder/*Sternberg-Lieben/Hecker*, § 323c, Rn. 20 m. w. N. Nach SK-StGB/*Stein*, § 323c, Rn. 36 bedarf es auch eines solchen Zusammenhangs nicht.

554 Schönke/Schröder/*Sternberg-Lieben/Hecker*, § 323c, Rn. 20.

555 In Betracht kommen insbesondere Personen, die im Sinne von §§ 9, 14 OWiG bei dem Hardcore-Kartell gehandelt oder sich beteiligt haben. Eingehend hierzu *Dreher/Kulka*, Wettbewerbs- und Kartellrecht, S. 714 f. In Betracht kommen aber auch Personen, die bereits wegen des erwähnten maßgeblichen funktionalen Unternehmensbegriffs Hardcore-Kartellanten sind. Hierzu *Lettl*, Kartellrecht, S. 26.

3. Irrtum

Der Angebotsempfänger müsste sich dabei zudem im Sinne von § 263 Abs. 1 StGB irren. Ein solcher Irrtum ist nach der Rechtsprechung[556] und einem Teil des Schrifttums[557] jede unrichtige, der Wirklichkeit nicht entsprechende, positive subjektive Vorstellung über eine Tatsache.

Dementsprechend irrt sich der Angebotsempfänger, wenn er sich unrichtigerweise vorstellt, dass das Angebot durch eine auf freiem Wettbewerb beruhende Preisbildung zustande gekommen ist. Beispielsweise bei einer vorherigen Angebotsanfrage an mindestens zwei Einheiten oder einem kartellverbotsbezogenen Verhaltenskodex ist es aufgrund der vorangegangenen Erörterungen zu deren Zweck und Nutzen durchaus denkbar, dass er sich das genau so vorstellt.[558]

Das wird sich der Angebotsempfänger aber natürlich nicht immer positiv genau so vorstellen. Ausreichend ist im Einklang mit der Rechtsprechung aber auch, wenn er sich unrichtigerweise, auch in Form eines bloßen sachgedanklichen Mitbewusstseins, vorstellt, dass hinsichtlich des Feilgebots alles in Ordnung ist[559]. Das jedenfalls dürfte bei ihm, unabhängig davon, ob ausdrücklich, konkludent oder durch Unterlassen der Aufklärung getäuscht wird, in der Regel der Fall sein. Dafür spricht indiziell insbesondere die spätere Annahme des Angebots.[560] Denn im Übrigen würde er sich bei gegenteiligem Wissen, insbesondere bei Kartellverbotsverstößen, gegenüber einem etwaigen Arbeitgeber aufgrund der Schadensabwendungspflicht gemäß § 280 Abs. 1 S. 1 BGB schadensersatzpflichtig machen.[561]

Schließlich kann noch festgehalten werden, dass sich der Angebotsempfänger im Einklang mit der höchstrichterlichen Rechtsprechung[562] auch dann irrt, wenn er Zweifel daran hat, dass das Angebot durch eine auf freiem Wettbewerb beruhende Preisbildung zustande gekommen beziehungsweise hinsichtlich des

---

556 RG, Urteil v. 30.10.1908, II 846/08, RGSt 41, S. 40/41;

557 *Fischer*-StGB, § 263, Rn. 54 m. w. N. Nach einem Teil der Literatur soll nicht nur eine solche positive Fehlvorstellung, sondern auch reines Nichtwissen, die sogenannte ignorantia facti, einen Irrtum darstellen, vgl. *Puppe*, FS Lackner, S. 203.

558 So für den Veranstalter vergaberechtlicher Vergabeverfahren aufgrund der Vergabeverfahren *Satzger*, Der Submissionsbetrug, S. 64.

559 Vgl. BGH, Beschluss v. 25.1.2012, 1 StR 45/11, BGHSt 57, S. 95/112.

560 Ähnlich, aber ohnehin nur für Kartellverbotsverstöße vor solchen Vergabeverfahren *Best*, GA 2003, S. 163. Zur Rechtsprechung über den Irrtumsnachweis und Beweiserleichterungen bei sogenannten Massegeschäften vgl. *Trüg*, HRRS 2015, S. 109 f.

561 Vgl. hierzu auch *Bischke/Brack*, NZG 2015, S. 350 f.

562 Vgl. im Allgemeinen BGH, Urteil v. 5.12.2002, 3 StR 161/02, NJW 2003, S. 1198 m. w. N.

Angebots alles in Ordnung ist. Daher irrt sich der Angebotsempfänger auch dann, wenn ihm die allgemeine Verbreitung von Hardcore-Kartellen bekannt oder teilweise bekannt ist.[563]

Im genannten Kontext dürfte sich der Angebotsempfänger daher regelmäßig irren. Ein solcher Irrtum müsste gemäß § 263 Abs. 1 StGB aber auch durch die Täuschung erregt oder unterhalten werden. Damit umschreibt der Tatbestand zwei gleichwertige[564] Kausalitätsvarianten[565]. Nach verbreiteter Auffassung erregt der Täuschende den Irrtum, wenn er die Fehlvorstellung neu begründet und unterhält den Irrtum, wenn er die bereits vorhandene Fehlvorstellung bestärkt oder garantenpflichtwidrig nicht beseitigt.[566]

Ob derjenige, der ein auf einem Hardcore-Kartell fundierendes Angebot abgibt, einen solchen Irrtum dementsprechend erregt oder unterhält, ist immer eine Frage des Einzelfalls.[567] Wenn er die marktgerechte Preisbildung zum Gegenstand einer der das Angebot beinhaltenden oder begleitenden Aussage macht, ist es gut vorstellbar, dass er eine entsprechende Fehlvorstellung neu begründet. Gibt er ein Angebot trotz vorherigen Angebotsanfragen an mindestens zwei Einheiten oder kartellverbotsbezogenen Verhaltenskodizes ab, vermag er eine bereits vorhandene Fehlvorstellungen bestärken, weil er dadurch bestehende Zweifel zerstreuen kann. Wenn er einer der Hardcore-Kartellanten[568] ist, wird er den vorangegangenen Ausführungen entsprechend jedenfalls regelmäßig eine solche Fehlvorstellung garantenpflichtwidrig nicht beseitigen.

Somit kann durch die Täuschung bei einer solchen Angebotsabgabe außerhalb von vergaberechtlichen Vergabeverfahren beim Angebotsempfänger ein Irrtum erregt respektive unterhalten werden.

---

563 Anders jedoch AG Köln, Beschluss v. 22.3.1971, 252 – 3/71, zitiert nach *Eichler*, BB 1972, S. 1349, für Preisabsprachen in der Bauwirtschaft bei einer beschränkten Ausschreibung.

564 RG, Urteil v. 10.7.1906, V 238/06, RGSt 39, S. 80/82.

565 MK-StGB/*Hefendehl*, § 263, Rn. 291.

566 Vgl. OLG Karlsruhe, Urteil v. 26.02.1993, 3 Ss 170/92, StV 1994, S. 188/189 f.; *Fischer*-StGB, § 263, Rn. 93 m. w. N.; LK-StGB/*Tiedemann*, § 263, Rn. 130 m. w. N.

567 Das bei vergaberechtlichen Vergabeverfahren wohl aber einzelfallunabhängig als unproblematisch ansehend *Hohmann*, NStZ 2001, S. 570.

568 In Betracht kommen insbesondere Personen, die im Sinne von §§ 9, 14 OWiG bei dem Hardcore-Kartell gehandelt oder sich beteiligt haben. Eingehend hierzu *Dreher/Kulka*, Wettbewerbs- und Kartellrecht, S. 714 f. In Betracht kommen aber auch Personen, die bereits wegen des erwähnten maßgeblichen funktionalen Unternehmensbegriffs Hardcore-Kartellanten sind. Hierzu *Lettl*, Kartellrecht, S. 26.

4. Vermögensverfügung

Weiterhin wäre es erforderlich, dass der getäuschte Empfänger eines auf einem Hardcore-Kartell beruhenden Angebots außerhalb vergaberechtlicher Vergabeverfahren eine Vermögensverfügung vornimmt.[569]

Inwieweit das der Fall ist, hängt von den von der Rechtsprechung und Literatur entwickelten allgemeinen Kriterien hierfür ab. Gleichgültig ist demnach zunächst, ob der Angebotsempfänger über sein eigenes Vermögen oder das eines Dritten verfügt und ob er die Vermögensverfügung eigenhändig vornimmt oder durch einen Dritten ausführen lässt.[570] Eine Vermögensverfügung in dem Sinne ist im rein tatsächlichen und nicht im zivilrechtlichen Sinne zu verstehen[571] und ist jedes Verhalten, dass unmittelbar zu einer Vermögensminderung führt[572]. Da die Vermögensverfügung nicht mit dem Vermögensschaden, § 263 StGB, gleichzusetzen ist, ist es bei der Vermögensverfügung für die Vermögensminderung irrelevant, ob sie durch einen Vermögenszuwachs kompensiert wird.[573]

Die irrtumsbedingte Vermögensverfügung des getäuschten Empfängers eines auf einem Hardcore-Kartell fundierenden Angebots ist wohl die Annahme des Angebots. Denn durch die Annahme kommt ein Vertrag mit dementsprechendem Inhalt zustande, §§ 145 f., 311 Abs. 1 BGB, womit das Vermögen mit der vertraglichen Verpflichtung zur Zahlung des angegebenen Preises gemindert wird.[574]

Wie eingangs erwähnt sind zwar die Klauseln der Beschlüsse und Verträge zwischen Kartellanten, die gegen das unionsrechtliche oder deutsche Kartellverbot verstoßen, gemäß Art. 101 Abs. 2 AEUV und § 134 BGB in Verbindung mit § 1 GWB unwirksam[575], nicht jedoch Verträge mit unbeteiligten Dritten, die aufgrund eines solchen Kartells zustande kommen.[576] Daher kommt es nicht

569 Dieses ungeschriebene Tatbestandsmerkmal von § 263 Abs. 1 StGB ergibt sich aus der Abgrenzung des Betrugs, § 263 StGB, als Selbstschädigungsdelikt von den Fremdschädigungsdelikten, vgl. BGH, Beschluss v. 13.4.1962, 1 StR 41/62, BGHSt 17, S. 205/209.

570 *Kindhäuser/Böse*, Strafrecht Besonderer Teil II, S. 237 f.

571 Schönke/Schröder/*Perron*, § 263, Rn. 55.

572 BGH, Urteil v. 11.3.1960, 4 StR 588/59, BGHSt 14, S. 170/171.

573 BGH, Urteil v. 21.12.1982, 1 StR 662/82, BGHSt 31, S. 178/179.

574 Ebenso bei vergaberechtlichen Vergabeverfahren *Satzger*, Der Submissionsbetrug, S. 65.

575 Eingehend hierzu Loewenheim/Meessen/Riesenkampff/Kersting/Meyer-Lindemann/*Jaeger*, Art. 101 Abs. 2 AEUV, Rn. 1 f.

576 EuGH, Urteil v. 14.12.1983, 319/82, Slg. 1983, S. 4173/4183 f.; BGH, Beschluss v. 9.7.1984, KRB 1/84, NJW 1984, S. 2372/2373.

darauf an, ob § 263 StGB nur solche Zahlungsverpflichtungen schützt, die von der Rechtsordnung nicht missbilligt werden.[577]

Schließlich sei noch darauf hingewiesen, dass der vermögensverfügende Angebotsempfänger und der Vermögensinhaber oft nicht identisch sind. Das wird in der Regel aber unproblematisch sein, da der Angebotsempfänger regelmäßig, wie bei einem solchen sogenannten Dreiecksbetrug erforderlich, befugt sein wird, über das Vermögen des Vermögensinhabers zu verfügen.[578]

Nach wohl allgemeiner Ansicht müsste der Irrtum für die Vermögensverfügung auch kausal sein.[579] Das dürfte im Allgemeinen der Fall sein.[580] Denn ohne jenen Irrtum würde der Angebotsempfänger wohl ein solch kartellbetroffenes Angebot nicht annehmen.[581] Wie bereits erwähnt würde er sich anderenfalls gegenüber einem etwaigen Arbeitgeber aufgrund der Schadensabwendungspflicht gemäß § 280 Abs. 1 S. 1 BGB schadensersatzpflichtig machen.[582]

Der getäuschte Empfänger dürfte somit im Allgemeinen durch die Annahme des Angebots irrtumsbedingt eine Vermögensverfügung vornehmen.

---

577 Nach der wirtschaftlichen Vermögenslehre ist Vermögen in diesem Sinne alles, dem der Geschäftsverkehr wirtschaftlichen Wert beimisst, vgl. die ständige Rechtsprechung seit RG, Beschluss v. 14.12.1910, II 1214/10, RGSt 44, S. 230/232; LK-StGB/*Tiedemann*, § 263, Rn. 130 m. w. N. Nach der juristisch-ökonomischen Vermögenslehre ist Vermögen im genannten Sinne hingegen nämlich nur alles, dem der Geschäftsverkehr wirtschaftlichen Wert beimisst und von der Rechtsordnung nicht missbilligt wird, vgl. hierzu SK-StGB/*Hoyer*, § 263, Rn. 92 m. w. N. Da einer wirksamen vertraglichen Zahlungsverpflichtung im Geschäftsverkehr wirtschaftlicher Wert beigemessen und sie nicht von der Rechtsordnung missbilligt wird, ist eine wirksame vertragliche Zahlungsverpflichtung sowohl nach der wirtschaftlichen Vermögenslehre als auch nach der juristisch-ökonomischen Vermögenslehre von § 263 StGB geschützt. Auf die Darstellung der juristischen Vermögenslehre und der personalen Vermögenslehre kann verzichtet werden, weil Erstere nicht mehr vertreten wird und Letztere keine klaren Kriterien erkennen lässt, vgl. *Kindhäuser/Böse*, Strafrecht Besonderer Teil II, S. 221 f.

578 Hierzu im Allgemeinen SK-StGB/*Hoyer*, § 263, Rn. 138 f.

579 RG, Urteil v. 10.3.1942, 1 D 442/41, RGSt 76, S. 82/86 f.; *Fischer*-StGB, § 263, Rn. 87 m. w. N.; LK-StGB/*Tiedemann*, § 263, Rn. 121 m. w. N.

580 Darauf bei vergaberechtlichen Vergabeverfahren hinweisend auch *Hohmann*, NStZ 2001, S. 570.

581 Zu diesem als ausreichenden Zusammenhang im Allgemeinen Schönke/Schröder/*Perron*, § 263, Rn. 77; LK-StGB/*Tiedemann*, § 263, Rn. 122.

582 Vgl. hierzu auch *Bischke/Brack*, NZG 2015, S. 350 f.

5. Vermögensschaden

Die irrtumsbedingte Vermögensverfügung des getäuschten Empfängers müsste schließlich sein Vermögen beziehungsweise jenes, über das er befugtermaßen verfügt, beschädigen. Für die Beurteilung sind zunächst die Grundlagen zum Begriff des Vermögensschadens von § 263 Abs. 1 StGB darzustellen.

a) Schadensbegriff

Der Rechtsprechung[583] und einem großem Teil der Literatur[584] zufolge wird der Vermögensschaden nach dem individuell-objektiven Schadensbegriff bestimmt. Denn dieser Schadensbegriff schafft einen Interessensausgleich zwischen dem objektiven[585] und dem subjektiven[586] Schadensbegriff und hilft zugleich deren Defiziten[587] ab.[588] Nach dem individuell-objektiven Schadensbegriff kann ein solcher Vermögensschaden unter zwei Aspekten vorliegen. Zum einen, wenn die Vermögensminderung nicht durch einen unmittelbar mit dieser Vermögensverfügung verbundenen Vermögenszuwachs vollständig ausgeglichen wird.[589] Zum anderen kann ein solcher Vermögensschaden unter

583 BGH, Beschluss v. 16.8.1961, 4 StR 166/61, BGHSt, S. 321/325 f.

584 So z. B. LK-StGB/*Tiedemann*, § 263, Rn. 158 f. m. w. N; Schönke/Schröder/*Perron*, § 263, Rn. 108 m. w. N.

585 Nach dem objektiven Schadensbegriff führt eine Vermögensverfügung beim Vermögensinhaber nur dann zu einem Vermögensschaden, wenn diese Vermögensminderung nicht durch den Zugang einer wirtschaftlich gleichwertigen Position kompensiert wird. So z. B. noch RG, Beschluss v. 20.4.1887, Rep. 2237/86, RGSt 16, S. 1/3.

586 Dem subjektiven Schadensbegriff zufolge führt hingegen eine Vermögensverfügung beim Vermögensinhaber immer dann zu einem Vermögensschaden, wenn er nicht das erhält, was er dafür zu beanspruchen hatte. So *Binding*, Lehrbuch des gemeinen deutschen Strafrechts, Besonderer Teil, Band 1, S. 240.

587 Der objektive Schadensbegriff dürfte unzureichend sein, weil nach ihm individuelle Lagen und Bedürfnisse eines jeden Vermögensinhabers unberücksichtigt bleiben, vgl. SK-StGB/*Hoyer*, § 263, Rn. 188. Der subjektive Schadensbegriff dürfte dem Sinn und Zweck von § 263 StGB, dem Schutz des Vermögens widersprechen, weil nach ihm der wirtschaftliche Gesamtwert des Vermögens unberücksichtigt bleibt, vgl. SK-StGB/*Hoyer*, § 263, Rn. 187.

588 Das jedenfalls anerkennend auch SK-StGB/*Hoyer*, § 263, Rn. 215. Auf die Darstellung des personalen Schadensbegriffs wird verzichtet, zu dem SK-StGB/*Hoyer*, § 263, Rn. 190 f.

589 BGH, Urteil v. 22.10.1986, 3 StR 226/86, BGHSt 34, S. 199/203; Schönke/Schröder/*Perron*, § 263, Rn. 107.

gewissen Ausnahmebedingungen aber auch dann vorliegen, wenn trotz eines solchen Ausgleichs der Vermögenszuwachs für den individuellen Vermögensinhaber weniger wert ist.[590] Dabei kommt es jedoch nicht auf die persönliche Einschätzung des Vermögensinhabers, sondern auf das vernünftige Urteil eines sachkundigen und unterrichteten Beobachters hierüber an.[591] Für einen solchen sogenannten individuellen Schadenseinschlag haben Rechtsprechung und Literatur bestimmte Fallgruppen entwickelt.[592]

b) Eingehungsschaden

Bei der Annahme eines Angebots kommt ein Vermögensschaden im Sinne von § 263 Abs. 1 StGB auch außerhalb vergaberechtlicher Vergabeverfahren ausschließlich in Form eines sogenannten Eingehungsschadens in Betracht. Der vorangegangenen Darstellung entsprechend liegt ein solcher jedenfalls vor, wenn der Wert der dadurch gemäß §§ 145 f., 311 Abs. 1 BGB entstandenen Vertragsverpflichtung des Vermögensinhabers höher ist als der dadurch von ihm dafür erlangte vertragliche Anspruch.[593]

Der maßgebliche Zeitpunkt der Bewertung ist also der Zeitpunkt, in dem gemäß §§ 145 f., 311 Abs. 1 BGB die Vertragsverpflichtung entsteht.[594] Die spätere Erfüllung der Verpflichtung durch den Vermögensinhaber ist dann nur noch eine Vertiefung des bereits eingetretenen Vermögensschadens.[595]

Die aufgrund der Täuschungen bei auf einem Hardcore-Kartell beruhenden Angebotsabgaben mögliche Anfechtung gemäß § 123 Abs. 1 BGB dürfte dabei im Übrigen unbeachtlich sein. Denn eine entsprechende Anfechtung kann einen Eingehungsschaden stets nur rückwirkend nach Vollendung des Betrugs, § 263 Abs. 1 StGB, beseitigen.[596]

---

590 LK-StGB/*Tiedemann*, § 263, Rn. 177.

591 BGH, Beschluss v. 18.7.1961, 1 StR 606/60, BGHSt 16, S. 220/222.

592 Zu denen SK-StGB/*Hoyer*, § 263, Rn. 202 f.

593 BGH, Beschluss v. 18.2.1999, 5 StR 193/98, BGHSt 45, S. 1/4. Einem Teil der Literatur zufolge stellt hingegen ein Eingehungsschaden noch kein Vermögensschaden im Sinne von § 263 Abs. 1 StGB dar. Vielmehr läge erst ein versuchter Betrug, §§ 263 Abs. 1, 2, 22 f. StGB, vor, vgl. *Schröder*, JZ 1965, S. 516.

594 BGH, Beschluss v. 18.2.1999, 5 StR 193/98, BGHSt 45, S. 1/4.

595 OLG Hamm, Urteil v. 32.10.1956, 3 Ss 1212/56, GA 1957, S. 121/122; *Krey/Hellmann/Heinrich*, Strafrecht Besonderer Teil, Band 2, S. 245.

596 BGH, Urteil v. 14.8.2009, 3 StR 552/08, BGHSt 54, S. 69/124; *Krey/Hellmann/Heinrich*, Strafrecht Besonderer Teil, Band 2, S. 246.

c) Vorgaben des strafrechtlichen Bestimmtheitsgrundsatzes

Wie bereits erwähnt garantiert der strafrechtliche Bestimmtheitsgrundsatz aus Art. 103 Abs. 2 GG die Vorhersehbarkeit der Strafbarkeit einer Verhaltensweise.[597] Nach neuester Rechtsprechung des Bundesverfassungsgerichts ergeben sich daraus die verfassungsrechtlichen Vorgaben der Bezifferung und Darlegung des Vermögensschadens, insbesondere des Eingehungsschadens.[598] Die Vorgaben sind demnach zu beachten, damit der Vermögensschaden als selbstständiges Tatbestandsmerkmal neben dem der Vermögensverfügung von § 263 Abs. 1 StGB gewahrt bleibt und somit keine nichtvorhersehbare strafbegründende und deshalb verbotene Analogie gebildet wird.[599]

Nach diesen Vorgaben muss der Eingehungsschaden des Vermögensinhabers zum einen der Höhe nach beziffert werden.[600] Es muss also die Differenz zwischen dem Wert der Vertragsverpflichtung des Vermögensinhabers und dem Wert des von ihm dafür erlangten vertraglichen Anspruchs beziffert werden. Und zum anderen muss das in wirtschaftlich nachvollziehbarer Weise dargelegt werden.[601] Hiervon darf nur in einem eindeutigen und einfach gelagerten Fall abgewichen werden.[602] Ein solcher liegt vor, wenn der Eingehungsschaden derart evident und ohne Weiteres greifbar ist, dass er sich aus dem Sachverhalt aufdrängt.[603]

Soweit bei der Bezifferung der Höhe des Eingehungsschadens Unsicherheiten bestehen, kann aber auch nach jener Rechtsprechung, unter Beachtung von in dubio pro reo die Höhe des Eingehungsschadens oder auch die Mindesthöhe des Eingehungsschadens im Wege einer tragfähigen Schätzung ermittelt werden.[604] Eine Schätzung ist tragfähig, wenn sie nicht diffus, widersprüchlich

---

597 BVerfG, Urteil v. 11.2.1976, 2 BvL 2/73, BVerfGE 41, S. 314/319.

598 BVerfG, Beschluss v. 7.12.2011, 2 BvR 2500/09, BVerfGE 130, S. 1/47 f. unter teilweiser Bezugnahme auf BVerfG, Beschluss v. 23.6.2010, 2 BvR 2259/08, 105, 491/09, BVerfGE 126, S. 171/194 f.

599 Vgl. BVerfG, Beschluss v. 23.6.2010, 2 BvR 2259/08, 105, 491/09, BVerfGE 126, S. 171/194, 211.

600 BVerfG, Beschluss v. 7.12.2011, 2 BvR 2500/09, BVerfGE 130, S. 1/47.

601 BVerfG, Beschluss v. 7.12.2011, 2 BvR 2500/09, BVerfGE 130, S. 1/47.

602 Vgl. BVerfG, Beschluss v. 23.6.2010, 2 BvR 2259/08, 105, 491/09, BVerfGE 126, S. 171/211 f.

603 *Schlösser*, NStZ 2012, S. 477.

604 BVerfG, Beschluss v. 7.12.2011, 2 BvR 2500/09, BVerfGE 130, S. 1/47 f. Vgl. auch BVerfG, Beschluss v. 23.6.2010, 2 BvR 2259/08, 105, 491/09, BVerfGE 126, S. 171/212.

oder allzu vage ist.[605] Bei Schwierigkeiten mit der Bezifferung und Darlegung des Eingehungsschadens oder seiner Mindesthöhe sind insbesondere die in der wirtschaftlichen Praxis entwickelten Methoden zur Bewertung von Vermögenspositionen und Sachverständige heranzuziehen.[606]

Unter den gewissen Ausnahmebedingungen kann aber weiterhin die Vertragsverpflichtung des Vermögensinhabers für den individuellen Vermögensinhaber weniger wert sein als der von ihm dafür erlangte vertragliche Anspruch. Die individuelle Bewertung darf aber nach jenen Vorgaben die eigentliche wirtschaftliche Bewertung nicht vollständig überlagern oder sogar verdrängen.[607]

d) Lösungsansätze bei Annahmen von auf einem Hardcore-Kartell beruhenden Angeboten

Damit die Annahme eines auf einem Hardcore-Kartell beruhenden Angebots außerhalb von vergaberechtlichen Vergabeverfahren das Vermögen im Sinne von § 263 Abs. 1 StGB beschädigt, müsste folglich der Wert seiner dadurch gemäß §§ 145 f., 311 Abs. 1 BGB entstandenen Vertragsverpflichtung höher sein als der dadurch von ihm dafür erlangte vertragliche Anspruch.

Im Ergebnis erscheint das bei der Annahme eines Angebots, welches auf einem Hardcore-Kartell basiert, freilich ohne dass damit schon etwas über den Einzelfall ausgesagt wird, regelmäßig plausibel. Denn wie bereits dargelegt und den Entscheidungen der Rechtsprechung, beispielsweise der Entscheidung Rheinausbau II, zufolge auch naheliegend[608] steigen durch das Festsetzen von Preisen, Festlegen von Produktionsbeschränkungen sowie durch das Aufteilen von Absatzgebieten oder Kundengruppen durch Wettbewerber[609] regelmäßig

605 Vgl. *Schlösser*, NStZ 2012, S. 477.

606 Vgl. BVerfG, Beschluss v. 23.6.2010, 2 BvR 2259/08, 105, 491/09, BVerfGE 126, S. 171/211 f.

607 Vgl. BVerfG, Beschluss v. 7.12.2011, 2 BvR 2500/09, BVerfGE 130, S. 1/48.

608 Der Entscheidung lag ein vergaberechtliches Vergabeverfahren zugrunde, vgl. z. B. BGH, Beschluß v. 31.8.1994, 2 StR 256/94, NJW 1995, S. 737 – Rheinausbau II. Zu dem darüber hinausgehenden Anscheins- und Indizienbeweis für die preissteigernde Wirkung in Zivilprozessen, auch außerhalb solcher Vergabeverfahren, vgl. BGH, Urteil v. 11.12.2018, KZR 26/17, NJW 2019, S. 661/664 f. und OLG Düsseldorf, Urteil v. 23.1.2019, VI-U (Kart) 18/17, NZKart 2019, S. 157/159 f.

609 Die Varianten eines Hardcore-Kartells, vgl. Entwurf eines Achten Gesetzes zur Änderung des Gesetzes gegen Wettbewerbsbeschränkungen, BT-Drucks. 17/9852, S. 34; Bundeskartellamt, Wettbewerbsaufsicht in Deutschland, S. 2; *Bräunig*, HRRS 2011, S. 426; *Kling/Thomas*, Kartellrecht, S. 88; *Wagner-von Papp*, WuW 2010, S. 278.

die Preise, und zwar entweder direkt aufgrund der Festsetzung der Preise oder indirekt aufgrund des mengenmäßig verringerten beziehungsweise begrenzten Angebots[610]. Die Preissteigerung lässt sich aufgrund einschlägiger ökonomischer Studien auf durchschnittlich 30 % beziffern.[611]

Der aber im Einzelfall konkret zu erfolgende Wertvergleich zwischen der Vertragsverpflichtung des Vermögensinhabers und seinem dafür erlangten vertraglichen Anspruch könnte hingegen schwierig sein.[612] Da die Vertragsverpflichtung des Vermögensinhabers, die Zahlung einer Geldsumme, und sein vertraglicher Anspruch, auf beispielsweise die Übergabe und Übereignung einer Ware oder die Leistung eines Dienstes, ungleichartig sind, muss der Wertvergleich in Geld erfolgen.[613] Unproblematisch ist deshalb die Bewertung der vertraglichen Zahlungsverpflichtung. Schwieriger gestaltet sich dagegen die Bewertung des vertraglichen Anspruchs des Vermögensinhabers, auf beispielsweise die Übergabe und Übereignung einer Ware oder die Leistung eines Dienstes.[614] Zu einer solchen Bewertung eines vertraglichen Anspruchs wird üblicherweise auf den Marktwert abgestellt.[615] Der Marktwert führt aber dann nicht weiter, wenn er nicht wettbewerbskonform zustande gekommen ist. Unter Beachtung von in dubio pro reo muss daher die Bewertung des vertraglichen Anspruchs des Vermögensinhabers in Geld entweder auf andere Weise vorgenommen oder aber ein möglicher Vermögensschaden durch die Annahme eines auf einem Hardcore-Kartell beruhenden Angebots anders begründet und nachgewiesen werden.[616]

Für die kartellbetroffenen Angebotsabgaben bei vergaberechtlichen Vergabeverfahren werden dazu verschiedene Lösungsansätze vertreten. Die aussichtsreichsten Ansätze sind daher im Folgenden für auf einem Hardcore-Kartell beruhende Angebotsabgaben außerhalb solcher Vergabeverfahren zu erörtern.

---

610 *Bunte/Stancke*, Kartellrecht, S. 142.

611 Eine Zusammenfassung der Studien findet sich bei *Hüschelrath/Scheitzer*, Schadensermittlung und Schadensersatz bei Hardcore-Kartellen, S. 20.

612 Das zeigt sich auch bei Schadensersatzklagen wegen eines Hardcore-Kartells, vgl. *Criegern/Engelhoven*, WRP 2013, S. 1441.

613 So auch bei vergaberechtlichen Vergabeverfahren, vgl. *Satzger*, Der Submissionsbetrug, S. 74. Vgl. auch RG, Urteil v. 10.11.1914, V 484/14, RGSt 49, S. 21/22.

614 So auch bei vergaberechtlichen Vergabeverfahren, vgl. *Grützner*, Die Sanktionierung von Submissionsabsprachen, S. 186.

615 Lackner/*Kühl*, § 263, Rn. 38.

616 Das ähnlich feststellend für vergaberechtliche Vergabeverfahren *Satzger*, Der Submissionsbetrug, S. 75.

Das dürften nur jene Lösungsansätze sein, die von der Rechtsprechung vertreten oder in Obiter dicta als naheliegend angesehen wurden. Nicht eingehend erörtert wird daher beispielsweise eine Lösung durch einen individuellen Schadenseinschlag. Denn es dürfte evident sein, dass dessen Merkmale der mangelnden individuellen Verwendbarkeit[617] sowie der schwerwiegenden Beeinträchtigung der wirtschaftlichen Bewegungsfreiheit[618] auf andere Fallgruppen abzielen.[619]

(1) Lösung durch einen Vergleich mit einem angemessenen Preis

Der für den Eingehungsschaden des Vermögensinhabers in Geld zu erfolgende Wertvergleich zwischen seiner durch die Annahme eines auf einem Hardcore-Kartell beruhenden Angebots gemäß §§ 145 f., 311 Abs. 1 BGB entstandenen Zahlungsverpflichtung und seinem dafür erlangten Anspruch wäre unproblematisch, wenn Letzterer anhand eines angemessenen Preises bewertet werden könnte. Ein entsprechender Lösungsansatz wurde früher von der Rechtsprechung[620] und einem Teil der Literatur[621] vertreten.

Dabei wurde die Ware oder Dienst und somit auch der Anspruch des Vermögensinhabers auf Übergabe und Übereignung oder Leistung hierauf anhand der Bestimmung eines noch angemessenen Preises in Geld bewertet.[622] Ein solcher

---

617 Eine solche kann nicht vorliegen wenn, wie regelmäßig bei einer auf einem Hardcore-Kartell beruhenden Angebotsabgabe, nur über die nicht auf freiem Wettbewerb beruhende Preisbildung getäuscht wird. Denn der so Getäuschte wird das Angebot über beispielsweise Waren oder Dienste bei alleiniger Betrachtung ihrer konkreten Zusammensetzung, wegen seiner zuvor ermittelten Bedürfnisse und Motive, auch annehmen wollen. So im Ergebnis auch für vergaberechtliche Vergabeverfahren *Satzger*, Der Submissionsbetrug, S. 97. Für dieses Merkmal vgl. BGH, Beschluss v. 16.8.1961, 4 StR 166/61, BGHSt 16, S. 321/325 f.

618 Sie wird nur bei solchen Sachverhalten diskutiert, bei denen der Vertragsschluss aufgedrängt wird, vgl. LK-StGB/*Tiedemann*, § 263, Rn. 180. Ein solcher wird aber im Allgemeinen hierbei nicht aufgedrängt, weil den Angebotsabgaben in aller Regel entsprechende Angebotsanfragen voraus gehen. Das legen jedenfalls die vorerwähnten DIN EN ISO 9001 umsetzenden Musterhandbücher nahe, vgl. z. B. *Seiler*, DIN EN ISO 9001:2015 Dienstleistung und Vertrieb, Kapitel Prozessbeschreibungen, Unterkapitel 8.4.2 Beschaffung, S. 1.

619 Das kurz feststellend auch *Federmann*, Kriminalstrafen im Kartellrecht, S. 132.

620 Allerdings bei Vergabeverfahren nach dem Vergaberecht, vgl. BGH, Urteil v. 21.11.1961, 1 StR 424/61, BGHSt 16, S. 367/373 f.; LG Frankfurt, Urteil v. 26.7.199 0, 5/28 KLs 91 Js 36228/81, NStZ 1991, S. 86/87.

621 Ebenfalls nur bei vergaberechtlichen Vergabeverfahren, vgl. z. B. *Beulke*, JuS 1977, S. 38 m. w. N.

622 Vgl. *Beulke*, JuS 1977, S. 38.

noch angemessener Preis soll dabei objektiv durch die zu errechnenden Kosten für die Ware oder den Dienst und einen noch angemessenen Gewinn bestimmt werden.[623] Dafür müsste in der Regel ein Sachverständigengutachten eingeholt werden.[624] Der Eingehungsschaden des Vermögensinhabers wäre dann die Differenz zwischen der Geldsumme, die er zu zahlen verpflichtet ist, und dem noch angemessen Preis.[625]

Der Lösungsansatz könnte jedoch im Einklang mit der heutigen Rechtsprechung[626] und einem großen Teil der Literatur[627] abzulehnen sein. Denn es ist nicht nur fraglich, wann ein Gewinn noch angemessen sein soll, sondern auch, ob sich der in Geld auszudrückende Wert für Waren oder Dienste in einer offenen Marktwirtschaft mit freiem Wettbewerb objektiv bestimmen lässt.[628]

In einer offenen Marktwirtschaft mit freiem Wettbewerb führt die subjektive Wertschätzung von Waren oder Diensten über Angebot und Nachfrage zur Bildung eines Preises.[629] Die so in Geld ausgedrückten subjektiven Wertschätzungen werden aufgrund ihrer Masse lediglich anonymisiert und auf einen scheinbar objektiven, in Geld ausgedrückten Wert gebracht.[630] Sowohl die subjektiven Wertvorstellungen als auch der komplexe und dynamische Preisbildungsprozess würde bei einer nachträglichen Bewertung anhand eines noch angemessenen Preis durch Vorstellungen Dritter, beispielsweise eines Sachverständigen, wohl vollständig übergangen werden.[631]

Im Übrigen dürften sich Kosten für Waren oder Dienste nicht verallgemeinernd bestimmen lassen. Denn je nach technischer Ausstattung, Auftragsanzahl und Arbeitslöhnen einer Einheit sind solche Kosten von Einheit zu Einheit unterschiedlich. Auch das ist in einer auf freiem Wettbewerb beruhenden Marktwirtschaft legitim und sogar gewollt. Weniger leistungsfähige Einheiten sollen vom Markt verdrängt werden.[632]

---

623 Vgl. *Tiedemann*, Wettbewerb und Strafrecht, S. 16.

624 Vgl. LG Frankfurt, Urteil v. 26.7.1990, 5/28 KLs 91 Js 36228/81, NStZ 1991, S. 86/87 f.

625 Vgl. *Grützner*, Die Sanktionierung von Submissionsabsprachen, S. 258.

626 Ebenfalls nur bei vergaberechtlichen Vergabeverfahren, vgl. BGH, Urteil v. 8.1.1992, 2 StR 102/91, BGHSt 38, S. 186/190 f. – Rheinausbau I; BGH, Urteil v. 11.7.2001, 1 StR 576/00, BGHSt 47, S. 83/88 f. – Flughafen München.

627 Ebenfalls nur bei jenen Vergabeverfahren, vgl. z. B. *Lüderssen*, wistra 1995, S. 246 m. w. N; *Baumann*, NJW 1992, S. 1664 m. w. N.

628 *Tiedemann*, Wettbewerb und Strafrecht, S. 16 f.

629 Vgl. BGH, Urteil v. 8.1.1992, 2 StR 102/91, BGHSt 38, S. 186/191 – Rheinausbau I.

630 Vgl. *Eichler*, BB 1972, S. 1349.

631 Vgl. *Satzger*, ZStW 1997, S. 361 m. w. N.

632 Vgl. zum Ganzen auch *Baumann*, NJW 1992, S. 1664.

Deshalb kann der Lösungsansatz auch hinsichtlich der Vorgaben des strafrechtlichen Bestimmtheitsgrundsatzes aus Art. 103 Abs. 2 GG als problematisch angesehen werden. Denn die Bezifferung der Höhe des Vermögensschadens dürfte sich entsprechend der vorangegangenen Ausführungen eher nicht wirtschaftlich plausibel und nachvollziehbar darlegen lassen. Man würde die Strafbarkeit einer nicht mit dem freien Wettbewerb zu vereinbarenden Verhaltensweise mit einem wohl selbst nicht mit dem freien Wettbewerb zu vereinbarenden Ansatz begründen.[633]

Demnach bestehen gute Gründe dafür, dass der für den Eingehungsschaden erforderliche Wertvergleich zwischen Zahlungsverpflichtung und erlangtem Anspruch nicht anhand eines angemessenen Preises erfolgen kann.

(2) Lösung aufgrund des Verlustes einer vermögenswerten tatsächlichen Erwerbsaussicht

In der Rechtsprechung wurde es in einem Obiter dictum vereinzelt als naheliegend angesehen, dass der Vermögensinhaber durch die Annahme eines auf einem Hardcore-Kartell basierenden Angebots allein deshalb in seinem Vermögen geschädigt wird, weil er hierdurch auch eine vermögenswerte tatsächliche Erwerbsaussicht verliere[634]. Diese Espektanz könne darin gesehen werden, den gemäß §§ 145 f., 311 Abs. 1 BGB geschlossenen Vertrag über die Ware oder den Dienst mit einem bei freiem Wettbewerb niedrigeren Preis zu schließen.[635] Ein entsprechender Lösungsansatz wurde früher auch von einem Teil der Literatur vertreten.[636]

Eine vermögenswerte tatsächliche Erwerbsaussicht besteht aber nach der Rechtsprechung[637] und einem großen Teil der Literatur[638] erst dann, wenn die Erwerbsaussicht nicht nur möglich ist, sondern schon so weit konkretisiert ist,

---

633 In die Richtung auch *Eichler*, BB 1972, S. 1349.

634 Das wäre eigentlich schon bei der Vermögensverfügung darzustellen. Aus Gründen der Übersichtlichkeit der Lösungsansätze dürfte jedoch die gewählte Reihenfolge geboten sein. So bei Vergabeverfahren auch *Rönnau*, JuS 2002, S. 547.

635 Allerdings bei vergaberechtlichen Vergabeverfahren, vgl. OLG Frankfurt, Beschluss v. 24.7.1989, 1 Ws 211/88, NJW 1990, S. 1057/1057 f. Dort wurden durch Wettbewerber Preise festgesetzt. Zu dem Lösungsansatz im Rahmen solcher Verfahren vgl. auch *Rönnau*, JuS 2002, S. 547.

636 Ebenfalls nur bei Vergabeverfahren nach dem Vergaberecht, vgl. *Eichler*, BB 1972, S. 1350 f. m. w. N.

637 Vgl. z. B. BGH, Urteil v. 19.1.1965, 1 StR 497/64, BGHSt 20, S. 143/145.

638 Vgl. *Fischer*-StGB, § 263, Rn. 93 m. w. N.; LK-StGB/*Tiedemann*, § 263, Rn. 135 m. w. N.

dass ihre Realisierung mit hinreichender Wahrscheinlichkeit zu erwarten ist. Das muss zum maßgeblichen Zeitpunkt für die Bewertung eines Vermögensschadens bei § 263 Abs. 1 StGB, bei der Vermögensverfügung[639], also der Annahme des auf einem Hardcore-Kartell fundierenden Angebots, zu erwarten sein.[640] Zu dem Zeitpunkt dürfte ein Vertragsschluss mit einem niedrigeren Preis aber eben nicht mit hinreichender Wahrscheinlichkeit zu erwarten sein. Denn Hardcore-Kartellanten sind dann wohl nicht mehr bereit, Feilgebote mit einem niedrigeren Preis abzugeben. Und eventuelle Einheiten, die an einem Hardcore-Kartell nicht beteiligt sind, werden keine Angebote mit einem niedrigeren Preis abgegeben haben, da sonst in der Regel eines davon angenommen worden wäre.[641]

Zudem muss der Vermögensschaden nach den Vorgaben des Bestimmtheitsgrundsatzes, Art. 103 Abs. 2 GG, nunmehr ohnehin auch bei einem Verlust einer vermögenswerten tatsächlichen Erwerbsaussicht der Höhe nach beziffert werden.[642]

Somit lässt es sich rechtfertigen, dass für die Begründung eines Vermögensschadens durch die Annahme eines vorerwähnten Angebots auch nicht der Lösungsansatz des Verlusts jener Espektanz herangezogen werden kann.[643]

(3) Lösung aufgrund einer schadensgleichen Vermögensgefährdung

Es ließe sich auch noch versuchen, die Begründung eines Vermögensschadens bei der Annahme eines auf einem Hardcore-Kartell basierenden Angebots durch die Rechtsfigur der schadensgleichen Vermögensgefährdung zu erleichtern. Denn die Rechtsprechung hat auch einen solchen Lösungsansatz in einem Obiter dictum vereinzelt als naheliegend bezeichnet.[644] Und auch ein Teil der Literatur hat früher einen entsprechenden Lösungsansatz vertreten.[645] Dementsprechend könne alleine schon in dem Hardcore-Kartell aufgrund der so nicht

---

639 BGH, Beschluss v. 18.2.1999, 5 StR 193/98, BGHSt 45, S. 1/4.

640 So auch bei Vergabeverfahren nach dem Vergaberecht, vgl. *Satzger*, ZStW 1997, S. 369.

641 Ähnlich für vergaberechtliche Vergabeverfahren *Rönnau*, JuS 2002, S. 547 f.

642 Vgl. BVerfG, Beschluss v. 23.6.2010, 2 BvR 2559/08, 2 BvR 105/09 und 2 BvR 491/09, BVerfGE 126, S. 170/211 f.

643 Das kurz feststellend auch *Federmann*, Kriminalstrafen im Kartellrecht, S. 133.

644 Allerdings bei vergaberechtlichen Vergabeverfahren, vgl. OLG Frankfurt, Beschluss v. 24.7.1989, 1 Ws 211/88, NJW 1990, S. 1057/1058.

645 Ebenfalls nur bei vergaberechtlichen Vergabeverfahren, vgl. z. B. *Baumann/Arzt*, ZHR 1970, S. 51.

mehr auf freiem Wettbewerb beruhenden Preisbildung eine schadensgleiche Vermögensgefährdung und somit ein Vermögensschaden gesehen werden.[646]

Auch ein solcher Lösungsansatz dürfte jedoch abzulehnen sein.[647] Denn nach den Vorgaben des strafrechtlichen Bestimmtheitsgrundsatzes aus Art. 103 Abs. 2 GG muss der Vermögensschaden nunmehr auch bei einer schadensgleichen Vermögensgefährdung der Höhe nach beziffert werden.[648] Mit der Rechtsfigur der schadensgleichen Vermögensgefährdung kann daher die Beschädigung eines Vermögens im Sinne von § 263 Abs. 1 StGB jedenfalls nur zu einem früheren Zeitpunkt begründet und nicht dessen Feststellung umgangen werden.[649]

(4) Lösung durch einen Vergleich mit dem hypothetischen Wettbewerbspreis

Der für den Eingehungsschaden des Vermögensinhabers in Geld zu erfolgende Wertvergleich zwischen seiner durch die Annahme eines auf einem Hardcore-Kartell beruhenden Angebots gemäß §§ 145 f., 311 Abs. 1 BGB entstandenen Zahlungsverpflichtung und seinem dafür erlangten Anspruch könnte deshalb allenfalls unter Berücksichtigung des hypothetischen Wettbewerbspreises erfolgen.

Der Lösungsansatz wird von der Rechtsprechung[650] und einem großen Teil der Literatur[651] für die Begründung und den Nachweis eines entsprechenden Eingehungsschadens bei vergaberechtlichen Vergabeverfahren vertreten. *Wagner-von Papp* ist der Ansicht, dass der Lösungsansatz auch außerhalb solcher Vergabeverfahren anwendbar wäre.[652] *Tiedemann* vertritt in seinem von *Gerhardt* geführten Gespräch mit der *Zeitschrift für Rechtspolitik* sogar, der Lösungsansatz sei außerhalb jener Vergabeverfahren noch eher anwendbar.[653] Ausdrücklich

---

646 Vgl. abermals *Baumann/Arzt*, ZHR 1970, S. 51; OLG Frankfurt, Beschluss v. 24.7.1989, 1 Ws 211/88, NJW 1990, S. 1057/1058.

647 So auch *Federmann*, Kriminalstrafen im Kartellrecht, S. 133 f. Den Lösungsansatz bei Vergabeverfahren nach dem Vergaberecht ablehnend auch BGH, Urteil v. 21.11.1961, 1 StR 424/61, BGHSt 16, S. 367/373.

648 Vgl. BVerfG, Beschluss v. 23.6.2010, 2 BvR 2559/08, 2 BvR 105/09 und 2 BvR 491/09, BVerfGE 126, S. 170/211 f.

649 Vgl. auch *Rönnau*, JuS 2002, S. 547.

650 BGH, Urteil v. 8.1.1992, 2 StR 102/91, BGHSt 38, S. 186/192 f. – Rheinausbau I; BGH, Urteil v. 11.7.2001, 1 StR 576/00, BGHSt 47, S. 83/88 f. – Flughafen München.

651 So z. B. *Fischer*-StGB, § 263, Rn. 169 f. m. w. N.; LK-StGB/*Tiedemann*, § 263, Rn. 165 m. w. N.

652 *Wagner-von Papp*, Competition Law Compliance Programmes, S. 154.

653 *Gerhardt*, ZRP 1992, S. 150.

Gegenteiliges wird in der Literatur zur Übertragbarkeit des Lösungsansatzes nicht vertreten. Diejenigen, die sich hierzu äußern, beschränken sich darauf, vor einer solchen Übertragung zu warnen[654] oder sie als schwierig zu bezeichnen[655]. Im Folgenden wird analysiert, inwiefern die Anwendung des Lösungsansatzes bei Hardcore-Kartellen außerhalb jener Vergabeverfahren möglich ist und sich mit den Vorgaben des strafrechtlichen Bestimmtheitsgrundsatzes aus Art. 103 Abs. 2 GG vereinbaren lässt.

Ein hypothetischer Preis ist ein Preis, der ohne ein tatsächlich eingetretenes Ereignis zustande gekommen wäre. Entsprechend der Auffassungen der Vertreter des Lösungsansatzes im Rahmen von Vergabeverfahren[656] ist der hypothetische Wettbewerbspreis demnach der Preis, der sich ohne das Hardcore-Kartell, also durch freien Wettbewerb gebildet hätte. Der hypothetische Wettbewerbspreis ist zwar schwer, da er eben ein hypothetischer ist, aber dennoch ausreichend feststellbar.[657] Denn die Bezifferung des Eingehungsschadens wird dadurch erleichtert, dass es auch nach jenen Vorgaben des Bestimmtheitsgrundsatzes, Art. 103 Abs. 2 GG, ausreichend ist, bei Unsicherheiten dessen Höhe oder Mindesthöhe unter Beachtung von in dubio pro reo im Wege einer tragfähigen Schätzung zu beziffern.[658] Diese Unsicherheit dürfte immer bestehen, wenn es auf einen hypothetischen Preis ankommt. Denn der freie Wettbewerb ist ein Entdeckungsverfahren, durch das Tatsachen zu Tage treten, die ohne Wettbewerb nicht offenbart worden wären[659]. Der Eingehungsschaden des Vermögensinhabers kann demnach jedenfalls auch die Mindestdifferenz zwischen der Geldsumme, die er zu zahlen verpflichtet ist, und dem hypothetischen Wettbewerbspreis sein. Zur Ermittlung der Differenz beziehungsweise Mindestdifferenz lassen sich möglicherweise das zeitliche Vergleichsmarktkonzept und wettbewerbsfremde Kostenposten heranziehen.[660]

---

654 So *Lange*, ZWeR 2003, S. 366.

655 So *Federmann*, Kriminalstrafen im Kartellrecht, S. 131 f.

656 Für die Rechtsprechung vgl. BGH, Urteil v. 8.1.1992, 2 StR 102/91, BGHSt 38, S. 186/192 f. – Rheinausbau I; BGH, Urteil v. 11.7.2001, 1 StR 576/00, BGHSt 47, S. 83/88 f. – Flughafen München. Für die Literatur vgl. *Fischer*-StGB, § 263, Rn. 169 f. m. w. N; LK-StGB/*Tiedemann*, § 263, Rn. 165 m. w. N.

657 Das feststellend auch BGH, Urteil v. 8.1.1992, 2 StR 102/91, BGHSt 38, S. 186/193 – Rheinausbau I.

658 BVerfG, Beschluss v. 7.12.2011, 2 BvR 2500/09, BVerfGE 130, S. 1/47 f. Vgl. auch BVerfG, Beschluss v. 23.6.2010, 2 BvR 2259/08, 105, 491/09, BVerfGE 126, S. 171/212.

659 Vgl. *Hayek*, Wettbewerb als Entdeckungsverfahren, S. 3.

660 Vgl. LK-StGB/*Tiedemann*, § 263, Rn. 165.

Das zeitliche Vergleichsmarktkonzept wird vor allem bei den eingangs genannten, auf § 33a Abs. 1 GWB beruhenden, stetig zunehmenden Schadensersatzklagen wegen eines Hardcore-Kartells verwendet.[661] Es ist als methodenkorrekt anerkannt[662], da allein die Preise des Hardcore-Kartellanten betrachtet werden. Bei der Anwendung des Konzepts wird dessen Preis für die Ware oder den Dienst vor und/oder nach dem Praktizieren des Hardcore-Kartells ermittelt. Dieser Preis wird als der hypothetische Wettbewerbspreis während des Hardcore-Kartells gewertet.[663] Hierbei wird man freilich anmerken müssen, dass der Preis nicht unbedingt genau dem Preis entsprechen muss, der sich im Kartellzeitraum ohne das Hardcore-Kartell gebildet hätte. Denn es könnten sich auch andere Faktoren wie zum Beispiel Lohnerhöhungen, allgemeine Geldentwertung oder Kostenänderungen von verarbeiteten Materialien auf die Preisbildung ausgewirkt haben.[664] Zum einen können die Faktoren jedoch durch eine Ermittlung des Preises vor und nach dem Praktizieren des Hardcore-Kartells anhand eines Durchschnittswerts oder durch andere Techniken herausgerechnet werden.[665] Zum anderen kann den Faktoren, insbesondere vor dem Hintergrund einer auch ausreichenden Bezifferung der Mindestdifferenz zwischen der zu zahlenden Geldsumme und dem hypothetischen Wettbewerbspreis, durch einen entsprechenden großzügigen Preisaufschlag Rechnung getragen werden.[666] Der Eingehungsschaden ist dann die Differenz beziehungsweise jedenfalls die Mindestdifferenz zwischen der Geldsumme, die er verpflichtet ist zu zahlen, und dem nach dem erläuterten Konzept ermittelten hypothetischen Wettbewerbspreis.

Das zeitliche Vergleichsmarktkonzept dürfte für die Begründung eines Eingehungsschadens bei Vergabeverfahren nach dem Vergaberecht im Übrigen häufig

---

661 So z. B. auch von OLG Frankfurt a. M., Urt. v. 17.11.2015 – 11 U 73/11 (Kart), NJOZ 2017, S. 319/323.

662 *Zöttl/Schlepper*, EuZW 2012, S. 575.

663 Vgl. Immenga/Mestmäcker/*Emmerich*, § 33 GWB, Rn. 53 f.

664 Vgl. *Ellger*, FS Möschel, S. 203.

665 Vgl. Europäische Kommission, Entwurf eines praktischen Leitfadens zur Ermittlung des Schadensumfangs bei Schadensersatzklagen im Zusammenhang mit Zuwiderhandlungen gegen Artikel 101 oder 102 des Vertrags über die Arbeitsweise der Europäischen Union, S. 21 m. w. N. insbesondere zu den genannten Techniken.

666 Vgl. Europäische Kommission, Entwurf eines praktischen Leitfadens zur Ermittlung des Schadensumfangs bei Schadensersatzklagen im Zusammenhang mit Zuwiderhandlungen gegen Artikel 101 oder 102 des Vertrags über die Arbeitsweise der Europäischen Union, S. 20.

nicht anwendbar sein. Denn von den Veranstaltern der Vergabeverfahren werden regelmäßig individuelle Anforderungen an den Vergabegegenstand gestellt, sodass es für einen solchen unvergleichbaren Vertragsgegenstand, wie beispielsweise den Ausbau einer Schifffahrtsrinne[667], auch nur einmal einen Preis gibt.[668] Deshalb spielte das zeitliche Vergleichsmarktkonzept in Erwägungen zum hypothetischen Wettbewerbspreis bei der Strafbarkeit von auf einem Kartellverbotsverstoß basierenden Angebotsabgaben in den entsprechenden Vergabeverfahren auch keine[669] oder nur eine untergeordnete Rolle[670].

Bei Hardcore-Kartellen außerhalb der genannten Vergabeverfahren dürfte das aber anders sein. Denn solche Hardcore-Kartelle werden regelmäßig für vertretbare Waren oder Dienste, wie zum Beispiel Zucker[671], gebildet.[672] Für sie kann demnach ein hypothetischer Wettbewerbspreis nach dem zeitlichen Vergleichsmarktkonzept ermittelt werden.

Zur Ermittlung der Mindestdifferenz zwischen der zu zahlenden Geldsumme und dem hypothetischen Wettbewerbspreis könnten auch wettbewerbsfremde Kostenposten herangezogen werden.[673] Das sind Posten, die bei einer auf freiem Wettbewerb beruhenden Preisbildung nicht Teil der zu zahlenden Geldsumme gewesen wären. Solche Kostenposten dürften insbesondere anteilig im Rahmen des Hardcore-Kartells geleistete Ausgleichszahlungen sein.[674] Solche Ausgleichszahlungen werden unter Hardcore-Kartellanten, beispielsweise im Rahmen der Festsetzung von Preisen[675] oder der Aufteilung von Absatzgebieten[676],

---

667 Vgl. BGH, Urteil v. 8.1.1992, 2 StR 102/91, BGHSt 38, S. 186/187 – Rheinausbau I.

668 So auch *Satzger*, Der Submissionsbetrug, S. 153, der das zeitliche Vergleichsmarktkonzept bei vergaberechtlichen Vergabeverfahren daher für in der Regel unbrauchbar hält.

669 So z. B. auch nicht in der letzten ausführlicheren Erörterung dieser Art, vgl. *Grützner*, Die Sanktionierung von Submissionsabsprachen, S. 266 f.

670 Zuletzt *Satzger*, Der Submissionsbetrug, S. 153, der das zeitliche Vergleichsmarktkonzept bei vergaberechtlichen Vergabeverfahren jedoch aufgrund des Gesagten für in der Regel unbrauchbar hält und daher nicht mehr auf ausführliche Weise inhaltlich darauf eingeht.

671 Vgl. Bericht des Bundeskartellamtes über seine Tätigkeit in den Jahren 2013/2014 sowie über die Lage und Entwicklung auf seinem Aufgabengebiet und Stellungnahme der Bundesregierung, BT-Drucks. 18/5210, S. 50.

672 Vgl. *Lenel*, Die Konzentration in der Wirtschaft, S. 224 f.

673 So verfährt die Rechtsprechung bei vergaberechtlichen Vergabeverfahren seit BGH, Urteil v. 8.1.1992, 2 StR 102/91, BGHSt 38, S. 186/189 f. – Rheinausbau I.

674 Vgl. LK-StGB/*Tiedemann*, § 263, Rn. 165.

675 *Munthe*, Horizontale Kartelle, S. 81.

676 Immenga/Mestmäcker/*Zimmer*, § 1 GWB, Rn. 219.

geleistet.[677] Sie wären ohne das Hardcore-Kartell wohl nicht angefallen.[678] Hierbei ist allerdings zu berücksichtigen, dass solche Ausgleichszahlungen auch aus dem erwarteten Gewinn, der erwarteten Marge des Hardcore-Kartellanten, erbracht werden könnten, sodass sie nicht unbedingt immer bei der Preiskalkulation anteilig als Kostenposten berücksichtigt werden würden.[679] Jedenfalls wenn solche Ausgleichszahlungen höher sind als der wegen schlechter Auftrags- oder Wirtschaftslage zu erwartende Gewinn, müssten sie ganz oder teilweise bei der Preiskalkulation als Kostenposten berücksichtigt werden.[680] Unabhängig davon dürfte es dem durch das Hardcore-Kartell verfolgten Zweck widersprechen, Ausgleichszahlungen bei der Preiskalkulation nicht anteilig als Kostenposten zu berücksichtigen. Denn der Zweck eines Hardcore-Kartells ist es gerade, einen möglichst hohen Gewinn zu erzielen[681], sodass auch dadurch bedingte Kosten wie Ausgleichszahlungen durch eine entsprechende Preiskalkulation erwirtschaftet werden sollen.[682] Einfach ausgedrückt ist die Mindesthöhe des Eingehungsschadens demzufolge die anteilige Höhe der Ausgleichszahlung als Mindestdifferenz zwischen der Geldsumme, die der Vermögensinhaber zu zahlen verpflichtet ist, und dem hypothetischen Wettbewerbspreis.[683] Genauer ausdrücken lässt sich das mit folgender mathematischen Formel: Zahlt der Hardcore-Kartellant im Rahmen eines Hardcore-Kartells über einen bestimmten Gegenstand eine Ausgleichszahlung in Höhe von x Euro, schließt alles in allem Verträge über den Gegenstand mit einer insgesamten Gegenstandsmenge y, dann ist die zu beziffernde Mindesthöhe des Eingehungsschadens des Vermögensinhabers, der mit dem Hardcore-Kartellanten einen Vertrag über den Gegenstand à Gegenstandsmenge z schließt, demzufolge $x \div y \times z$ Euro. Auch hier kann einer möglichen Unsicherheit über die festgestellte Höhe des Eingehungsschadens durch einen entsprechenden großzügigen Abschlag Rechnung getragen werden.

Das soeben dargestellte Konzept ist aber nicht immer für die Begründung eines Eingehungsschadens des Vermögensinhabers anwendbar. Denn sowohl bei

677 Dadurch soll das Praktizieren des Hardcore-Kartells sichergestellt werden, vgl. *Baetge*, Globalisierung des Wettbewerbsrechts, S. 33.

678 Vgl. BGH, Urteil v. 15.5.1997, 1 StR 233/96, NJW 1997, S. 3034/3038.

679 Die Frage wirft in vergleichbarer Weise *Tiedemann* in seinem von *Gerhardt* geführten Gespräch mit der ZRP auf, vgl. *Gerhardt*, ZRP 1992, S. 150.

680 Vgl. *Satzger*, Der Submissionsbetrug, S. 140.

681 Vgl. *Munthe*, Horizontale Kartelle, S. 32.

682 So auch z. B. auch *Kramm*, JZ 1993, S. 423 für Ausgleichszahlungen bei Kartellverbotsverstößen im Rahmen von Vergabeverfahren nach dem Vergaberecht.

683 Vgl. BGH, Urteil v. 15.5.1997, 1 StR 233/96, NJW 1997, S. 3034/3038.

vergaberechtlichen Vergabeverfahren als auch bei Hardcore-Kartellen außerhalb solcher Vergabeverfahren werden nicht immer Ausgleichszahlungen als wettbewerbsfremde Kostenposten geleistet.[684] Jedenfalls lassen sich strafgerichtliche und zivilgerichtliche Entscheidungen mit solchen Ausgleichszahlungen bei den genannten Vergabeverfahren eher bei umfangreicheren Vergabegegenständen[685] und bei Hardcore-Kartellen außerhalb jener Vergabeverfahren eher bei längerem Praktizieren der Hardcore-Kartelle[686] finden.

Vereinzelt wird in der Literatur der Lösungsansatz des hypothetischen Wettbewerbspreises abgelehnt, zum Teil werden Zweifel geäußert. So wird darauf hingewiesen, dass der Vermögensinhaber auf jenen Wettbewerbspreis nur eine lediglich mögliche Aussicht habe. Wenn überhaupt, ließe sich ein Eingehungsschaden in Bezug auf ihn nur durch den Verlust einer vermögenswerten tatsächlichen Erwerbsaussicht begründen, wofür die Voraussetzungen aber, wie beschrieben, nicht vorlägen.[687] Die Rechtsprechung ist dem jedoch nicht gefolgt.[688] Das lässt sich damit rechtfertigen, dass diese Argumentation die verschiedenen Lösungsansätze wohl vermischt[689] und es auf den Verlust einer solchen Erwerbsaussicht ohnehin nicht ankommen sollte. Es dürfte nämlich nur darauf ankommen, ob die Waren oder Dienste, auf die der Vermögensinhaber einen Anspruch auf Übergabe und Übereignung oder Leistung hat, die zu zahlende Geldsumme wert sind oder nicht. Ihr Wert ist wie erwähnt üblicherweise der Marktwert und der Marktwert kann wie dargestellt nur der Wettbewerbspreis, wenn auch ein hypothetischer, sein.[690]

Schließlich wird der Lösungsansatz des hypothetischen Wettbewerbspreises hinsichtlich der Vorgaben des strafrechtlichen Bestimmtheitsgrundsatzes aus Art. 103 Abs. 2 GG als problematisch angesehen.[691] Die Vereinbarkeit des Lösungsansatzes mit jenen Vorgaben lässt sich jedoch rechtfertigen.[692] Denn

---

684 So auch *Stock*, Der Schadensnachweis bei Hardcore-Kartellen, S. 85 m. w. N. Begründend warum sie aber in jeder der genannten Situationen vorkommen können *Baetge*, Globalisierung des Wettbewerbsrechts, S. 33.

685 So z. B. BGH, Urteil v. 8.1.1992, 2 StR 102/91, BGHSt 38, S. 186 f. – Rheinausbau I.

686 So z. B. EuG, Urteil. v. 20.3.2002, T-9/99, BeckRS 2008, 70887, Rn. 9, 153.

687 Vgl. z. B. *Hohmann*, NStZ 2001, S. 569 m. w. N.

688 Vgl. nur BGH, Urteil v. 11.7.2001, 1 StR 576/00, BGHSt 47, S. 83/88 – Flughafen München.

689 *Grützner*, Die Sanktionierung von Submissionsabsprachen, S. 263.

690 So auch *Walter*, JZ 2002, S. 255.

691 Vgl. *Rönnau*, FS Rissing-van Saan, S. 540 f.

692 Vgl. z. B. *Rengier*, Strafrecht BT I, S. 303 f.; *Saliger*, ZIS 2011, S. 917.

die Begründung des Eingehungsschadens, insbesondere, ihn zu beziffern und darzulegen, dürfte lediglich aufwendiger geworden sein.[693] Die Bezifferung der Höhe oder Mindesthöhe des Eingehungsschadens lässt sich auch nach hiesiger Auffassung sowohl anhand des zeitlichen Vergleichsmarktkonzepts[694] als auch durch den Anzug wettbewerbsfremder Kostenposten[695] wirtschaftlich plausibel und nachvollziehbar darlegen. Das dürfte umso mehr gelten, als die beschriebenen legitimen Unsicherheiten bei der Bezifferung des Eingehungsschadens unter Beachtung von in dubio pro reo selbst eine tragfähige Schätzung der Höhe oder Mindesthöhe rechtfertigen.[696]

e) Fazit

Eine Beschädigung des Vermögens durch die irrtumsbedingte Vermögensverfügung des getäuschten Angebotsempfängers lässt sich somit durchaus häufig beziffern und nachweisen.

6. Absicht rechtswidriger und stoffgleicher Bereicherung

Derjenige, der ein auf einem Hardcore-Kartell beruhendes Angebot außerhalb genannter Vergabeverfahren abgibt, müsste gemäß § 263 Abs. 1 StGB darüber hinaus die Absicht haben, sich oder einem Dritten einen Vermögensvorteil zu verschaffen.

Nach der Rechtsprechung[697] und einem großen Teil der Literatur[698] ist ein solcher Vermögensvorteil jede günstigere Gestaltung der Vermögenslage. Entsprechend den vorangegangenen Erörterungen kann er daher in der Differenz zwischen der Geldsumme, auf die der Hardcore-Kartellant entsprechend der vorangegangenen Darstellung gemäß §§ 145 f., 311 Abs. 1 BGB einen vertraglichen Zahlungsanspruch hat, und dem hypothetischen Wettbewerbspreis gesehen werden.[699]

---

693 So selbst wieder *Rönnau*, FS Rissing-van Saan, S. 540.

694 Vgl. *Zöttl/Schlepper*, EuZW 2012, S. 575.

695 Vgl. *Rengier*, Strafrecht BT I, S. 303 f.; *Saliger*, ZIS 2011, S. 917.

696 Vgl. BVerfG, Beschluss v. 7.12.2011, 2 BvR 2500/09, BVerfGE 130, S. 1/47 f. Vgl. auch BVerfG, Beschluss v. 23.6.2010, 2 BvR 2259/08, 105, 491/09, BVerfGE 126, S. 171/212.

697 RG, Urteil v. 27.2.1917, V 1/17, RGSt 50, S. 277/279.

698 Lackner/*Kühl*, § 263, Rn. 59 m. w. N.; Schönke/Schröder/*Perron*, § 263, Rn. 167 m. w. N.

699 Ähnlich bei vergaberechtlichen Vergabeverfahren z. B. auch *Satzger*, Der Submissionsbetrug, S. 164.

Die Absicht sich oder einem Dritten einen Vermögensvorteil zu verschaffen, ist nach wohl allgemeiner Auffassung das Erstreben[700] und Für-möglich-Halten[701] der Erzielung eines solchen Vermögensvorteils für sich oder einen Dritten. Ob jener, der einem anderen ein auf einem Hardcore-Kartell fundierendes Angebot zuleitet, das Erzielen des gegenüber dem hypothetischen Wettbewerbspreis überhöhten Zahlungsanspruchs für sich oder einen Dritten erstrebt, kann mitunter, insbesondere bei einem „einfachen" Beschäftigten, fraglich sein. Es sollte jedoch berücksichtigt werden, dass die Erzielung des vorerwähnten Vermögensvorteils nicht das Einzige oder Überwiegende sein muss, was er erstrebt. Vielmehr ist es im Einklang mit der Rechtsprechung[702] und einem Teil der Literatur[703] ausreichend, wenn er die Erzielung eines solchen Vermögensvorteils nur als notwendiges Zwischenziel für einen anderen Zweck erstrebt.

Ist der Hardcore-Kartellant bereits wegen des erwähnten maßgeblichen funktionalen Unternehmensbegriffs eine natürliche Person[704] und gibt selbst ein entsprechendes Angebot ab, dürfte er in der Regel das Erzielen des gegenüber dem hypothetischen Wettbewerbspreis überhöhten Zahlungsanspruchs für sich erstreben. Die Personen, die im Sinne von § 9 OWiG für den Hardcore-Kartellanten, die häufig keine natürlichen Personen sind, gehandelt haben[705], werden wohl ebenso regelmäßig das Erzielen eines solchen überhöhten Zahlungsanspruchs erstreben, nämlich für einen Dritten, den Hardcore-Kartellanten. Beides lässt sich mit dem Zweck eines Hardcore-Kartells, einen möglichst hohen Gewinn zu erzielen[706], begründen.

Aber auch andere als die genannten Personen, die von dem Hardcore-Kartell durch eine Beteiligung im Sinne von § 14 OWiG[707] oder als „einfache" Beschäftigte durch reguläre oder irreguläre betriebliche Kommunikationskanäle Kenntnis von ihm erlangt haben und ein auf entsprechendes Angebot abgeben, können durchaus das Erzielen eines solchen überhöhten Zahlungsanspruchs für den Hardcore-Kartellanten erstreben. Denn auch der eigene oder kollegiale

700 Vgl. BGH, Beschluss v. 23.2.1961, 4 StR 7/61, BGHSt 16, S. 1/5 f.

701 Vgl. LK-StGB/*Tiedemann*, § 263, Rn. 249 mit Verweis auf BGH, Urteil v. 26.7.1967, 2 StR 368/67, BGHSt 21, S. 283/284 f.

702 Vgl. BGH, Beschluss v. 23.2.1961, 4 StR 7/61, BGHSt 16, S. 1.

703 MK-StGB/*Hefendehl*, § 263, Rn. 913 m. w. N.; Schönke/Schröder/*Perron*, § 263, Rn. 176 m. w. N.

704 Hierzu *Lettl*, Kartellrecht, S. 26.

705 Eingehend hierzu *Dreher/Kulka*, Wettbewerbs- und Kartellrecht, S. 714 f.

706 Vgl. *Munthe*, Horizontale Kartelle, S. 81.

707 Eingehend *Dreher/Kulka*, Wettbewerbs- und Kartellrecht, S. 714 f.

Verlust von Arbeitsplätzen durch einen ruinösen aber legitimen freien Wettbewerb dürfte nur verhindert werden können, wenn kontinuierlich das Erzielen eines gegenüber dem hypothetischen Wettbewerbspreis überhöhten Zahlungsanspruchs als notwendiges Zwischenziel erstrebt wird.[708] Auch für höhere Tantiemen und Provisionen sowie für Beförderungen und beruflichen Erfolg kann das Erzielen eines gegenüber dem hypothetischen Wettbewerbspreis überhöhten Zahlungsanspruchs ein notwendiges Zwischenziel sein. Das dürfte sogar gerade bei den angebotsabgebenden Verkaufsbeschäftigten die Regel sein.[709] Wer höhere Tantiemen und Provisionen[710] sowie Beförderungen und beruflichen Erfolg[711] anzielt, erstrebt nach hier vertretener Ansicht als notwendiges Zwischenziel das Erzielen solcher überhöhter Zahlungsansprüche.

In jeder der genannten Konstellationen werden die das Angebot zuleitenden Personen das Erzielen jenes überhöhten Zahlungsanspruchs aufgrund ihrer Kenntnis von der Festsetzung von Preisen, Festlegung von Produktionsbeschränkungen oder Aufteilung von Absatzgebieten oder Kundengruppen durch Wettbewerber[712] wohl auch jedenfalls für möglich halten.[713] Das gilt umso mehr, wenn sie bei einer solchen Angebotsabgabe eine evidente Preisdifferenz gegenüber früheren, ansonsten identischen Angeboten feststellen.

Daher bestehen gute Gründe dafür, dass die Person, die ein auf einem Hardcore-Kartell beruhendes Angebot außerhalb vergaberechtlicher Vergabeverfahren abgibt, oftmals die Absicht haben wird, sich oder einem Dritten einen Vermögensvorteil in Form eines gegenüber dem hypothetischen Wettbewerbspreis überhöhten Zahlungsanspruchs zu verschaffen.

---

708 Zum Erstreben der Verhinderung ruinösen Wettbewerbs bei vergaberechtlichen Vergabeverfahren *Satzger*, Der Submissionsbetrug, S. 166, jedoch ohne Bezug zu Arbeitsplatzverlusten. Hierauf bei Telefon-Gewinnspielen abstellend *Schröder/Thiele*, Jura 2007, S. 823.

709 Vgl. *Portmann*, Verkaufsplanung, S. 106 f.

710 Zu solchem Erstreben im Allgemeinen vgl. Schönke/Schröder/*Perron*, § 263, Rn. 169.

711 Zu solchem Erstreben bei Telefon-Gewinnspielen vgl. *Becker/Ulbrich/Voß*, MMR 2007, S. 155.

712 Die Varianten eines Hardcore-Kartells, vgl. Entwurf eines Achten Gesetzes zur Änderung des Gesetzes gegen Wettbewerbsbeschränkungen, BT-Drucks. 17/9852, S. 34; Bundeskartellamt, Wettbewerbsaufsicht in Deutschland, S. 2; *Bräunig*, HRRS 2011, S. 426; *Kling/Thomas*, Kartellrecht, S. 88; *Wagner-von Papp*, WuW 2010, S. 278.

713 Das bei Kartellverbotsverstößen bei vergaberechtlichen Vergabeverfahren als unleugbar bezeichnend *Satzger*, Der Submissionsbetrug, S. 166.

Nach der Rechtsprechung[714] und Teilen der Literatur[715] müsste der beabsichtigte Vermögensvorteil und der Vermögensschaden zudem auf derselben Vermögensverfügung beruhen und der beabsichtigte Vermögensvorteil zu Lasten des geschädigten Vermögens gehen. Dieses ungeschriebene Tatbestandsmerkmal der sogenannten Stoffgleichheit von § 263 Abs. 1 StGB, das sich aus ihm als Vermögensverschiebungsdelikt ergibt[716], ist wohl ebenfalls erfüllt. Denn der beabsichtigte gegenüber dem hypothetischen Wettbewerbspreis überhöhte Zahlungsanspruch des Hardcore-Kartellanten und der beschriebene Eingehungsschaden des Vermögensinhabers beruhen auf derselben Vermögensverfügung, der Annahme der auf einem Hardcore-Kartell fundierenden Offerte. Zudem geht der beabsichtigte überhöhte Zahlungsanspruch des Hardcore-Kartellanten zu Lasten des geschädigten Vermögens, da ein solcher Zahlungsanspruch das Pendant zur gegenüber dem hypothetischen Wettbewerbspreis überhöhten Zahlungsverpflichtung des Vermögensinhabers ist.[717]

Im Allgemeinen dürfte der beabsichtigte Vermögensvorteil zudem rechtswidrig im Sinne von § 263 Abs. 1 StGB sein, da der Hardcore-Kartellant auf den gegenüber dem hypothetischen Wettbewerbspreis überhöhten Zahlungsanspruch regelmäßig keinen vorherigen fälligen und einredefreien Anspruch haben wird[718].

7. Vorsatz

Derjenige, der das auf einem Hardcore-Kartell beruhende Angebot außerhalb vergaberechtlicher Vergabeverfahren abgibt, müsste ferner hinsichtlich der Umstände aller objektiven Tatbestandsmerkmale im Sinne von §§ 15, 16 Abs. 1 S. 1 StGB vorsätzlich handeln. Nach ständiger Rechtsprechung[719] und einem Teil der Literatur[720] handelt in diesem Sinne vorsätzlich, wer jene Umstände jedenfalls für möglich hält und billigend in Kauf nimmt. Der Vorsatz

---

714 BGH, Urteil v. 29.5.1987, 3 StR 242/86, BGHSt 34, S. 379/391.

715 NK-StGB/*Kindhäuser*, § 263, Rn. 360 m. w. N.; Schönke/Schröder/*Perron*, § 263, Rn. 168 m. w. N.

716 Vgl. NK-StGB/*Kindhäuser*, § 263, Rn. 359 f.

717 So auch bei vergaberechtlicher Vergabeverfahren *Grützner*, Die Sanktionierung von Submissionsabsprachen, S. 299.

718 Vgl. hierzu BGH, Urteil v. 18.12.1964, 2 StR 461/64, BGHSt 20, S. 136/137. Zu dem vorsatzbedürftigen objektiven Tatbestandsmerkmal im Allgemeinen vgl. *Fischer*-StGB, § 263, Rn. 191 f.

719 Vgl. BGH, Urteil v. 7.7.2011, 5 StR 561/10, BGHSt 56, S. 277/284.

720 *Fischer*-StGB, § 15, Rn. 9b f. m. w. N. hierzu und zu anderen Ansichten in der Literatur.

muss gemäß § 16 Abs. 1 S. 1 StGB bei Begehung der Tat, demnach bei der Täuschung im Sinne von § 263 Abs. 1 StGB vorliegen[721].

Ob jener, der das Angebot einem anderen zukommen lässt, insofern vorsätzlich handelt, ist immer eine Frage des Einzelfalls. Dennoch lassen sich im Voraus Umstände identifizieren, bei denen der Vorsatz im Einzelfall besonders erörterungsbedürftig sein kann. Solche Umstände dürften insbesondere jene der Merkmale der Täuschung und des Vermögensschadens sein. Denn hierbei ist eine Kenntnis des Hardcore-Kartells entscheidend. Daher wird es wohl darauf ankommen, ob derjenige, der das Feilgebot abgibt, einer der Hardcore-Kartellanten[722] oder eine andere Person, etwa ein „einfacher" Beschäftigter mit entsprechenden Kenntnissen durch reguläre oder irreguläre betriebliche Kommunikationskanäle, ist.

II. Ergebnis

Somit bestehen gute Gründe dafür, dass derjenige, der ein solches Angebot abgibt, sich wegen Betrugs strafbar machen kann. Denn soweit er auch außerhalb vergaberechtlicher Vergabeverfahren die genannten Tatbestandsmerkmale erfüllt und hierbei vorsätzlich handelt, dürfte er die somit von ihm begangene Tat im Allgemeinen auch rechtswidrig[723] und schuldhaft[724] begehen[725].

---

721 NK-StGB/*Kindhäuser*, § 263, Rn. 350.

722 In Betracht kommen insbesondere Personen, die im Sinne von §§ 9, 14 OWiG bei dem Hardcore-Kartell gehandelt oder sich beteiligt haben. Eingehend hierzu *Dreher/Kulka*, Wettbewerbs- und Kartellrecht, S. 714 f. In Betracht kommen aber auch Personen, die bereits wegen des erwähnten maßgeblichen funktionalen Unternehmensbegriffs Hardcore-Kartellanten sind. Hierzu *Lettl*, Kartellrecht, S. 26.

723 Entsprechend der vorherigen Ausführungen zu einer Gefahr für Arbeitsplätze oder wirtschaftliche Existenzen dürften im Allgemeinen auch jedenfalls die Voraussetzungen der Interessenabwägung beziehungsweise Angemessenheit des insofern allenfalls denkbaren Rechtfertigenden Notstands, § 34 StGB, nicht erfüllt sein. Hierzu im Allgemeinen *Tiedemann*, Wirtschaftsstrafrecht, S. 143.

724 Selbst wenn er davon ausgeht, sich im Rahmen eines Hardcore-Kartells außerhalb jener Vergabeverfahren wenn überhaupt nur mit einer Geldbuße ahndbar, nicht aber strafbar zu machen, fehlt ihm wohl nicht die Einsicht Unrecht im Sinne des insofern allenfalls denkbaren Verbotsirrtums, § 17 S. 1 StGB, zu tun. Das wurde einmal anders vor Inkrafttreten von § 298 StGB für die Strafbarkeit einer entsprechenden Angebotsabgabe bei Vergabeverfahren als Betrug, § 263 StGB, vertreten, vgl. LG Frankfurt, Urteil v. 14.10.1993, 5/12 KLs 91 Js 36228/81, in *Dahs*, Kriminelle Kartelle, S. 86/93. Die Revisionsinstanz folgte dem jedoch nicht, vgl. BGH, Beschluß v. 31.8.1994, 2 StR 256/94, NJW 1995, S. 737/738 – Rheinausbau II. Sowohl eine Straftat als auch eine Ordnungswidrigkeit sind Unrecht, vgl. NK-StGB/*Neumann*, § 17, Rn. 27.

725 Hierzu im Allgemeinen *Kindhäuser*, Strafrecht Allgemeiner Teil, S. 139 f., 185 f.

III. Weitere Unterlassensstrafbarkeit

Die Hardcore-Kartellanten[726] könnten sich schließlich wegen Betrugs durch Unterlassen der Aufklärung, §§ 263 Abs. 1, 13 Abs. 1 StGB, strafbar machen, ohne selbst ein entsprechendes Angebot außerhalb von vergaberechtlichen Vergabeverfahren abzugeben.

Den vorher vertretenen Kriterien entsprechend können sie, auch ohne ein solches Angebot selbst abzugeben, regelmäßig den Angebotsempfänger durch garantenpflichtwidriges Unterlassen der möglichen und zumutbaren Aufklärung über die nicht auf freiem Wettbewerb beruhende Preisbildung im Sinne von §§ 263 Abs. 1, 13 Abs. 1 StGB täuschen. Für eine solche Täuschung durch Unterlassen der Aufklärung dürfte keine kommunikative Grundbeziehung zum Angebotsempfänger erforderlich sein.[727] Ansonsten würde die Tatbestandsalternative der Täuschung durch Unterlassen der Aufklärung wohl im Übrigen auch leerlaufen. Denn bei ihr dürfte naturgemäß in aller Regel eine kommunikative Grundbeziehung zum so Getäuschten fehlen.

Bezüglich des Irrtums und der Vermögensverfügung des Angebotsempfängers sowie der Beschädigung seines Vermögens beziehungsweise jenes, über das er befugtermaßen verfügt, lassen sich die vorangegangenen Erörterungen ebenfalls entsprechend heranziehen. Für die Absicht der genannten garantenpflichtigen Personen, sich oder einem Dritten einen rechtswidrigen und stoffgleichen Vermögensvorteil zu verschaffen, für deren Vorsatz gemäß §§ 15, 16 Abs. 1 S. 1 StGB sowie deren rechtswidriges und schuldhaftes Handeln können die vorangegangenen Erörterungen ebenso herangezogen werden.

Die Hardcore-Kartellanten können sich somit durchaus wegen Betrugs durch Unterlassen der Aufklärung strafbar machen, ohne selbst jenes Angebot abzugeben.

IV. Fazit

Die vorangegangene Analyse hat gezeigt, dass gute Gründe dafür bestehen, wonach derjenige, der ein solches Angebot außerhalb vergaberechtlicher

726 In Betracht kommen insbesondere Personen, die im Sinne von §§ 9, 14 OWiG bei dem Hardcore-Kartell gehandelt oder sich beteiligt haben. Eingehend hierzu *Dreher/Kulka*, Wettbewerbs- und Kartellrecht, S. 714 f. In Betracht kommen aber auch Personen, die bereits wegen des erwähnten maßgeblichen funktionalen Unternehmensbegriffs Hardcore-Kartellanten sind. Hierzu *Lettl*, Kartellrecht, S. 26.

727 Vgl. *Fischer*-StGB, § 263, Rn. 38a.

Vergabeverfahren abgibt, sich häufig wegen Betrugs gemäß § 263 StGB strafbar machen kann. Die Abhandlungen haben aber auch dokumentiert, dass trotz der Strafwürdigkeit und Strafbedürftigkeit dieser Verhaltensweise eine Strafbarkeit wegen Betrugs gemäß § 263 StGB nicht immer begründet ist. Das dürfte vor allem dann nicht der Fall sein, wenn es an einer Täuschung fehlt. Trotzdem wäre es demnach nicht richtig anzunehmen, dass eine entsprechende Betrugsstrafbarkeit ausschließlich in jenen Vergabeverfahren in Betracht kommt[728].

Danach konnte auch noch aufgezeigt werden, dass sich Hardcore-Kartellanten[729] durchaus wegen Betrugs durch Unterlassen der Aufklärung, §§ 263 Abs. 1, 13 Abs. 1 StGB, strafbar machen können, ohne selbst ein solches Angebot außerhalb jener Vergabeverfahren abzugeben.

Die vorangegangene Analyse hat jedoch auch gezeigt, dass die Begründung und der Nachweis jeder solchen Betrugsstrafbarkeit, insbesondere aufgrund des Tatbestandsmerkmals des Vermögensschadens, einigen Aufwand erfordert.

Es wird interessant zu beobachten, ob und inwieweit die aufgezeigten Betrugsstraftaten von den Staatsanwaltschaften verfolgt werden und es zu Verurteilungen durch die Gerichte kommt. Entscheidend dürfte zum einen sein, inwieweit gemäß § 41 Abs. 1 OWiG Abgaben an die Staatsanwaltschaften wegen Anhaltspunkten für eine Straftat durch die für die Ahndung von Kartellverbotsverstößen mit einer Geldbuße zuständigen Verwaltungsbehörden, insbesondere durch das Bundeskartellamt[730], erfolgen. Und zum anderen wird wohl ausschlaggebend sein, inwieweit die Staatsanwaltschaften von einer Verfolgung gemäß §§ 153 f. StPO absehen oder die Gerichte sich mit dem Angeklagten gemäß § 257c StPO verständigen. Das wurde auch schon vor Inkrafttreten von § 298 StGB für die von ihm erfassten Verhaltensweisen als Betrug gemäß § 263 StGB als entscheidend angesehen.[731]

---

728 Für sie vgl. z. B. BGH, Urteil v. 11.7.2001, 1 StR 576/00, BGHSt 47, S. 83 f. – Flughafen München. Für die letzte ausführliche Erörterung hierzu vgl. *Grützner*, Die Sanktionierung von Submissionsabsprachen, S. 161 f.

729 In Betracht kommen insbesondere Personen, die im Sinne von §§ 9, 14 OWiG bei dem Hardcore-Kartell gehandelt oder sich beteiligt haben. Eingehend hierzu *Dreher/Kulka*, Wettbewerbs- und Kartellrecht, S. 714 f. In Betracht kommen aber auch Personen, die bereits wegen des erwähnten maßgeblichen funktionalen Unternehmensbegriffs Hardcore-Kartellanten sind. Hierzu *Lettl*, Kartellrecht, S. 26.

730 Zu den Zuständigkeiten eingehend Loewenheim/Meessen/Riesenkampff/Kersting/*Meyer-Lindemann*, § 81 GWB, Rn. 166.

731 Hierzu zum einen *Kramm*, JZ 1993, S. 424, und zum anderen *Satzger*, Der Submissionsbetrug, S. 252.

G. Eine künftige Strafbarkeit unabhängig von Vergabeverfahren

Wie ausgeführt dürften die Vorgaben der Strafwürdigkeit und Strafbedürftigkeit[732] von Verhaltensweisen nur rechtspolitischer Natur und keine verfassungsrechtlichen Voraussetzung dafür sein, dass der Gesetzgeber Straftatbestände für eine solche Verhaltensweise normieren darf. Denn dem Gesetzgeber steht vielmehr auch im Rahmen der Strafgesetzgebung ein breiter Beurteilungsspielraum zu.[733] Daher verpflichtet eine Einschätzung, nach der eine Verhaltensweise jene Vorgaben erfüllt, den Gesetzgeber grundsätzlich auch ebenso wenig, einen Straftatbestand für eine solche Verhaltensweise zu normieren.[734] Ein neuer Kartellstraftatbestand für auf einem Hardcore-Kartell beruhende Angebotsabgaben darf somit, er muss aber nicht normiert werden.

Seit jeher finden sich Befürworter[735] und Gegner[736] einer entsprechenden Regelung. Wie eingangs erwähnt hat sich in letzter Zeit vor allem die Monopolkommission in Gutachten hierzu für[737] und die Justizministerkonferenz

---

732 Zu den verschiedenen verwendeten Begrifflichkeiten neben denen der weithin so benannten Strafwürdigkeit und Strafbedürftigkeit NK-StGB/*Hassemer/Neumann*, Vorbemerkungen zu § 1, Rn. 50 f. m. w. N.

733 BVerfG, Beschluss v. 26.2.2008, 2 BvR 392/07, NJW 2008, S. 1137/1138.

734 Das in der bisher einmaligen Entscheidung des Bundesverfassungsgerichts, in der es den Gesetzgeber aufgrund des überragend hohen Rechtsgutes Leben, bei dem keine Experimente zulässig seien, verpflichtete, die heutigen § 218 f. StGB extensiv zu novellieren, klarstellend BVerfG, Urteil v. 25.2.1975, 1 BvF 1/74, 1 BvF 2/74, 1 BvF 3/74, 1 BvF 4/74, 1 BvF 5/74, 1 BvF 6/74, BVerfGE 39, S. 1/46 f., 60, 68. Das ebenso klarstellend und die Entscheidung des Bundesverfassungsgerichts und Art. 26 Abs. 1 GG als Ausnahmen nennend, die hier nicht einschlägig sind, *Roxin*, Strafrecht Allgemeiner Teil I, S. 43 f.

735 So z. B. *Baumann/Arzt*, ZHR 1970, S. 27 f.; *Biermann*, ZWeR 2007, S. 12 f.; *Säcker*, WuW 2009, S. 3.

736 So z. B. *Bräunig*, HRRS 2011, S. 433 f.; *Dreher*, WuW 2011, S. 243 f.; *Kartte/Portarius*, BB 1975, S. 1170 f.

737 Monopolkommission, Strafrechtliche Sanktionen bei Kartellverstößen, S. 65 f. Vgl. auch Monopolkommission, Hauptgutachten XX: Eine Wettbewerbsordnung für die Finanzmärkte, S. 112 f.

aufgrund eines eingeholten Berichts ihres Strafrechtsausschusses[738] gegen[739] einen neuen Kartellstraftatbestand ausgesprochen.

Für die Ausgestaltung eines jeweils neuen Kartellstraftatbestands werden ebenfalls seit jeher unterschiedliche Vorschläge gemacht[740], auch von der Monopolkommission[741] und dem Strafrechtsausschuss der Justizministerkonferenz[742].

Daher sind im Folgenden das rechtspolitische Für und Wider sowie die Ausgestaltung eines neuen Kartellstraftatbestands zu erörtern. Aufgrund der besonderen Legitimation der Gutachten der Monopolkommission und des Berichts des Strafrechtsausschusses der Justizministerkonferenz gemäß § 44 Abs. 1 GWB[743] beziehungsweise Art. 20 Abs. 2 GG[744] müssen dabei, soweit vorhanden, insbesondere auch die teils sehr gegenteiligen Standpunkte und Vorschläge der Monopolkommission und des Strafrechtsausschusses gegenübergestellt und beurteilt werden.

Der Bericht des Strafrechtsausschusses der Justizministerkonferenz wurde, wie alle seine Berichte, nicht vollständig veröffentlicht. Dennoch wurden seine zentralen Überlegungen vom Berichtsleiter des Strafrechtsausschusses mit dessen Genehmigung in ausreichender Weise vorgestellt[745], sodass hierauf verwiesen werden kann.

---

738 Strafrechtsausschuss der Justizministerkonferenz, Strafbarkeit von Kartellverstößen, S. 1 f., vorgestellt durch *Hombrecher*, NZKart 2017, S. 145 f.

739 Justizministerkonferenz, Strafbarkeit von Kartellverstößen, S. 1.

740 So z. B. der Vorschlag der Sachverständigenkommission zur Bekämpfung der Wirtschaftskriminalität aus dem Jahr 1975, vgl. Bundesministerium der Justiz, Tagungsberichte der Sachverständigenkommission zur Bekämpfung der Wirtschaftskriminalität, S. 66 f.

741 Monopolkommission, Strafrechtliche Sanktionen bei Kartellverstößen, S. 67 f.; Monopolkommission, Hauptgutachten XX: Eine Wettbewerbsordnung für die Finanzmärkte, S. 102 f.

742 Strafrechtsausschuss der Justizministerkonferenz, Strafbarkeit von Kartellverstößen, S. 16 f., vorgestellt durch *Hombrecher*, NZKart 2017, S. 146 f.

743 Zu der Aufgabe der Monopolkommission, entsprechende Gutachten zu erstellen, Immenga/Mestmäcker/*Thomas*, § 44 GWB, Rn 1 f.

744 Zu dieser Legitimation im Allgemeinen Sachs/*Sachs*, Art. 20 GG, Rn. 35 f.

745 Vgl. *Hombrecher*, NZKart 2017, S. 143 f.

I. Für und Wider eines neuen Kartellstraftatbestands

Ein neuer Kartellstraftatbestand sollte gerechtfertigter Weise nur dann normiert werden, wenn sich für ihn jedenfalls die entscheidenden Aspekte des rechtspolitischen Für und Wider anführen lassen.

1. Bisherige Erkenntnisse

Für einen solchen Straftatbestand sprechen zunächst folgende der bisherigen Erkenntnisse dieser Untersuchung.

Sie hat ergeben, dass gute Gründe dafür bestehen, nur auf einem Hardcore-Kartell fundierende Angebotsabgaben als einer Strafe würdig und bedürftig zu beurteilen. Die Gründe, aufgrund derer nach hiesiger Einschätzung die Strafwürdigkeit und Strafbedürftigkeit bejaht werden, sollten vom Gesetzgeber als gewichtige Aspekte berücksichtigt werden.[746]

Zudem hat die Untersuchung gezeigt, dass sich zwar derjenige, der ein auf einem Hardcore-Kartell beruhendes Angebot bei bestimmten vergaberechtlichen Vergabeverfahren abgibt – jedenfalls gemäß § 298 StGB – strafbar machen kann. Sie hat jedoch auch ergeben, dass sich derjenige, der ein solches Angebot außerhalb von vergaberechtlichen Vergabeverfahren abgibt, wohl nur häufig, aber nicht immer – wegen Betrugs gemäß § 263 StGB – strafbar machen kann. Aufgrund der Charakterisierung jener Verhaltensweise als strafwürdig und strafbedürftig dürfte somit eine gebotener Weise durch einen neuen Kartellstraftatbestand zu schließende Strafbarkeitslücke bestehen.

Die bisherige Untersuchung hat auch gezeigt, dass die Begründung und der Nachweis jeder aufgezeigten Betrugsstrafbarkeit einen hohen Aufwand erfordern. Aufgrund der Einschätzung, nach der eine auf einem Hardcore-Kartell fundierende Angebotsabgabe aber einer Strafe würdig und bedürftig sein dürfte, sollte ein solcher hoher Aufwand durch einen entsprechenden neuen Kartellstraftatbestand minimiert werden.

2. Internationale Tendenz

Die Monopolkommission ist auch auf eine Auswahl älterer und neuerer Kartellstraftatbestände im Ausland eingegangen.[747] Denn für einen neuen

---

746 So im Allgemeinen auch *Roxin*, Strafrecht Allgemeiner Teil I, S. 43, nach dem entsprechende Postulate den Gesetzgeber zwar nicht zwingen, aber er solche Postulate jedenfalls beachten muss.

747 Monopolkommission, Hauptgutachten XX: Eine Wettbewerbsordnung für die Finanzmärkte, S. 101 f.

Kartellstraftatbestand wird eine entsprechende internationale Tendenz angeführt.[748]

Für einen solchen Straftatbestand dürfte sich allein eine entsprechende internationale Tendenz jedoch mangels entsprechender Aussagekraft noch nicht heranziehen lassen. Dafür könnten sich aber mit der internationalen Tendenz verbundene Folgen anführen lassen. Früher wurde gegen einen neuen Kartellstraftatbestand noch vorgebracht, dass sich Deutschland mit einem solchen Straftatbestand von der Rechtsentwicklung anderer Staaten und insbesondere denen der heutigen Europäischen Union isolieren würde.[749] Zudem wurde vorgebracht, dass eine solche potentielle Strafbewehrung wirtschaftlich tätiger Personen zu einem Standortnachteil Deutschlands gegenüber diesen Staaten führen würde.[750] Eine solche Isolation und ein damit einhergehender Standortnachteil Deutschlands gegenüber jenen Staaten dürfte durch einen neuen Kartellstraftatbestands heute jedenfalls nicht mehr vorliegen.[751] Denn in den letzten Jahren haben weltweit und auch in der Europäischen Union zahlreiche Staaten einen entsprechenden Straftatbestand normiert. Als Beispiele unter vielen sei für die Europäische Union der neue Kartellstraftatbestand in Griechenland seit dem Jahr 2011 und für die weltweite Staatengemeinschaft der neue Kartellstraftatbestand in Australien seit dem Jahr 2010 genannt.[752] Vor dem Hintergrund spricht für einen neuen Kartellstraftatbestand heute, dass Deutschland sich ohne einen solchen von der vergangenen und künftigen Rechtsentwicklung anderer Staaten und insbesondere denen der Europäischen Union isolieren könnte.[753] Zudem lässt sich ohne einen neuen Kartellstraftatbestand ein Standortnachteil Deutschlands gegenüber diesen Staaten plausibilisieren, da ohne einen solchen der Eindruck erweckt werden könnte, der freie Wettbewerb würde in Deutschland weniger geschützt als in anderen Staaten.

Die aufgezeigten mit der internationalen Tendenz verbundenen Folgen werden schließlich auch noch durch die Forderung der Organisation für wirtschaftliche Zusammenarbeit und Entwicklung nach Kartellstraftatbeständen[754]

748 So z. B. *Biermann*, ZWeR 2007, S. 1; *Dannecker*, FS Tiedemann, S. 791.

749 So berichtet *Wagner-von Papp*, WuW 2010, S. 281.

750 *Benisch*, protokolliert durch Ständige Deputation des Deutschen Juristentages, Verhandlungen des Neunundvierzigsten Deutschen Juristentages, Band II, Teil M, S. 137.

751 So auch *Wagner-von Papp*, WuW 2010, S. 281.

752 Eine Übersicht aller Staaten mit Kartellstraftatbeständen und kurzen Erläuterungen findet sich bei *Shaffer/Nesbitt/Waller*, Comparative Competition Law, S. 301 f.

753 So auch *Wagner-von Papp*, WuW 2010, S. 281.

754 OECD, Hard Core Cartels: Recent Progress and Challenges Ahead, S. 46.

verstärkt. Denn ihr Einfluss auf die Strafgesetzgebung einzelner Staaten und insbesondere jener der Europäischen Union sollte, wie sich bei der Novellierung des Korruptionsstrafrechts gezeigt hat[755], nicht unterschätzt werden.[756]

Nach hiesiger Auffassung sprechen daher jene Folgen für einen neuen Kartellstraftatbestand.

3. Gesamtwirtschaftliche Schäden

Als Grund für einen solchen Straftatbestand nennt die Monopolkommission auch gesamtwirtschaftliche Schäden durch Hardcore-Kartelle.[757] Dem scheint wohl auch der Strafrechtsausschuss der Justizministerkonferenz nicht zu widersprechen.[758]

Für einen solchen Straftatbestand lassen sich möglicherweise konkretere Angaben zu solchen Schäden heranziehen. Hardcore-Kartelle verursachen zunächst beachtliche Vermögensschäden für Betriebswirtschaften und Endverbraucher. Wie hoch dabei die gesamten Schäden von Betrieben und Verbrauchern durch derart kartellbetroffene Angebotsabgaben aufgrund der regelmäßigen Preissteigerungen von durchschnittlich 30 %[759] sind, kann aber freilich nur geschätzt werden. Entsprechende ökonomische Untersuchungen sind nur für die Europäische Union, nicht jedoch für Deutschland vorhanden. Allein die Umsetzung unionsweiter Hardcore-Kartelle soll insgesamt Vermögensschäden von 13 bis 37 Milliarden Euro jährlich verursachen. Berücksichtigt man auch die Umsetzungen von auf einen Mitgliedsstaat der Europäischen Union begrenzte Hardcore-Kartelle, so sollen die in der Europäischen Union dadurch verursachten Vermögensschäden insgesamt 25 bis 69 Milliarden Euro jährlich betragen.[760] Jedenfalls werden naturgemäß auch in Deutschland die durch die Umsetzung von Hardcore-Kartellen verursachten Vermögensschäden

755 Vgl. *Wolf*, Der Beitrag internationaler und supranationaler Organisationen zur Korruptionsbekämpfung in den Mitgliedstaaten, S. 96 f.

756 Darauf hinweisend auch *Biermann*, ZWeR 2007, S. 12.

757 Monopolkommission, Hauptgutachten XX: Eine Wettbewerbsordnung für die Finanzmärkte, S. 100.

758 So der Berichtsleiter des Strafrechtsausschusses, vgl. *Hombrecher*, NZKart 2017, S. 145.

759 Das ergeben einschlägige Studien. Eine Zusammenfassung der Studien findet sich bei *Hüschelrath/Scheitzer*, Schadensermittlung und Schadensersatz bei Hardcore-Kartellen, S. 20.

760 Europäische Kommission, White Paper on damages actions for breach of the EC antitrust rules, S. 14 f.

insgesamt weitaus höher sein, wenn sie unabhängig von vergaberechtlichen Vergabeverfahren betrachtet werden.[761]

Hardcore-Kartelle verursachen aber auch beachtliche volkswirtschaftliche Schäden. Denn durch das einheitliche Festsetzen von Preisen, Festlegen von Produktionsbeschränkungen und Aufteilen von Absatzgebieten oder Kundengruppen durch Wettbewerber[762] steigen nicht nur regelmäßig die Preise. Auch das Angebot wird mengenmäßig verringert. Das dürfte zu einem ineffizienten Zustand führen, weil nur ein Teil der aus Verbrauchern und Unternehmer bestehenden Marktgegenseite die feilgebotenen Waren oder Dienstleistungen erwerben und von ihnen profitieren kann. Die Varianten eines Hardcore-Kartells verringern zudem die Innovationskraft der Kartellanten, da aufgrund jeder der genannten Varianten eine geringere wirtschaftliche Notwendigkeit und somit ein niedrigerer Anreiz zur Innovation vorhanden ist. Auch das dürfte zu einem ineffizienten Zustand führen, weil sowohl Verbraucher als auch Unternehmer nicht von qualitativ besseren Angeboten profitieren können.[763]

Wie bereits erwähnt hat die offene Marktwirtschaft mit freiem Wettbewerb ihre Überlegenheit gegenüber zentralen Marktwirtschaften bewiesen.[764] Daher bewirkt der freie Wettbewerb wohl die höchstmögliche ökonomische Leistungsfähigkeit bei größtmöglicher wirtschaftlicher Betätigungsfreiheit.[765] Auch deshalb ist die Verletzung des freien Wettbewerbs durch Hardcore-Kartelle für die Gesamtwirtschaft schädlich.[766]

Nach hiesiger Ansicht sprechen daher jene Angaben für einen neuen Kartellstraftatbestand.

4. Kohärenz

Für einen neuen Straftatbestand für auf einem Hardcore-Kartell beruhende Angebotsabgaben könnten sich auch gegenwärtige Inkohärenzen im

---

761 So wohl auch *Wagner-von Papp*, WuW 2010, S. 277.

762 Die Varianten eines Hardcore-Kartells, vgl. Entwurf eines Achten Gesetzes zur Änderung des Gesetzes gegen Wettbewerbsbeschränkungen, BT-Drucks. 17/9852, S. 34; Bundeskartellamt, Wettbewerbsaufsicht in Deutschland, S. 2; *Bräunig*, HRRS 2011, S. 426; *Kling/Thomas*, Kartellrecht, S. 88; *Wagner-von Papp*, WuW 2010, S. 278.

763 Zu den einschlägigen Studien hierzu vgl. *Hüschelrath/Scheitzer*, Schadensermittlung und Schadensersatz bei Hardcore-Kartellen, S. 21 f.

764 So im Jahre 1975 schon *Schlecht*, Wettbewerb als Aufgabe, S. 6. Die Erkenntnis gilt heute noch mehr.

765 *Tiedemann*, FS Müller-Dietz, S. 910.

766 *Dannecker*, FS Tiedemann, S. 794.

Wettbewerbsstrafrecht anführen lassen. Solche Inkohärenzen werden von der Monopolkommission[767] und dem Strafrechtsausschuss der Justizministerkonferenz[768] erkannt.

Schon vor Inkrafttreten von § 298 StGB im Jahr 1997 war eine entsprechende Inkohärenz zu beobachten und als nicht nachvollziehbar empfunden worden.[769] Denn Verstöße gegen den unlauteren Wettbewerb sind zum Teil schon seit dem 19. Jahrhundert strafbewehrt, wie zum Beispiel als Strafbare Werbung gemäß § 16 UWG.[770] Verstöße gegen den freien Wettbewerb als solchen stellten hingegen vor Inkrafttreten von § 298 StGB lediglich Ordnungswidrigkeiten dar.[771] Vor dem Hintergrund, dass der freie Wettbewerb Voraussetzung dafür ist, sich in ihm lauter oder unlauter verhalten zu können[772], kann diese gesetzgeberische Entscheidung durchaus als wenig nachvollziehbar kritisiert werden. Die Erkenntnis führte der Gesetzgeber auch schon als Grund für die Normierung von § 298 StGB an. So stellte er fest, dass die auf einem Kartellverbotsverstoß basierenden Angebotsabgaben bei einigen vergaberechtlichen Vergabeverfahren in ihrer Unwertigkeit nicht hinter den bereits strafbewehrten Verhaltensweisen gegen den unlauteren Wettbewerb zurückständen.[773] Das Gleiche sollte dann konsequenterweise auch für auf einem Hardcore-Kartell beruhende Angebotsabgaben außerhalb solcher Vergabeverfahren gelten.[774]

Seit dem Inkrafttreten von § 298 StGB kann damit im Wettbewerbsstrafrecht eine weitere Inkohärenz beobachtet werden, die nach hiesiger Ansicht spätestens mit dem Ergebnis der vorangegangenen Analyse wenig nachzuvollziehen ist. Dass gemäß § 298 StGB von Anfang an nur auf einem Kartellverbotsverstoß basierende Angebotsabgaben bei einigen vergaberechtlichen Vergabeverfahren, nicht aber auf einem Hardcore-Kartell beruhende Angebotsabgaben außerhalb

767 Monopolkommission, Hauptgutachten XX: Eine Wettbewerbsordnung für die Finanzmärkte, S. 88, 99 f.

768 So zumindest der Berichtsleiter des Strafrechtsausschusses, vgl. *Hombrecher*, NZKart 2017, S. 143.

769 *Baumann/Arzt*, ZHR 1970, S. 29.

770 Zu den Straftatbeständen des UWG und deren Historie vgl. Leitner/Rosenau/*Reinbacher*, § 16–20 UWG, jeweils Rn. 1 f.

771 Zur Historie vgl. Immenga/Mestmäcker/*Dannecker/Biermann*, Vorbemerkungen vor § 81, Rn. 1 f.

772 Vgl. *Peifer*, Lauterkeitsrecht, S. 6 f.

773 Vgl. Entwurf eines Gesetzes zur Bekämpfung der Korruption, BT-Drucks. 13/5584, S. 13.

774 Für Hardcore-Kartelle als solche so auch *Wagner-von Papp*, WuW 2010, S. 277.

von Vergabeverfahren strafbewehrt sein sollten[775], hat vor allem[776] historische Gründe. Der Normierung von § 298 StGB vorausgegangen waren Diskussionen und Rechtsprechungsänderungen zur Strafbarkeit von auf einem Kartellverbotsverstoß fundierenden Angebotsabgaben bei gerade jenen Vergabeverfahren, aber auch eben nur bei ihnen, als Betrug, § 263 StGB.[777] Von daher wurden auch nur solche Angebotsabgaben als „betrugsnah" angesehen. Mit dieser „Betrugsnähe"[778] und dem Begründung- und Nachweisaufwand des Vermögensschadens im Sinne von § 263 Abs. 1 StGB[779] begründete der Gesetzgeber die Regelung § 298 StGB. Die vorangegangene Analyse zur Strafbarkeit von auf einem Hardcore-Kartell beruhenden Angebotsabgaben außerhalb von Vergabeverfahren hat jedoch gezeigt, dass auch für sie eine Betrugsnähe und der Begründungs- und Nachweisaufwand des Vermögensschadens im Sinne von § 263 Abs. 1 StGB gelten kann. Daher dürfte es nicht gerechtfertigt sein, solche Angebotsabgaben von § 298 StGB herauszunehmen. Auch vor dem Hintergrund der anderen gesetzgeberischen Begründung ist die Beschränkung auf jene Vergabeverfahren nach der hier vertretenen Auffassung wenig nachvollziehbar. Die vom Gesetzgeber angeführte Wiederholungsgefahr von auf einem Kartellverbotsverstoß basierenden Angebotsabgaben bei jenen Vergabeverfahren[780] ist wohl nicht auf solche Verfahren beschränkt. Denn wie erwähnt werden Hardcore-Kartelle regelmäßig für vertretbare Waren oder Dienstleistungen, wie zum Beispiel Zucker[781], gebildet.[782] Den hierauf beruhenden Angebotsabgaben ist eine Wiederholungsgefahr demnach immanent. Da die öffentliche Hand zu vergaberechtlichen Vergabeverfahren nach haushaltsrechtlichen und europarechtlichen Vorgaben verpflichtet

775 Zur Entstehungsgeschichte *Grützner*, Die Sanktionierung von Submissionsabsprachen, S. 359 f.

776 Wie bereits erwähnt sollten dem Gesetzgeber zufolge mit § 298 StGB auch nicht die vergaberechtlichen Vergabeverfahren an sich, sondern der freie Wettbewerb und dadurch auch das Vermögens des Veranstalters solcher Vergabeverfahren und möglicher Mitwettbewerber geschützt werden, vgl. Entwurf eines Gesetzes zur Bekämpfung der Korruption, BT-Drucks. 13/5584, S. 13.

777 Hierzu Immenga/Mestmäcker/*Dannecker/Biermann*, Vorbemerkungen vor § 81, Rn. 1 f.

778 So berichtet z. B. *Immenga*, NZKart 2016, S. 201.

779 Vgl. Entwurf eines Gesetzes zur Bekämpfung der Korruption, BT-Drucks. 13/5584, S. 13.

780 Vgl. Entwurf eines Gesetzes zur Bekämpfung der Korruption, BT-Drucks. 13/5584, S. 13.

781 Vgl. Bericht des Bundeskartellamtes über seine Tätigkeit in den Jahren 2013/2014 sowie über die Lage und Entwicklung auf seinem Aufgabengebiet und Stellungnahme der Bundesregierung, BT-Drucks. 18/5210, S. 50.

782 Vgl. *Lenel*, Die Konzentration in der Wirtschaft, S. 224 f.

ist[783] und Privaten die Vergabeverfahren lediglich offenstehen, kann sich der Gesetzgeber vorwerfen lassen, sein eigenes Vermögen als schutzwürdiger als das Vermögen anderer anzusehen.

Nach hier vertretener Ansicht sprechen daher jene Inkohärenzen für einen solchen Straftatbestand.

5. Prinzipal-Agent-Problem

Für einen neuen Kartellstraftatbestand ließe sich vielleicht auch eine damit verbundene Lösung des sogenannten Prinzipal-Agent-Problems anführen. Den Standpunkt vertritt die Monopolkommission.[784] Der Strafrechtsausschuss der Justizministerkonferenz hält hingegen schon das Vorhandensein des Problems für relativierbar.[785]

Beim sogenannten Prinzipal-Agent-Problem wird davon ausgegangen, dass von den Verwaltungsbehörden, insbesondere dem Bundeskartellamt[786], bei Hardcore-Kartellen hauptsächlich die Unternehmen und Unternehmensvereinigungen im Sinne von Art. 101 Abs. 1 AEUV und § 1 GWB und nicht die entsprechend § 9 OWiG für sie bei dem Hardcore-Kartell handelnden und die im Sinne von § 14 OWiG bei ihm sich beteiligenden Personen mit Geldbußen geahndet werden.[787] Wenn entsprechende Verhaltensweisen für jene Personen folgenlos blieben, wäre das vor dem Hintergrund, dass gerade sie für das Hardcore-Kartell maßgeblich verantwortlich sind, widersprüchlich[788] und mit den präventiven und repressiven Zielen der Ahndung mit einer Geldbuße bei Hardcore-Kartellen kaum vereinbar[789].

Der Strafrechtsausschuss der Justizministerkonferenz hält hingegen das Vorhandensein des Problems mit Verweis auf die Angaben des Bundeskartellamts zu der Anzahl der in den letzten Jahren bebußten natürlichen Personen für

783 Leitner/Rosenau/*Greeve*, § 298 StGB, Rn. 11 f.

784 Monopolkommission, Strafrechtliche Sanktionen bei Kartellverstößen, S. 65 f.; Monopolkommission, Hauptgutachten XX: Eine Wettbewerbsordnung für die Finanzmärkte, S. 96 f., 99.

785 Strafrechtsausschuss der Justizministerkonferenz, Strafbarkeit von Kartellverstößen, S. 9 f., vorgestellt durch *Hombrecher*, NZKart 2017, S. 145.

786 Zu den Zuständigkeiten eingehend Loewenheim/Meessen/Riesenkampff/Kersting/*Meyer-Lindemann*, § 81 GWB, Rn. 166.

787 Vgl. *Hombrecher*, NZKart 2017, S. 144.

788 Monopolkommission, Hauptgutachten XX: Eine Wettbewerbsordnung für die Finanzmärkte, S. 99.

789 *Biermann*, ZWeR 2007, S. 16.

relativierbar.[790] Die Angaben des Bundeskartellamts sind zwar nur für sämtliche Kartellverbotsverstöße verfügbar. Die Praxis bei den Verstößen dürfte jedoch bei ausschließlicher Betrachtung von Hardcore-Kartellen nicht divergieren. Aus den Angaben ergibt sich jedoch, dass der vom Strafrechtsausschuss angeführten Relativierbarkeit nicht zugestimmt werden sollte. Zwar ist es beispielsweise für die Jahre 2013 bis 2015 zutreffend, dass in den Jahren insgesamt 157 (2013: 52, 2 014: 81, 2015: 24) natürliche Personen für Kartellverbotsverstöße mit Geldbußen geahndet wurden. In den Jahren wurden aber auch insgesamt 182 (2013: 54, 201 4: 83, 2015: 45) Unternehmen für Kartellverbotsverstöße bebußt.[791] Schon diese Zahlen zeigen, dass das Vorhandensein des Prinzipal-Agent-Problems nicht relativiert werden sollte. Denn in jedem Unternehmen und in jeder Unternehmensvereinigung dürften für natürliche Personen verschiedene Handlungs- und Beteiligungsmöglichkeiten im Sinne von §§ 9, 14 OWiG in Betracht kommen.[792] Zudem ergab eine Studie, dass Kartellverbotsverstöße über einen Zeitraum von durchschnittlich mehr als acht Jahren praktiziert werden[793], sodass solche verschiedenen Handlungs- und Beteiligungsmöglichkeiten immer wieder auch für weitere natürliche Personen in Betracht kommen. Dass das Vorhandensein des Prinzipal-Agent-Problems aufgrund einer dementsprechenden Vielzahl natürlicher Personen nicht relativiert werden sollte, gilt umso mehr, als die Europäische Kommission die für die Unternehmen und Unternehmensvereinigungen bei Hardcore-Kartellen handelnden natürlichen Personen gar nicht mit einer Geldbuße ahnden kann[794].

Darüber hinaus dürfte die Ahndbarkeit mit einer Geldbuße für solche Personen oftmals auch deshalb folgenlos bleiben, weil die Geldbußen im Ergebnis von Dritten getragen werden. Zum einen werden die Geldbußen durchaus von den Unternehmen und Unternehmensvereinigungen offen oder verdeckt übernommen.[795] Eine solche schwer nachweisbare verdeckte Übernahme kann

---

790 Strafrechtsausschuss der Justizministerkonferenz, Strafbarkeit von Kartellverstößen, S. 9 f., vorgestellt durch *Hombrecher*, NZKart 2017, S. 145 f.

791 Die Zahlen ergeben sich aus Bundeskartellamt, Jahresbericht 2013, S. 36; Bundeskartellamt, Jahresbericht 2014, S. 36; Bundeskartellamt, Jahresbericht 2015, S. 36.

792 Eingehend hierzu *Dreher/Kulka*, Wettbewerbs- und Kartellrecht, S. 714 f.

793 Die Studie erfolgte für Kartellverbotsverstöße in Mitgliedsstaaten der Europäischen Union in den letzten Jahrzehnten, vgl. *Smuda*, Journal of Competition Law & Economics 2014, S. 69 f.

794 *Emmerich/Lange*, Kartellrecht, S. 127.

795 Das für Deutschland berichtend OECD, OECD-Wirtschaftsberichte: Deutschland 2002, S. 135.

beispielsweise durch eine vorherige oder nachträgliche Gehaltserhöhung oder eine vorherige oder nachträgliche geldwerte Zusatzleistung erfolgen.[796] Zum anderen werden Geldbußen von Versicherungen je nach Ausgestaltung sogenannter Directors-and-Officers-Versicherungen übernommen.[797] Die Übernahme von Geldbußen durch Unternehmen und Unternehmensvereinigungen sowie Versicherungen ist grundsätzlich auch unter zivilrechtlichen und strafrechtlichen Aspekten bei Beachtung üblicher unternehmerischer Entscheidungsregeln und gegebenenfalls weiterer Besonderheiten zulässig.[798]

Das aufgezeigte Prinzipal-Agent-Problem kann mit einem neuen Kartellstraftatbestand weitestgehend gelöst werden. Denn dann müssten Ermittlungen und Anklagen gegen die Individualpersonen eingeleitet beziehungsweise erhoben werden. Das ergibt sich dann aus der Geltung des Legalitätsprinzips, § 152 Abs. 2 StPO, statt des bloßen Opportunitätsprinzips, § 47 Abs. 1 S. 1 OWiG.[799] Zwar kann nach dem oben Gesagten auch eine Geldstrafe letztendlich von Dritten getragen werden. Eine Freiheitsstrafe und der mit ihr und der Geldstrafe verbundene nachdrückliche und stark stigmatisierende Vorwurf[800], der, wie bereits beschrieben, für im freien Wettbewerb wirtschaftlich tätige Personen besonders nachteilig ist, können aber jedenfalls naturgemäß nicht übernommen werden[801]. Schließlich könnte zwar auch ein für ein Absehen von der Verfolgung zu zahlender Geldbetrag, § 153a Abs. 1 Nr. 1 StPO, im Ergebnis von Dritten getragen werden. Insbesondere aufgrund der im Rahmen der Strafwürdigkeit von Kartellen und kartellbetroffener Angebotsabgaben dargestellten Erkenntnisse kann aber bezweifelt werden, ob die Staatsanwaltschaften und Gerichte von der Verfolgung unter Zahlung eines Geldbetrags absehen werden. Aufgrund jener Erkenntnisse dürften die Staatsanwaltschaften und Gerichte wohl kaum zu der Ansicht gelangen, dass ein zu zahlender Geldbetrag geeignet sei, das öffentliche Interesse an der Strafverfolgung zu beseitigen, und/oder dass die Schwere der Schuld nicht entgegenstehe, § 153a Abs. 1 StPO.

---

796 Monopolkommission, Hauptgutachten XX: Eine Wettbewerbsordnung für die Finanzmärkte, S. 96.

797 Hierzu Müller/Schlothauer/*Scharf*, § 43, Rn. 21 f.

798 Zu diesen rechtlichen Aspekten eingehend Müller/Schlothauer/*Scharf*, § 43, Rn. 13 f.

799 Das erkennt auch der Berichtsleiter des Strafrechtsausschusses, vgl. *Hombrecher*, NZKart 2017, S. 144.

800 *Stein*, Wirtschaftskriminalität und Wirtschaftsstrafrecht in einem Europa auf dem Weg zu Demokratie und Privatisierung, S. 73.

801 Für die Freiheitsstrafe so auch *Biermann*, ZWeR 2007, S. 17. Für den stigmatisierenden Vorwurf so auch *Wagner-von Papp*, WuW 2010, S. 272.

Unabhängig von diesen nicht justiziablen Voraussetzungen[802] gilt es ohnehin der auch durch solches Absehen von der Verfolgung zunehmenden Aushöhlung des Legalitätsprinzips, § 152 Abs. 2 StPO[803], entgegenzuwirken[804].

Daher lässt es sich rechtfertigen, für einen neuen Kartellstraftatbestand die Lösung des Prinzipal-Agent-Problems anzuführen.

6. Überregulierungsgefahr

Gegen einen solchen Straftatbestand spricht eventuell eine Gefahr negativer Konsequenzen durch Überregulierung.[805] Die Monopolkommission tritt einer solchen Argumentation entgegen.[806]

Zwar ist es durchaus vorstellbar, dass mit einer Strafbewehrung bei den genannten sonstigen Kartellfallgruppen negative Konsequenzen für den freien Wettbewerb und das Vermögen der jeweiligen Marktgegenseite einhergehen. Denn aufgrund einer dann komplexen Beurteilung erlaubter und strafbewehrter sonstiger Kartellfallgruppen[807] könnte auch von den eingangs für den freien Wettbewerb[808] und das Vermögen[809] beschriebenen erlaubten und förderlichen Verhaltensweisen abgesehen werden.[810]

Das Gesagte lässt sich aber eher nicht auf eine Strafbarkeit bei Hardcore-Kartellen übertragen. Denn wie eingangs angedeutet gäbe es hierbei keine komplexe Beurteilung von erlaubten und strafbaren Verhaltensweisen[811] sowie für

---

802 SK-StPO/*Weßlau/Deiters*, § 153a, Rn. 28.

803 SK-StPO/*Weßlau/Deiters*, Vor §§ 151 ff., Rn. 9 m. w. N.

804 Für die Abschaffung des § 153a StPO, neben der Einführung kompensatorischer gesetzgeberischer Maßnahmen, *Deiters*, GA 2015, S. 371 f.

805 So etwa *Bräunig*, HRRS 2011, S. 434.

806 Monopolkommission, Hauptgutachten XX: Eine Wettbewerbsordnung für die Finanzmärkte, S. 87.

807 Zu jener komplexen Beurteilung vgl. Streinz/*Eilmannsberger/Kruis*, Art. 101 AEUV, Rn. 273.

808 Zu den für den freien Wettbewerb förderlichen Verhaltensweisen der sonstigen Kartellfallgruppen vgl. *Schmidt/Haucap*, Wettbewerbspolitik und Kartellrecht, S. 157, 159.

809 Zu den für das Vermögen förderlichen Verhaltensweisen der sonstigen Kartellfallgruppen vgl. *Kling/Thomas*, Kartellrecht, S. 88 f.; *Bunte/Stancke*, Kartellrecht, S. 145 f.

810 So auch *Achenbach*, FS Kühl, S. 658 f.

811 Zur allgemeinen Tatbestandsmäßigkeit und fehlenden Freistellungsfähigkeit von Hardcore-Kartellen vgl. i. E. Europäische Kommission, Guidance on restrictions of competition, S. 5 f.; *Bunte/Stancke*, Kartellrecht, S. 142; *Kling/Thomas*, Kartellrecht, S. 88; Saenger/Aderhold/Lenkaitis/Speckmann/*Lotze*, § 12, Rn. 114; Schulte/Just/*de Bronett*, Art. 101 AEUV, Rn. 94. *Weitbrecht*, EuZW 2002, S. 583.

den freien Wettbewerb[812] und das Vermögen[813] förderliche Verhaltensweisen. Das dürfte verkannt werden, wenn gegen einen neuen nur Hardcore-Kartelle umfassenden Straftatbestand eine Gefahr negativer Konsequenzen durch Überregulierung angeführt wird[814].

7. Strafverfahrensumfang

Gegen einen solchen Straftatbestand könnte ein nachteiliger größerer Umfang der Strafverfahren sprechen. Den Standpunkt vertritt der Strafrechtsausschuss der Justizministerkonferenz.[815] Die Monopolkommission tritt einer solchen Argumentation vor allem durch den Vorschlag entsprechender gesetzgeberischer Gegenmaßnahmen - zu denen sogleich - entgegen.[816]

Der Strafrechtsausschuss kritisiert zum einen, dass mit einem neuen Kartellstraftatbestand aufgrund des dann geltenden Legalitätsprinzips, § 152 Abs. 2 StPO, keine Beschränkung des Ermittlungsverfahrens auf „wesentliche" beim Hardcore-Kartell handelnde und sich beteiligende Personen möglich sei. Das führe zu deutlich umfangreicheren Ermittlungsverfahren.[817]

Diese Kritik dürfte nicht berechtigt sein. Entsprechend den Ausführungen zum Prinzipal-Agent-Problem sollte eine solche Beschränkung ohnehin nicht geboten sein.[818] Zudem steigt der Umfang eines Ermittlungsverfahrens aufgrund des dem zugrunde liegenden gleichbleibenden Sachverhalts nicht proportional zu der Anzahl der Beschuldigten an.

Der Strafrechtsausschuss bemängelt zum anderen, dass mit einem neuen Kartellstraftatbestand die Beweisaufnahme im Hauptverfahren aufgrund des dann geltenden Strafprozessrechts deutlich umfangreicher werde. Das ergebe sich insbesondere aus den besonderen Ablehnungsgründen eines Beweisantrags im

---

812 Zu den für den freien Wettbewerb nicht förderlichen Verhaltensweisen der Hardcore-Kartelle vgl. *Schmidt/Haucap*, Wettbewerbspolitik und Kartellrecht, S. 150; *Homann/Kirchner*, Jahrbuch für Neue Politische Ökonomie 1995, S. 203.

813 Zu den für das Vermögen nicht förderlichen Verhaltensweisen der Hardcore-Kartelle vgl. die Zusammenfassung einschlägiger ökonomischer Studien bei *Hüschelrath/Scheitzer*, Schadensermittlung und Schadensersatz bei Hardcore-Kartellen, S. 20.

814 So aber *Bräunig*, HRRS 2011, S. 434.

815 Strafrechtsausschuss der Justizministerkonferenz, Strafbarkeit von Kartellverstößen, S. 11 f., 28 f., vorgestellt durch *Hombrecher*, NZKart 2017, S. 146.

816 Monopolkommission, Hauptgutachten XX: Eine Wettbewerbsordnung für die Finanzmärkte, S. 102 f.

817 So der Berichtsleiter des Strafrechtsausschusses, vgl. *Hombrecher*, NZKart 2017, S. 146.

818 Darauf hinweisend auch *Wagner-von Papp*, WuW 2010, S. 279.

Bußgeldverfahren nach §§ 77 Abs. 1 Nr. 1, 2 OWiG. Durch eine solche deutlich umfangreichere Beweisaufnahme werde dementsprechend auch das gesamte Hauptverfahren umfangreicher.[819]

Auch das dürfte kein Argument sein. Denn zunächst gilt beim Bußgeldverfahren im Hauptverfahren ohnehin grundsätzlich das Strafprozessrecht, § 71 Abs. 1 OWiG. Zudem sind, wie auch das Bundeskartellamt berichtet, die Ablehnungsgründe eines Beweisantrags nach §§ 77 Abs. 1 Nr. 1, 2 OWiG in der kartellgerichtlichen Praxis gegenwärtig nicht besonders relevant.[820] Denn die Ablehnung eines Beweisantrags wegen fehlender Erforderlichkeit, § 77 Abs. 1 Nr. 1 OWiG, ist nur gegen Ende der Hauptverhandlung möglich, wenn das Gericht den Sachverhalt aufgrund vorausgegangener Beweisaufnahme nach pflichtgemäßem Ermessen für geklärt hält.[821] Und die Ablehnung eines Beweisantrags wegen verspäteter Antragsstellung, § 77 Abs. 1 Nr. 2 OWiG, wird durch den Anspruch auf rechtliches Gehör, Art. 103 Abs. 1 GG, und durch das Willkürverbot aus Art. 3 Abs. 1 GG eingeschränkt.[822] Die Beweisaufnahme und das gesamte Hauptverfahren dürften daher, wenn überhaupt, in einem Kartellstrafverfahren gegenüber Kartellbußgeldverfahren nur marginal umfangreicher sein.[823]

Mit der vorangegangenen Kritik des Strafrechtsausschusses führt er gegen einen neuen Kartellstraftatbestand vor allem an, dass Staatsanwaltschaften und Gerichte zu sehr belastet werden würden.[824]

Auch dem sollte jedoch nicht gefolgt werden. Das lässt sich schon mit der vom Bundeskartellamt angegebenen Anzahl sämtlicher Kartelle, bei denen in den letzten Jahren Geldbußen verhängt wurden, rechtfertigen. Aufgrund der gegenwärtigen Priorität des Bundeskartellamts auf Hardcore-Kartelle[825] dürften sie bei den Angaben den größten Anteil ausmachen. So wurden beispielsweise in den Jahren 2013 bis 2015 für insgesamt nur 31 Kartelle (2013: 11, 2014: 9, 2015: 11) Geldbußen verhängt.[826] Aufgrund der eingangs plausibilisierten höheren

819 So der Berichtsleiter des Strafrechtsausschusses, vgl. *Hombrecher*, NZKart 2017, S. 146.
820 Bundeskartellamt, NZKart 2015, S. 11 f.
821 Blum/Gassner/Seith/*Krumm*, § 77, Rn. 28 f.
822 BVerfG, Beschluß v. 24.2.1992, 2 BvR 700/91, NJW 1992, S. 2811.
823 So auch *Dreher*, WuW 2011, S. 242, mit Verweis auf das einjährige Bußgeldverfahren im Zement-Kartell mit 36 Verhandlungstagen.
824 Vgl. *Hombrecher*, NZKart 2017, S. 146.
825 Vgl. Bundeskartellamt, Erfolgreiche Kartellverfolgung, S. 5.
826 Die Zahlen ergeben sich aus Bundeskartellamt, Jahresbericht 2013, S. 36; Bundeskartellamt, Jahresbericht 2014, S. 36; Bundeskartellamt, Jahresbericht 2015, S. 36.

Abschreckungswirkung der Strafbewehrung als der gegenwärtigen Ahndbarkeit mit einer Geldbuße bei Hardcore-Kartellen dürfte die Anzahl mit einem neuen Kartellstraftatbestand noch geringer sein. Schließlich käme es mit einem neuen Kartellstraftatbestand zu einer Verteilung der Strafverfahren auf die Staatsanwaltschaften und Gerichte im gesamten Bundesgebiet.[827] Es kann also wohl nicht davon ausgegangen werden, dass Staatsanwaltschaften und Gerichte mit einem neuen Kartellstraftatbestand zu sehr belastet werden würden. Und wenn dem doch so wäre, dann wäre es ausreichend und rechtsstaatlich geboten ein paar wenige Staatsanwälte und Richter mehr zu ernennen.[828]

Nach hiesiger Auffassung spricht der Umfang von Strafverfahren daher nicht gegen einen neuen Kartellstraftatbestand.

8. Fachwissen

Gegen einen solchen Straftatbestand lassen sich vielleicht aber kartellrechtliche Fachwissensvorteile der Verwaltungsbehörden, insbesondere des Bundeskartellamts, anführen. Auch den Standpunkt vertritt der Strafrechtsausschuss der Justizministerkonferenz.[829] Die Monopolkommission tritt auch einer solchen Argumentation vor allem durch den Vorschlag entsprechender gesetzgeberischer Gegenmaßnahmen - zu denen sogleich - entgegen.[830]

Das Bundeskartellamt mag gegenüber den Staatsanwaltschaften naturgemäß kartellrechtliche Fachwissensvorteile für die komplexe Beurteilung bei den Kartellverboten[831] verfügen. Sie dürften jedoch nicht so erheblich sein, dass von der Normierung eines neuen Kartellstraftatbestands abzusehen ist. Denn wie bereits angedeutet sollte aufgrund der Zweifel an der Vereinbarkeit von Art. 101 AEUV und §§ 1 f. GWB mit dem strafrechtlichen Bestimmtheitsgrundsatz aus Art. 103 Abs. 2 GG bei einem neuen Kartellstraftatbestand ohnehin nicht auf sie verwiesen werden. Da vielmehr die Hardcore-Kartelle autonom umschrieben werden müssten, bedarf es dann keines besonderen kartellrechtlichen Fachwissens.[832] Zudem hat sich die bisherige Zusammenarbeit

---

827 Das erkennt auch der Strafrechtsausschuss, vgl. *Hombrecher*, NZKart 2017, S. 146.

828 So auch *Wagner-von Papp*, WuW 2010, S. 279.

829 So der Berichtsleiter des Strafrechtsausschusses, vgl. *Hombrecher*, NZKart 2017, S. 146.

830 Monopolkommission, Hauptgutachten XX: Eine Wettbewerbsordnung für die Finanzmärkte, S. 87, 106 f.

831 Vgl. Streinz/*Eilmannsberger/Kruis*, Art. 101 AEUV, Rn. 273.

832 Monopolkommission, Hauptgutachten XX: Eine Wettbewerbsordnung für die Finanzmärkte, S. 87.

der Staatsanwaltschaften mit dem Bundeskartellamt bei § 298 StGB durchaus bewährt.[833] Nach § 82 S. 1 Nr. 1 GWB bleiben hierbei die Verwaltungsbehörden, insbesondere das Bundeskartellamt[834], für die Ahndung des Unternehmens oder der Unternehmensvereinigung mit einer Geldbuße, § 30 OWiG, zuständig. Dem Sinn und Zweck dieser Verfahrensaufteilung entsprechend können die Staatsanwaltschaften dadurch das Fachwissen und die Beweismittel der Verwaltungsbehörden gemäß §§ 161, 474 StPO nutzen.[835] Diese Zusammenarbeit soll nach Abschnitt 242 RiStBV[836] und nunmehr auch nach § 82 S. 3 GWB[837] frühestmöglich erfolgen. Schließlich sollte, selbst wenn ein kartellrechtlicher Wissensnachteil der Staatsanwaltschaften erheblich wäre, sich das entsprechende Fachwissen in einem Rechtsstaat, wie bei einigen neueren Straftatbeständen auch, angeeignet werden.

Somit bestehen gute Gründe dafür, dass sich gegen einen neuen Kartellstraftatbestand keine kartellrechtliche Fachwissensvorteile, insbesondere des Bundeskartellamts, anführen lassen.

9. Ergebnis

Nach hier vertretener Ansicht sprechen daher die entscheidenden Aspekte insgesamt für einen solchen Straftatbestand. Insbesondere wird der zentralen Kritik des Strafrechtsausschusses der Justizministerkonferenz nicht gefolgt.

II. Ausgestaltung eines neuen Kartellstraftatbestands

Daher ist nunmehr zu erörtern, wie ein solcher Straftatbestand und auf ihn bezogene weitere Rechtsnormen, beispielsweise ein besonders schwerer Fall, auszugestalten sind.

---

833 Das sieht auch der Gesetzgeber so, vgl. Entwurf eines Neunten Gesetzes zur Änderung des Gesetzes gegen Wettbewerbsbeschränkungen, BT-Drucks. 18/10207, S. 99.

834 Zu den Zuständigkeiten eingehend Loewenheim/Meessen/Riesenkampff/Kersting/*Meyer-Lindemann*, § 81 GWB, Rn. 166.

835 Vgl. Beschlußempfehlung und Bericht des Rechtsausschusses zum Entwurf eines Gesetzes zur Bekämpfung der Korruption, BT-Drucks. 13/8079 , S. 17.

836 Richtlinien für das Strafverfahren und das Bußgeldverfahren, BAnz. Nr. 208 v. 8.11.2007.

837 Vor Kurzem in Kraft getreten, vgl. hierzu Entwurf eines Neunten Gesetzes zur Änderung des Gesetzes gegen Wettbewerbsbeschränkungen, BT-Drucks. 18/10207, S. 30, 99.

1. Tatbestand

Seit Inkrafttreten von § 298 StGB im Jahr 1997 haben lediglich die Monopolkommission und der Strafrechtsausschuss der Justizministerkonferenz Vorschläge für einen neuen Kartellstraftatbestand gemacht. Die Vorschläge werden dargestellt und bewertet und sodann ein eigener Vorschlag gemacht. Für die Bewertung werden unter anderem auch die Erörterungen zur Strafwürdigkeit und Strafbedürftigkeit sowie zum Bestimmtheitsgrundsatz, Art. 103 Abs. 2 GG, berücksichtigt.

a) Bisherige Vorschläge und Kritik

Die beiden von der Monopolkommission und dem Strafrechtsausschuss der Justizministerkonferenz gemachten Vorschläge für einen solchen Straftatbestand lehnen sich an Vorschläge für einen Kartellstraftatbestand aus den 1970er Jahren an. Auf die Darstellung der Vorschläge aus den 1970er Jahren wird hier verzichtet.[838] Denn sie sind aufgrund ihrer Tatbestandsmerkmale der rechtswidrigen Ausführung schon nicht mehr mit der heutigen Dogmatik des Kartellrechts vereinbar. Im heutigen Kartellrecht gilt für die Freistellung vom Kartellverbot nämlich das eingangs beschriebene Prinzip der Legalausnahme statt der früheren Administrativausnahme[839].

Der im Jahr 2015 von der Monopolkommission gemachte Vorschlag für einen neuen Kartellstraftatbestand lautet wie folgt:

„Wer sich

1. als vertretungsberechtigtes Organ einer juristischen Person oder als Mitglied eines solchen Organs,
2. als vertretungsberechtigter Gesellschafter einer rechtsfähigen Personengesellschaft,
3. als gesetzlicher Vertreter oder

---

838 Für den von der Sachverständigenkommission zur Bekämpfung der Wirtschaftskriminalität im Jahr 1975 gemachten Vorschlag für einen Kartellstraftatbestand vgl. Bundesministerium der Justiz, Tagungsberichte der Sachverständigenkommission zur Bekämpfung der Wirtschaftskriminalität, S. 66 f. Für den vom Arbeitskreis Alternativ-Entwurf im Jahr 1977 gemachten Vorschlag für einen Kartellstraftatbestand, vgl. *Lampe/Lenckner/Stree/Tiedemann/Weber*, Alternativ-Entwurf eines Strafgesetzbuches BT, Straftaten gegen die Wirtschaft, S. 7

839 Zu den früheren Administrativausnahmen im Unionsrecht und im deutschen Recht vgl. Immenga/Mestmäcker/*Fuchs*, § 2 GWB, Rn. 2 f.

4. als Angestellter an Vereinbarungen zwischen Unternehmen, Beschlüssen von Unternehmensvereinigungen und aufeinander abgestimmten Verhaltensweisen im Sinne von Artikel 101 Absatz 1 AEUV oder § 1 GWB beteiligt, die
   a) die unmittelbare oder mittelbare Festsetzung der An- oder Verkaufspreise oder sonstiger Geschäftsbedingungen,
   b) die Einschränkung oder Kontrolle der Erzeugung, des Absatzes, der technischen Entwicklung oder der Investitionen oder
   c) die Aufteilung der Märkte oder Versorgungsquellen, bezwecken, wird mit Freiheitsstrafe bis zu fünf Jahren oder mit Geldstrafe bestraft."[840]

Der Strafrechtsausschuss der Justizministerkonferenz hat kurz darauf im Jahr 2016 ungeachtet seiner ablehnenden Haltung gegenüber einem neuen Kartellstraftatbestand einen ähnlichen Vorschlag für eine solchen Kartellstraftatbestand gemacht. Er lautet wie folgt:

„Wer sich an einer Vereinbarung zwischen miteinander im Wettbewerb stehenden Unternehmen oder an einem Beschluss einer Vereinigung solcher Unternehmen oder an einer zwischen solchen Unternehmen abgestimmten Verhaltensweise beteiligt, die

1. eine Abstimmung der An- und Verkaufspreise oder der preisbildenden Faktoren oder
2. eine Aufteilung der Märkte, der Absatzmenge, der Kunden oder Bezugsquellen bezweckt, wird mit Freiheitsstrafe bis zu fünf Jahren oder mit Geldstrafe bestraft."[841]

Die beiden von der Monopolkommission und dem Strafrechtsausschuss der Justizministerkonferenz gemachten Vorschläge für einen neuen Kartellstraftatbestand könnten aber im Einklang mit den Darstellungen der bisherigen Untersuchung abzulehnen sein.

Soweit sie auch sonstige Kartellfallgruppen, beispielsweise Vereinbarungen über die technische Entwicklung[842] im Vorschlag der Monopolkommission, und nicht nur Hardcore-Kartelle, also das Festsetzen von Preisen, Festlegen von Produktionsbeschränkungen oder Aufteilen von Absatzgebieten oder Kundengruppen durch Wettbewerber[843], erfassen, dürften sie schon aus den zur Strafwürdigkeit und Strafbedürftigkeit erläuterten Gründen zu weitgehend sein.

---

840 Monopolkommission, Strafrechtliche Sanktionen bei Kartellverstößen, S. 67 f.

841 Strafrechtsausschuss der Justizministerkonferenz, Strafbarkeit von Kartellverstößen, S. 16, vorgestellt durch *Hombrecher*, NZKart 2017, S. 147.

842 Zu denen *Kling/Thomas*, Kartellrecht, S. 91 f.

843 Entwurf eines Achten Gesetzes zur Änderung des Gesetzes gegen Wettbewerbsbeschränkungen, BT-Drucks. 17/9852, S. 34; Bundeskartellamt, Wettbewerbsaufsicht in Deutschland, S. 2; *Bräunig*, HRRS 2011, S. 426; *Kling/Thomas*, Kartellrecht, S. 88; *Wagner-von Papp*, WuW 2010, S. 278.

Nach hiesiger Auffassung ist der Vorschlag der Monopolkommission darüber hinaus wegen seiner Ausgestaltung als Blankett verfassungsrechtlich zweifelhaft. Denn hinsichtlich der beiden Kartellverbote, auf die er zur Konkretisierung seines Inhalts ausdrücklich Bezug nimmt[844], bestehen die vorerwähnten Zweifel an der Vereinbarkeit mit dem Bestimmtheitsgrundsatz, Art. 103 Abs. 2 GG. Der Gesetzgeber sollte die als strafwürdig und strafbedürftig charakterisierten Hardcore-Kartelle daher vielmehr autonom umschreiben.

Soweit Vorschläge für einen neuen Kartellstraftatbestand, wie jedenfalls der Vorschlag des Strafrechtsausschusses der Justizministerkonferenz, nicht berücksichtigen, dass das unionsrechtliche und das deutsche Kartellverbot in einzelnen Wirtschaftsbereichen gar nicht erst zur Anwendung kommen, dürften sie ebenfalls nicht überzeugen, weil sie keinen Gleichlauf mit jenen Ausnahmebereichen sowie deren verfolgten Zwecken schaffen[845].

Daher bestehen gute Gründe dafür, die beiden von der Monopolkommission und dem Strafrechtsausschuss der Justizministerkonferenz gemachten Vorschläge bereits aufgrund der Darstellungen der bisherigen Untersuchung abzulehnen.

Die beiden gemachten Vorschläge für einen neuen Kartellstraftatbestand sollten vielleicht darüber hinaus auch schon vom Ansatz her abzulehnen sein. Denn bei der Ausgestaltung eines neuen Kartellstraftatbestands könnte es sachgerechter sein, nicht auf das Hardcore-Kartell, sondern auf die hierauf beruhende Angebotsabgabe abzustellen.

Nur bei einer solchen Ausgestaltung dürfte der Gesetzgeber der hiesigen Einschätzung, nach der sowohl Hardcore-Kartelle als auch derart kartellbetroffene Angebotsabgaben einer Strafe würdig und bedürftig sind, auf die bestmögliche Weise gerecht werden. Auf diese Weise könnten sich sowohl die Hardcore-Kartellanten[846] als auch diejenigen, die entsprechende Angebote abgeben, strafbar machen. Denn die Hardcore-Kartellanten könnten sich gemäß einem derartigen neuen Kartellstraftatbestand in Verbindung mit § 13 Abs. 1 StGB durch

---

844 Das ist das wohl herrschende Kriterium für die Abgrenzung von einem normativen Tatbestandsmerkmal und einer Blankettverweisung, vgl. *Bülte*, JuS 2015, S. 774.

845 Für diese Ausnahmebereiche vgl. *Kling/Thomas*, Kartellrecht, S. 36 f., 548 f.; Dombert/Witt/*Giesen*, § 20, Rn. 81 f.

846 In Betracht kommen insbesondere Personen, die im Sinne von §§ 9, 14 OWiG bei dem Hardcore-Kartell gehandelt oder sich beteiligt haben. Eingehend hierzu *Dreher/Kulka*, Wettbewerbs- und Kartellrecht, S. 714 f. In Betracht kommen aber auch Personen, die bereits wegen des erwähnten maßgeblichen funktionalen Unternehmensbegriffs Hardcore-Kartellanten sind. Hierzu *Lettl*, Kartellrecht, S. 26.

Unterlassen strafbar machen, wenn sie eine von einem solchen neuen Kartellstraftatbestand erfasste Angebotsabgabe nicht verhindern. Das entspricht auch der aktuellen Rechtslage bei § 298 StGB[847] und ergibt sich in entsprechender Weise aus den Erörterungen zu §§ 298 Abs. 1, 13 Abs. 1 StGB.

An dieser Stelle ließe sich möglicherweise einwenden, dass ein neuer Kartellstraftatbestand zu weit gehe, wenn er nicht auf das Hardcore-Kartell, sondern auf die häufiger vorkommende hierauf beruhende Angebotsabgabe abstellt. Denn das könnte zum Beispiel auch einen „einfachen" Autoverkäufer, der ein entsprechendes Hardcore-Kartell aufgrund von beispielsweise Presseberichten für möglich hält, einem strafrechtlichen Risiko aussetzen.

Sofern eine solche Beanstandung angedacht wird, sollte man sich zunächst nochmals sämtliche Ergebnisse der vorangegangenen Untersuchung in Erinnerung rufen, insbesondere die Einschätzung, nach der auf einem Hardcore-Kartell fundierende Angebotsabgaben der Strafe würdig und bedürftig sind. Zudem ist zu berücksichtigen, dass sich bereits gegenwärtig derjenige, der ein solches auf einem Hardcore-Kartell beruhendes Angebot bei bestimmten vergaberechtlichen Vergabeverfahren abgibt, gemäß einem hierfür spezifischen Straftatbestand, nämlich § 298 StGB, strafbar machen kann. Und schließlich könnte man sich ins Gedächtnis rufen, dass sich bereits gegenwärtig sehr wohl auch derjenige, der einem anderen eine solche Offerte außerhalb von vergaberechtlichen Vergabeverfahren zukommen lässt, häufig wegen Betrugs gemäß § 263 StGB strafbar machen kann – wobei eine solche Betrugsstrafbarkeit mit einem hohen Begründungs- und Nachweisaufwand verbunden ist.

Zudem sollte man sich darüber im Klaren sein, dass zwar bereits mit dem Hardcore-Kartell der freie Wettbewerb verletzt und das Vermögen der Marktgegenseite gefährdet wird. Jedoch werden erst mit einer dementsprechenden Angebotsabgabe die sich durch die Verletzung des freien Wettbewerbs ergebenden Gefahren nach außen hin konkretisiert und somit auch erst mit einer solchen Angebotsabgabe das Vermögen der Marktgegenseite konkret gefährdet. Das war auch schon bei der Normierung von § 298 StGB der Grund, entgegen früheren Vorschlägen für einen solchen Straftatbestand[848], auf eine Angebotsabgabe und nicht auf einen Kartellverbotsverstoß abzustellen.[849]

---

847 Vgl. *Fischer*-StGB, § 298, Rn. 16 m. w. N.; Graf/Jäger/Wittig/*Böse*, § 298, Rn. 37 m. w. N. Wohl als Erste haben darauf hingewiesen *Kleinmann/Berg*, BB 1998, S. 280.

848 Vgl. z. B. Empfehlung der Ausschüsse zu der 690. Sitzung des Bundesrates, BR-Drucks. 298/1/95, S. 5.

849 Vgl. Entwurf eines Gesetzes zur Bekämpfung der Korruption, BT-Drucks. 13/5584, S. 14.

Unabhängig hiervon kann einem für den Betroffenen als zu weit gehend empfundenen Strafbarkeitsrisiko bei der Ausgestaltung eines solchen neuen Kartellstraftatbestands hinreichend Rechnung getragen werden. Das kann durch noch darzustellende entsprechende gesetzgeberische Gegenmaßnahmen, nämlich einschränkende Tatbestandsmerkmale, die partielle Forderung von sicherem Wissen in Form des Dolus directus zweiten Grades sowie einen persönlichen Strafaufhebungsgrund geschehen.

Zusätzlich können die sich durch einen neuen solchen Kartellstraftatbestand ergebenden strafrechtlichen Risiken durch entsprechende Compliance-Systeme vermieden werden. Primärer Zweck solcher Systeme ist es, aus einem Unternehmen heraus begangene Straftaten und andere Zuwiderhandlungen zu verhindern.[850] Sie sind daher zunächst jedenfalls darauf angelegt, den konkret handelnden Personen zu helfen, solche Handlungen zu vermeiden. Die Ausgestaltung eines Compliance-Systems zur Vermeidung entsprechender Risiken umfasst beispielsweise die fortlaufende Beratung über die Risiken sowie die fortlaufende Begleitung bei der Einhaltung aufgestellter Compliance-Vorgaben. Solche Compliance-Systeme sind ausreichend entwickelt, weshalb an dieser Stelle ein Verweis auf die entsprechende Literatur zur Kartellrechtscompliance, die beispielsweise auch schon § 298 StGB berücksichtigt, genügt[851].

Weiterhin dürfte sich auch nicht einwenden lassen, dass sich jemand, der sich gegenüber einem potentiellen Arbeitgeber weigern sollte, ein von einem solchen neuen Kartellstraftatbestand erfasstes, auf einem Hardcore-Kartell beruhendes Angebot abzugeben, gegenüber ihm gemäß § 280 Abs. 1 S. 1 BGB schadensersatzpflichtig machen könnte oder von ihm, etwa gemäß § 626 Abs. 1 BGB, gekündigt werden könnte. Denn die Verweigerung einer Verhaltensweise, die eine Straftat darstellt, dürfte niemals im genannten Sinne schadensersatzpflichtig machen oder einen solchen Kündigungsgrund darstellen. Bei solchen Verhaltensweisen steht dem Arbeitnehmer nämlich stets ein entsprechendes Leistungsverweigerungsrecht zu.[852]

Letztendlich hat auch das Bundesverfassungsgericht das Tatbestandsmerkmal des Angebots, als es vor einigen Jahren eine mittelbar gegen § 298 StGB gerichtete Verfassungsbeschwerde nicht zur Entscheidung annahm, hinsichtlich des strafrechtlichen Bestimmtheitsgrundsatzes aus Art. 103 Abs. 2 GG für nicht beanstandbar erklärt hat.[853]

---

850 Vgl. BGH, Urteil v. 17.7.2009, 5 StR 394/08, BGHSt 54, S. 44/49.

851 Vgl. z. B. Rotsch/*Dannecker*, § 16, Rn. 107 f.

852 MK-BGB/*Hergenröder*, § 1 KSchG, Rn. 232.

853 BVerfG, Beschluss v. 2.4.2009, 2 BvR 1468/08, BVerfGK 15, S. 320.

Daher erscheint es sachgerechter, die beiden von der Monopolkommission und dem Strafrechtsausschuss der Justizministerkonferenz gemachten Vorschläge auch schon vom Ansatz her abzulehnen und nicht auf das Hardcore-Kartell, sondern auf die hierauf beruhende Angebotsabgabe abzustellen.

b) Eigener Vorschlag

Hiesige Ausgangsüberlegung ist es daher, § 298 StGB zu novellieren. Eine Novellierung von § 298 StGB hätte zudem den Vorteil, dass er den Staatsanwaltschaften und Gerichten in seinen grundsätzlichen Konturen bekannt ist, was einer konsequenten und problemlosen Anwendung unmittelbar mit Inkrafttreten förderlich sein kann. Zudem dürften gesetzgeberische Redaktionsversehen vermieden werden, indem bereits auf § 298 StGB verweisende Rechtsnormen, wie zum Beispiel bei der Telekommunikationsüberwachung, § 100 a Abs. 2 Nr. 1 lit. r StP O, nicht ebenfalls novelliert werden müssen. Und schließlich lassen sich gleichzeitig auf diese Weise in § 298 StGB die als nicht strafwürdig und strafbedürftig eingeschätzten Angebotsabgaben, die auf einer der sonstigen Kartellfallgruppen basieren, wieder entkriminalisieren.

Damit gemäß § 298 StGB n. F. nicht nur auf einem Hardcore-Kartell beruhende Angebotsabgaben in einigen vergaberechtlichen Vergabeverfahren, sondern auch solche Angebotsabgaben außerhalb solcher Vergabeverfahren strafbewehrt sind, sollten die vergaberechtsakzessorischen Merkmale gestrichen beziehungsweise ersetzt werden[854]. Hierzu sollte in Abs. 1 „bei einer Ausschreibung" und „, die darauf abzielt, den Veranstalter zur Annahme eines bestimmten Angebots zu veranlassen" entfernt sowie der gesamte Abs. 2 durch einen anderen Abs. 2 – dazu sogleich – erneuert werden. Zudem gilt es in Abs. 3 S. 1 „, auch in Verbindung mit Absatz 2," zu entnehmen sowie „daß der Veranstalter das Angebot annimmt oder dieser" durch „dass der Angebotsempfänger das Angebot annimmt oder" zu substituieren. Schließlich müsste in Abs. 3 S. 1 „Veranstalters" durch „Angebotsempfängers" ausgetauscht werden.

Aufgrund der hiesigen Einschätzung, nach der nur auf einem Hardcore-Kartell beruhende Angebotsabgaben, nicht aber anderweitig kartellbetroffene Angebotsabgaben strafwürdig und strafbedürftig und Hardcore-Kartelle autonom zu umschreiben sind, sollten zudem die kartellrechtsakzessorischen

---

854 Im Folgenden werden für die Änderungsbefehle „streichen" und „ersetzen" aus stilistischen Gründen entsprechende Synonyme verwendet. Zu diesen Änderungsbefehlen bei Änderungsgesetzen vgl. Bekanntmachung des Handbuchs der Rechtsförmlichkeit, BAnz. Nr. 160a v. 22.9.2008, S. 161 f., 171 f.

Tatbestandsmerkmale „rechtswidrige Absprache“, § 298 Abs. 1 StGB, durch „Festsetzung von Preisen, Festlegung von Produktionsbeschränkungen oder Aufteilung von Absatzgebieten oder Kundengruppen durch Wettbewerber“ ersetzt werden.

Um einem für beispielsweise den „einfachen“ Autoverkäufer als zu weit gehend empfundenen Strafbarkeitsrisiko Rechnung zu tragen, sollten als erste gesetzgeberische Gegenmaßnahme die einschränkenden Tatbestandsmerkmale „vor dem Angebotsempfänger verheimlichten“ vor den Tatbestandsmerkmalen „Festsetzung von Preisen, Festlegung von Produktionsbeschränkungen oder Aufteilung von Absatzgebieten oder Kundengruppen durch Wettbewerber“, § 298 Abs. 1 StGB n. F., eingefügt werden[855]. Auf solche einschränkenden Tatbestandsmerkmale wurde bei der Normierung von § 298 StGB, entgegen fast sämtlichen früheren Vorschlägen für einen solchen Straftatbestand[856], verzichtet. Das Tatbestandsmerkmal „verheimlichten“ muss dann, wie auch bei den entsprechenden früheren Vorschlägen[857], unabhängig von einer Garantenpflicht, im Sinne von „nicht mitgeteilten“ auszulegen. Als Grund für den Verzicht gab der Gesetzgeber an, dass auf diese Weise auch die kollusive Zusammenarbeit mit Beschäftigten der Marktgegenseite erfasst werden könne.[858] Die Begründung erscheint aber nicht (mehr) wirklich nachvollziehbar, weil eine solche kollusive Zusammenarbeit auch mit den §§ 299 f. StGB[859] und §§ 331 f. StGB[860] (mittlerweile) ausreichend erfasst werden kann. Der Handelnde macht sich demnach nicht strafbar, wenn er das Beruhen des Angebots auf einem Hardcore-Kartell spätestens bei dessen Abgabe dem Angebotsempfänger mitteilt. Der Angebotsempfänger kann dann selbst darüber entscheiden, ob er ein solches, wie bereits erläutert, regelmäßig vermögensschädigendes Angebot annimmt.

Wie eingangs erwähnt kommen auch bei Hardcore-Kartellen das unionsrechtliche und das deutsche Kartellverbot in einzelnen Wirtschaftsbereichen nicht zur Anwendung, ohne dass es darauf ankommt, dass Hardcore-Kartelle

---

855 Zu diesem Änderungsbefehl bei Änderungsgesetzen vgl. Bekanntmachung des Handbuchs der Rechtsförmlichkeit, BAnz. Nr. 160a v. 22.9.2008, S. 164 f.

856 Vgl. z. B. Empfehlung der Ausschüsse zu der 690. Sitzung des Bundesrates, BR-Drucks. 298/1/95, S. 5; Entwurf eines Zweiten Gesetzes zur Bekämpfung der Wirtschaftskriminalität, BT-Drucks. 10/119, S. 3.

857 So z. B. wohl auch *Möschel*, Zur Problematik einer Kriminalisierung von Submissionsabsprachen, S. 18.

858 Entwurf eines Gesetzes zur Bekämpfung der Korruption, BT-Drucks. 13/5584, S. 14.

859 Dazu eingehend Leitner/Rosenau/*Gaede*, §§ 299 f., jeweils Rn. 1 f.

860 Hierzu eingehend SK-StGB/*Stein/Deiters*, §§ 331 f., jeweils Rn. 1 f.

stets tatbestandsmäßig und nicht freistellungsfähig sind[861]. Um einen Gleichlauf mit den entsprechenden Ausnahmebereichen sowie deren verfolgten Zwecken zu schaffen, müssten Angebotsabgaben, die eine Ware oder Dienstleistung aus jenen Wirtschaftsbereichen zum Gegenstand haben, von § 298 StGB n. F. ausgenommen werden. Bei solchen lediglich täterbegünstigenden, tatbestandsregulierenden Korrektiven gelten zwar nach der Rechtsprechung des Bundesverfassungsgerichts geringere Anforderungen des strafrechtlichen Bestimmtheitsgrundsatzes als bei strafbarkeitsbegründenden Merkmalen.[862] Auch eine solche Tatbestandsausnahme sollte aber nicht als Blankett ausgestaltet werden, mit dem dann auf das hierfür maßgebliche Kartellrecht, §§ 28 f. GWB und § 40 BWaldG[863], ausdrücklich verwiesen werden müsste. Das dient zum einen dem einheitlichen Erscheinungsbild des Straftatbestands.[864] Zum anderen lässt sich mit einer autonomen Umschreibung dem gegen einen neuen Kartellstraftatbestand angeführten besonderen kartellrechtlichen Fachwissensbedarf entgegen wirken. Und schließlich dürfte eine solche Blankettverweisung insofern nicht hinreichend erforderlich sein[865], als die noch vorhandenen Ausnahmebereiche nicht mehr ständig novelliert werden[866]. Daher sollte nach Absatz 1 Satz 1 folgender Satz 2 eingefügt werden: „Das gilt nicht, wenn das Angebot landwirtschaftliche oder forstwirtschaftliche Erzeugnisse oder die öffentliche Versorgung mit Wasser zum Gegenstand hat." Aufgrund der Kartellrechtsakzessorietät auch von § 298 StGB[867] n. F. sind dann bei der Auslegung der genannten Tatbestandsmerkmale die hierfür maßgeblichen §§ 28 f. GWB und § 40 BWaldG zu berücksichtigen.

---

861 Europäische Kommission, Guidance on restrictions of competition, S. 5 f.; *Bunte/Stancke*, Kartellrecht, S. 142; *Kling/Thomas*, Kartellrecht, S. 88; Saenger/Aderhold/Lenkaitis/Speckmann/*Lotze*, § 12, Rn. 114; Schulte/Just/*de Bronett*, Art. 101 AEUV, Rn. 94. *Weitbrecht*, EuZW 2002, S. 583.

862 BVerfG, Urteil v. 11.11.1986, 1 BvR 713/83, 1 BvR 921/84, 1 BvR 1190/84, 1 BvR 333/85, 1 BvR 248/85, BVerfGE 73, S. 206/238 f.

863 Für diese Ausnahmebereiche vgl. *Dreher/Kulka*, Wettbewerbs- und Kartellrecht, S. 310 f.; Dombert/Witt/*Giesen*, § 20, Rn. 81 f.

864 Für ein einheitliches Erscheinungsbild beim Formulieren von Rechtsvorschriften als ein zu berücksichtigendes Interesse vgl. Bekanntmachung des Handbuchs der Rechtsförmlichkeit, BAnz. Nr. 160a v. 22.9.2008, S. 55, 57, 65.

865 Nach *Kühl*, FS Lackner, S. 828, wird ein entsprechendes Bedürfnis zu häufig behauptet.

866 Vgl. *Dreher/Kulka*, Wettbewerbs- und Kartellrecht, S. 310 f.

867 Zur gegenwärtigen Kartellrechtsakzessorietät, Leitner/Rosenau/*Greeve*, § 298 StGB, Rn. 75.

Auf das Tatbestandsmerkmal des Vermögensschadens kann aufgrund der Erkenntnisse aus der analysierten Strafbarkeit gemäß § 263 StGB verzichtet werden. Insoweit ergibt sich für § 298 StGB n. F. also nichts Neues. Die übrigen Tatbestandsmerkmale von § 298 StGB können ebenso beibehalten werden.

Um einem für beispielsweise den „einfachen" Autoverkäufer als zu weit gehend empfundenen Strafbarkeitsrisiko Rechnung zu tragen, sollte als zweite gesetzgeberische Gegenmaßnahme sicheres Wissen in Form des Dolus directus zweiten Grades für das Beruhen des Angebots auf einem vor dem Angebotsempfänger verheimlichten Hardcore-Kartell gefordert werden. Dafür sollte „, das", § 298 Abs. 1 StGB, durch „mit dem Wissen, dass es" ersetzt werden. Derjenige, der das Angebot abgibt, macht sich dann nicht strafbar, wenn er das Basieren des Angebots auf einem vor dem Angebotsempfänger verheimlichten Hardcore-Kartells lediglich für möglich hält.

Für das Strafmaß von § 298 StGB n. F. spricht, vorbehaltlich eines besonders schweren Falles, nichts dagegen, dessen Strafmaß in seiner aktuellen Fassung beizubehalten. Das gilt umso mehr, als § 298 StGB n. F. auch weiterhin Verhaltensweisen in vergaberechtlichen Vergabeverfahren erfasst. Jedenfalls sollte das Strafmaß übergangsweise beibehalten werden.

Die gegenwärtige im Vergleich zu der Überschrift „Ausschreibungsbetrug" früherer Vorschläge für einen solchen Straftatbestand[868] berechtigterweise als missverständlich kritisierte[869] Überschrift sollte konsequenterweise schließlich wie folgt gefasst werden: „§ 298 Kartellbetrug".

2. Besonders schwerer Fall

Da das Strafmaß von § 298 StGB n. F. demnach niedriger ist als das Strafmaß des Betrugs im besonders schweren Fall, § 263 Abs. 3 StGB, sollte in § 298 StGB n. F. auf § 263 Abs. 3 S. 1 und 2 Nr. 1 bis 4 StGB verwiesen werden. Nur so dürfte § 298 StGB n. F. den Begründungs- und Nachweisaufwand für die Strafbarkeit von auf einem Hardcore-Kartell beruhenden Angebotsabgaben erleichtern. Denn dann kann die Verfolgung auf § 298 StGB n. F. gemäß § 154a Abs. 1 S. 1 Nr. 1 StPO beschränkt werden. Zudem kann sich dann in aller Regel das Potential der allgemeinen Kronzeugenregelung des § 46b StGB – dazu

868 Vgl. z. B. Empfehlung der Ausschüsse zu der 690. Sitzung des Bundesrates, BR-Drucks. 298/1/95, S. 5; Entwurf eines Zweiten Gesetzes zur Bekämpfung der Wirtschaftskriminalität, BT-Drucks. 10/119, S. 3.

869 So z. B., allerdings ohne Verweis auf die Überschrift früherer Vorschläge für einen solchen Straftatbestand, MK-StGB/*Hohmann*, § 298, Rn. 54.

sogleich – nutzen lassen. Ein Verweis auf § 263 Abs. 3 S. 2 Nr. 5 StGB ist mangels kaum vorstellbarer Verwirklichung hingegen nicht weiterführend. Daher gilt es „Der Ausschreibung im Sinne des Absatzes 1 steht die freihändige Vergabe eines Auftrages nach vorausgegangenem Teilnahmewettbewerb gleich", Abs. 2, durch „§ 263 Absatz 3-Satz 1 und 2 Nummern 1 bis 4 gelten entsprechend" zu ersetzen. Das dann entsprechend geltende Strafmaß von § 263 Abs. 3 StGB erscheint bei auf Hardcore-Kartellen basierenden Angebotsabgaben aufgrund des Gesagten im Rahmen der Strafwürdigkeit und Strafbedürftigkeit sowie der gesamtwirtschaftlichen Schäden auch nicht unverhältnismäßig. Im Übrigen wurde auch schon für § 298 StGB in seiner aktuellen Fassung die Normierung eines besonders schweren Falls, allerdings ohne jenen Verweis auf die Regelbeispiele von § 263 Abs. 3 StGB, gefordert.[870]

3. Tätige Reue

Der persönliche Strafaufhebungsgrund der Tätigen Reue, § 298 Abs. 3 StGB, sollte, ohne jene zu streichenden beziehungsweise zu ersetzenden vergaberechtsakzessorischen Merkmale, aus folgendem Grund ebenfalls beibehalten werden. Zwar ist mit einer auf einem Hardcore-Kartell beruhenden Angebotsabgabe bereits der auch dann von § 298 StGB n. F. geschützte freie Wettbewerb[871] verletzt. Jedoch verhindert jener, der einem anderen das Angebot zuleitet, in den Fällen des § 298 Abs. 3 StGB, dass das bisher nur konkret gefährdete Vermögen der Marktgegenseite – auch das wird dann von § 298 StGB n. F., jedoch ohne die Beschränkung auf jenes von Veranstaltern von Vergabeverfahren, geschützt[872] – verletzt wird.[873]

Auf diese Weise stellt der persönliche Strafaufhebungsgrund der Tätigen Reue zudem eine dritte gesetzgeberische Gegenmaßnahme dar, um einem für beispielsweise den „einfachen" Autoverkäufer als zu weit gehend empfundenen Strafbarkeitsrisiko Rechnung zu tragen. Derjenige, der das Angebot zuleitet, kann nämlich gemäß § 298 Abs. 3 S. 1 StGB n. F. straffrei werden, wenn er freiwillig verhindert, dass der Angebotsempfänger das Angebot annimmt oder er seine Leistung erbringt. Das sollte regelmäßig möglich sein, wenn er

870 So *Nickel*, wistra 2014, S. 13 f.

871 Zum Schutz des freien Wettbewerbs durch § 298 StGB vgl. Entwurf eines Gesetzes zur Bekämpfung der Korruption, BT-Drucks. 13/5584, S. 13.

872 Zum Schutz des Vermögens durch § 298 StGB vgl. Entwurf eines Gesetzes zur Bekämpfung der Korruption, BT-Drucks. 13/5584, S. 13.

873 Zu dieser Legitimität von § 298 Abs. 3 StGB vgl. *Walter*, JZ 2002, S. 256.

dem Angebotsempfänger das Basieren des Angebots auf einem Hardcore-Kartell nach dessen Abgabe noch mitteilt.[874] Jener, der das Angebot abgibt, kann zudem in entsprechender Weise gemäß § 298 Abs. 3 S. 2 StGB n. F. straffrei werden.

4. Kronzeugen

Sowohl die Monopolkommission[875] als auch der Strafrechtsausschuss der Justizministerkonferenz[876] halten als Bedingung für einen neuen Kartellstraftatbestand ein strafrechtliches Äquivalent zu den eingangs erwähnten kartellrechtlichen Bonus- und Kronzeugenregelungen für erforderlich. Ein solches Äquivalent sei erforderlich, um auch weiterhin deren Potential bei der Aufdeckung und Ermittlung von Hardcore-Kartellen zu nutzen.

Wie bereits angedeutet findet mit dem Verweis in § 298 Abs. 2 StGB n. F. auf § 263 Abs. 3 S. 1 und 2 Nr. 1 bis 4 StGB jedoch – im Gegensatz zur aktuellen Fassung von § 298 StGB – in aller Regel die allgemeine Kronzeugenregelung des Strafrechts, § 46b StGB, Anwendung. Denn in aller Regel dürften jedenfalls die Regelbeispiele der gewerbs- oder bandenmäßigen Begehung, § 263 Abs. 3 S. 2 Nr. 1 StGB, und des gesteigerten Vermögensverlustes, § 263 Abs. 3 S. 2 Nr. 2 StGB, erfüllt sein.[877] Da derjenige, der das Angebot abgibt, somit dann Täter einer Straftat ist, die mit einer im Mindestmaß erhöhten Freiheitsstrafe bedroht ist, § 46b Abs. 1 S. 1 StGB[878], ist die allgemeine Kronzeugenregelung des Strafrechts anwendbar.[879] Da sich die bisherige Zusammenarbeit der Staatsanwaltschaften mit dem Bundeskartellamt bezüglich § 298 StGB durchaus bewährt hat[880], kann auch davon ausgegangen werden, dass § 46b StGB dann

874 Das ist bereits gegenwärtig in entsprechender Weise schon der Fall, vgl. MK-StGB/*Hohmann*, § 298, Rn. 73 f.

875 Monopolkommission, Strafrechtliche Sanktionen bei Kartellverstößen, S. 69 f.; Monopolkommission, Hauptgutachten XX: Eine Wettbewerbsordnung für die Finanzmärkte, S. 103 f.

876 Strafrechtsausschuss der Justizministerkonferenz, Strafbarkeit von Kartellverstößen, S. 20, 34 f., vorgestellt durch *Hombrecher*, NZKart 2017, S. 147 f.

877 Zu den Regelbeispielen eingehend MK-StGB/*Hefendehl*, § 263, Rn. 966 f.

878 NK-StGB/*Streng*, § 46b, Rn. 8.

879 So auch *Nickel*, wistra 2014, S. 13 f., die aus dem Grund für § 298 StGB in seiner aktuellen Fassung die Normierung eines besonders schweren Falls, allerdings ohne den Verweis auf die Regelbeispiele von § 263 Abs. 3 StGB, fordert.

880 Das sieht auch der Gesetzgeber so, vgl. Entwurf eines Neunten Gesetzes zur Änderung des Gesetzes gegen Wettbewerbsbeschränkungen, BT-Drucks. 18/10207, S. 99.

den kartellrechtlichen Bonus- und Kronzeugenregelungen entsprechend ausgelegt wird.[881]

Eines gesonderten strafrechtlichen Äquivalents zu jenen Bonus- und Kronzeugenregelungen bedarf es somit nach hiesiger Auffassung bei § 298 Abs. 2 StGB n. F. nicht.

5. Strafverfahren

Sowohl die Monopolkommission[882] als auch der Strafrechtsausschuss der Justizministerkonferenz[883] halten es schließlich bei einem neuen Kartellstraftatbestand für erforderlich, das Kartellstrafverfahren ähnlich dem Steuerstrafverfahren nach §§ 386 f. AO auszugestalten. Das sei wieder vor dem Hintergrund der kartellrechtlichen Fachwissensvorteile der Verwaltungsbehörden, insbesondere des Bundeskartellamts, erforderlich. Ein entsprechender Vorschlag wurde auch schon für die geltende Rechtslage gemacht.[884] Solche Maßnahmen dürften jedoch sowohl für § 298 StGB als auch für einen neuen Kartellstraftatbestand nicht erforderlich sein. Denn wie bereits erwähnt hat sich die bisherige Zusammenarbeit der Staatsanwaltschaften mit dem Bundeskartellamt bezüglich § 298 StGB durchaus bewährt.[885]

6. Ergebnis und weitere Unterlassensstrafbarkeit

Der hier vertretene Vorschlag für einen neuen Kartellstraftatbestand als § 298 StGB n. F. lautet daher wie folgt:

§ 298 Kartellbetrug

(1) Wer über Waren oder Dienstleistungen ein Angebot abgibt mit dem Wissen, dass es auf einer vor dem Angebotsempfänger verheimlichten Festsetzung von Preisen, Festlegung von Produktionsbeschränkungen oder Aufteilung von Absatzgebieten oder Kundengruppen durch Wettbewerber beruht, wird mit Freiheitsstrafe bis zu fünf Jahren oder mit Geldstrafe bestraft. Das gilt nicht, wenn das Angebot landwirtschaftliche oder forstwirtschaftliche Erzeugnisse oder die öffentliche Versorgung mit Wasser zum Gegenstand hat.

---

881 So auch die für Kartellstraftaten hessenweit zuständige Staatsanwältin *Nickel*, wistra 2014, S. 13 f.

882 Monopolkommission, Hauptgutachten XX: Eine Wettbewerbsordnung für die Finanzmärkte, S. 107.

883 Strafrechtsausschuss der Justizministerkonferenz, Strafbarkeit von Kartellverstößen, S. 22 f., vorgestellt durch *Hombrecher*, NZKart 2017, S. 148.

884 *Achenbach*, wistra 2006, S. 7.

885 Das sieht auch der Gesetzgeber so, vgl. Entwurf eines Neunten Gesetzes zur Änderung des Gesetzes gegen Wettbewerbsbeschränkungen, BT-Drucks. 18/10207, S. 99.

(2) § 263 Absatz 3 Sätze 1 und 2 Nummern 1 bis 4 gelten entsprechend.
(3) Nach Absatz 1 wird nicht bestraft, wer freiwillig verhindert, dass der Angebotsempfänger das Angebot annimmt oder seine Leistung erbringt. Wird ohne Zutun des Täters das Angebot nicht angenommen oder die Leistung des Angebotsempfängers nicht erbracht, so wird er straflos, wenn er sich freiwillig und ernsthaft bemüht, die Annahme des Angebots oder das Erbringen der Leistung zu verhindern.

Entsprechend der aktuellen Rechtslage auch[886], können sich die Hardcore-Kartellanten[887] dann gemäß § 298 Abs. 1 StGB n. F. in Verbindung mit § 13 Abs. 1 StGB durch Unterlassen strafbar machen, wenn sie eine Angebotsabgabe im Sinne von § 298 StGB n. F. nicht verhindern.

Dadurch können sich dann sowohl die Personen, die bei dem Hardcore-Kartell handeln und sich beteiligen, als auch diejenigen, die ein entsprechendes Angebot abgeben, durch ihre als strafwürdig und strafbedürftig eingeschätzten Verhaltensweisen strafbar machen.

III. Fazit

Die vorangegangenen Ausführungen des Für und Wider sowie der Ausgestaltung eines neuen Kartellstraftatbestands sprechen dafür, § 298 StGB wie vorgeschlagen zu novellieren.

Ob ein neuer Kartellstraftatbestand normiert und wie er dann ausgestaltet wird, hängt jedoch von den politischen Entscheidungsträgern ab. Mit Inkrafttreten von § 298 StGB nahm „eine der längsten Reformdiskussionen auf dem Gebiet des Strafrechts“[888] ihr Ende.[889] Wie bereits erwähnt waren einer der Gründe hierfür vor allem die Rechtsprechungsänderungen zur Strafbarkeit einiger der nunmehr von § 298 StGB erfassten Verhaltensweisen als Betrug.[890] Auch aufgrund der aufgezeigten Strafbarkeit von auf einem Hardcore-Kartell beruhenden Angebotsabgaben außerhalb von vergaberechtlichen Vergabeverfahren als Betrug bleibt zu hoffen, dass es um einen neuen Kartellstraftatbestand besser bestellt sein wird.

---

886 Vgl. *Fischer*-StGB, § 298, Rn. 16 m. w. N.; Graf/Jäger/Wittig/*Böse*, § 298, Rn. 37 m. w. N. Wohl als Erste haben darauf hingewiesen *Kleinmann/Berg*, BB 1998, S. 280.

887 In Betracht kommen insbesondere Personen, die im Sinne von §§ 9, 14 OWiG bei dem Hardcore-Kartell gehandelt oder sich beteiligt haben. Eingehend hierzu *Dreher/Kulka*, Wettbewerbs- und Kartellrecht, S. 714 f. In Betracht kommen aber auch Personen, die bereits wegen des erwähnten maßgeblichen funktionalen Unternehmensbegriffs Hardcore-Kartellanten sind. Hierzu *Lettl*, Kartellrecht, S. 26.

888 *König*, JR 1997, S. 401.

889 Zu dieser NK-StGB/*Dannecker*, § 298, Rn. 2 f.

890 Vgl. Entwurf eines Gesetzes zur Bekämpfung der Korruption, BT-Drucks. 13/5584, S. 13.

H. Zusammenfassung

Einige der wichtigsten Ergebnisse dieser Untersuchung lassen sich folgendermaßen zusammenfassen:

1. Unter Hardcore-Kartellen versteht man das Festsetzen von Preisen, Festlegen von Produktionsbeschränkungen oder Aufteilen von Absatzgebieten oder Kundengruppen durch Wettbewerber. Sie sind im Anwendungsbereich von Art. 101 AEUV und §§ 1 f. GWB im Allgemeinen tatbestandsmäßig und nicht freistellungsfähig.
2. Von allen Kartellfallgruppen sind nach hiesiger Einschätzung nur Hardcore-Kartelle und unter anderem deshalb auch nur ihre Umsetzung durch derart kartellbetroffene Angebotsabgaben der Strafe würdig und bedürftig.
3. Derjenige, der ein auf einem Hardcore-Kartell beruhendes Angebot in bestimmten vergaberechtlichen Vergabeverfahren abgibt, kann sich jedenfalls gemäß § 298 StGB strafbar machen. Derjenige, der ein entsprechendes Angebot außerhalb solcher Vergabeverfahren abgibt, kann sich aber nur häufig und eben nicht immer wegen Betrugs gemäß § 263 StGB strafbar machen. Dennoch sollten solche Betrugsstraftaten von den Staatsanwaltschaften nunmehr verfolgt werden.
4. Wie auch bei §§ 298, 13 StGB können sich Hardcore-Kartellanten[891] auch ohne eines der darauf fundierenden Angebote selbst abzugeben wegen Betrugs im Sinne von §§ 263 Abs. 1, 13 Abs. 1 StGB strafbar machen. Das ist dann der Fall, wenn sie nicht über die nicht auf freiem Wettbewerb beruhende Preisbildung aufklären. Auch solche Straftaten sollten nunmehr von den Staatsanwaltschaften verfolgt werden.
5. Unter anderem weil die Begründung und der Nachweis des Betrugs in den genannten Fällen jedoch einigen Aufwand erfordern und der zentralen Kritik des Strafrechtsausschusses der Justizministerkonferenz an einem neuen Kartellstraftatbestand hier nicht gefolgt wird, sollte § 298 StGB für auf einem Hardcore-Kartell beruhende Angebotsabgaben auch außerhalb jener Vergabeverfahren novelliert werden.

891 In Betracht kommen insbesondere Personen, die im Sinne von §§ 9, 14 OWiG bei dem Hardcore-Kartell gehandelt oder sich beteiligt haben. Eingehend hierzu *Dreher/Kulka*, Wettbewerbs- und Kartellrecht, S. 714 f. In Betracht kommen aber auch Personen, die bereits wegen des erwähnten maßgeblichen funktionalen Unternehmensbegriffs Hardcore-Kartellanten sind. Hierzu *Lettl*, Kartellrecht, S. 26.

6. Der erste Absatz des unter anderem auch aufgrund hiesiger Einschätzungen zur erörterten Strafwürdigkeit und Strafbedürftigkeit und des erörterten strafrechtlichen Bestimmtheitsgrundsatzes gänzlich neu zu fassenden § 298 StGB sollte daher wie folgt lauten:

§ 298 Kartellbetrug

(1) Wer über Waren oder Dienstleistungen ein Angebot abgibt mit dem Wissen, dass es auf einer vor dem Angebotsempfänger verheimlichten Festsetzung von Preisen, Festlegung von Produktionsbeschränkungen oder Aufteilung von Absatzgebieten oder Kundengruppen durch Wettbewerber beruht, wird mit Freiheitsstrafe bis zu fünf Jahren oder mit Geldstrafe bestraft. Das gilt nicht, wenn das Angebot landwirtschaftliche oder forstwirtschaftliche Erzeugnisse oder die öffentliche Versorgung mit Wasser zum Gegenstand hat.

In Verbindung mit § 13 Abs. 1 StGB können sich Hardcore-Kartellanten dann durch Unterlassen strafbar machen, wenn sie ein solche Angebotsabgabe nicht verhindern.

Literaturverzeichnis

Achenbach, Hans, Auf ein Neues: Weitere „Kriminalisierung“ des Kartellrechts?, in: Festschrift für Kristian Kühl, hrsg. v. Heger, Martin / Kelker, Brigitte / Schramm, Edward, München 2014, S. 653 ff.

Achenbach, Hans, Neuigkeiten im Recht der Kartellordnungswidrigkeiten, in: wistra 2006, S. 2 ff.

Altemeier, Christina, Verantwortlichkeit des Vorstands für Kartellrechtsverstöße, Frankfurt am Main 2013, zugleich Dissertation Bochum 2013.

Amelung, Knut, Bemerkungen zum Schutz des „befriedeten Besitztums“ in § 123 StGB, in: NJW 1986, S. 2075 ff.

Amelung, Knut / Hassemer, Winfried / Rudolphi, Hans-Joachim / Scheerer, Sebastian, Stellungnahme zum Artikelgesetz, in: StV 1989, S. 72 ff.

Baetge, Dietmar, Globalisierung des Wettbewerbsrechts, Tübingen 2009.

Baumann, Jürgen / Arzt, Günther, Kartellrecht und allgemeines Strafrecht, in: ZHR 1970, S. 24 ff.

Baumann, Jürgen, Endlich strafrechtliche Bekämpfung des Submissionsbetruges, in: NJW 1992, S. 1661 ff.

Baumann, Jürgen / Weber, Ulrich / Mitsch, Wolfgang / Eisele, Jörg, Strafrecht Allgemeiner Teil, 12. Auflage, Bielefeld 2016.

Bechthold, Rainer / Bosch, Wolfgang, GWB Kommentar, 9. Auflage, München 2018.

Becker, Moritz / Ulbrich, Martin / Voß, Johannes, Tele-Gewinnspiele im „Hot-Button-Verfahren“: Betrug durch Moderatoren?, in: MMR 2007, S. 149 ff.

Best, Dominik, Betrug durch Kartellabsprachen bei freihändiger Vergabe, in: GA 2003, S. 157 ff.

Beulke, Werner, Strafrecht: Der findige Bauunternehmer, in: JuS 1977, S. 35 ff.

Biermann, Jörg, Neubestimmung des deutschen und europäischen Kartellsanktionenrechts, in: ZWeR 2007, S. 1 ff.

Bilfinger, Einkaufsbedingungen und Verhaltenskodex, www.bilfinger.com/fileadmin/corporate_webseite/unternehmen/einkauf/downloads/dateien/FS/Bilfinger_HSG_FM_Einkaufsbedingungen.pdf, zuletzt abgerufen am 16.4.2019.

Binding, Karl, Die Normen und ihre Übertretung, Band 1, 4. Auflage, Leipzig 1922.

Binding, Karl, Lehrbuch des gemeinen deutschen Strafrechts, Besonderer Teil, Band 1, 2. Auflage, Leipzig 1902.

Bischke, Alf-Henrik / Brack, Sebastian, Neuere Entwicklungen im Kartellrecht, in: NZG 2015, S. 349 ff.

Blei, Hermann, Strafschutzbedürfnis und Auslegung, in: Festschrift für Heinrich Henkel, hrsg. v. Roxin, Claus / Bruns, Hans-Jürgen / Jäger, Herbert, Berlin 1974, S. 109 ff.

Blum, Heribert / Gassner, Kathi / Seith, Sebastian, Ordnungswidrigkeitengesetz Handkommentar, Baden-Baden 2016.

Bornkamm, Joachim / Montag, Frank / Säcker, Franz, Münchener Kommentar Europäisches und Deutsches Wettbewerbsrecht, Band 1, 2. Auflage, München 2015.

Bräunig, Alexander, Wider die Strafbarkeit von „Hardcore-Kartellen" de lege ferenda, in: HRRS 2011, S. 425 ff.

Bülte, Jens, Blankette und normative Tatbestandsmerkmale, in: JuS 2015, S. 769 ff.

Bundeskartellamt, Erfolgreiche Kartellverfolgung, www.bundeskartellamt.de/SharedDocs/Publikation/DE/Broschueren/Informationsbroschüre-ErfolgreicheKartellverfolgung.pdf, zuletzt abgerufen am 16.4.2019.

Bundeskartellamt, Jahresbericht 2013, www.bundeskartellamt.de/SharedDocs/Publikation/DE/Jahresbericht/Jahresbericht_2013.pdf, zuletzt abgerufen am 16.4.2019.

Bundeskartellamt, Jahresbericht 2014, www.bundeskartellamt.de/SharedDocs/Publikation/DE/Jahresbericht/Jahresbericht_2014.pdf, zuletzt abgerufen am 16.4.2019.

Bundeskartellamt, Jahresbericht 2015, www.bundeskartellamt.de/SharedDocs/Publikation/DE/Jahresbericht/Jahresbericht_2015.pdf, zuletzt abgerufen am 16.4.2019.

Bundeskartellamt, Wettbewerbsaufsicht in Deutschland, www.bundeskartellamt.de/SharedDocs/Publikation/DE/Unterrichtsmaterial_Lehrmappe/Glossar.pdf, zuletzt abgerufen am 16.4.2019.

Bundeskartellamt, Zwischenbericht des Bundeskartellamtes zum Expertenkreis Kartellsanktionenrecht, in: NZKart 2015, S. 2 ff.

Bundesministerium der Justiz, Tagungsberichte der Sachverständigenkommission zur Bekämpfung der Wirtschaftskriminalität, X. Band, Bonn 1976.

Bunte, Hermann-Josef, Kartellrecht Kommentar, Band 1, 13. Auflage, Köln 2018.

Bunte, Hermann-Josef, Kartellrecht Kommentar, Band 2, 13. Auflage, Köln 2018.

Bunte, Hermann-Josef / Stancke, Fabian, Kartellrecht, 3. Auflage, München 2016.

Calliess, Christian / Ruffert, Matthias, EUV/AEUV Kommentar, 5. Auflage, München 2016.

Calvani, Terry, Enforcement of Cartel Law in Ireland, in: Annual Proceedings of the Fordham Corporate Law Institute, hrsg. v. Hawk, Barry, Huntington 2003, S. 1 ff.

Conrad, Sebastian, § 298 StGB und der fehlerhafte Vergabewettbewerb, in: ZfBR 2015, S. 132 ff.

Criegern, Andreas von / Engelhoven, Philipp, Absicherung vor Kartellschäden in AGB-Einkaufsverträgen, in: WRP 2013, S. 1441 ff.

Dahs, Hans, Kriminelle Kartelle, Baden-Baden 1998.

Dannecker, Gerhard, Der strafrechtliche Schutz des Wettbewerbs, in: Festschrift für Klaus Tiedemann, hrsg. v. Sieber, Ulrich / Dannecker, Gerhard / Kindhäuser, Urs / Vogel, Joachim / Walter, Tonio, Köln 2008, S. 789 ff.

Dästner, Moritz, Bestimmtheitsgrundsatz und Schuldprinzip im EU-Kartellbußgeldrecht, Frankfurt am Main 2016, zugleich Dissertation Bonn 2015.

Dauses, Manfred / Ludwigs, Markus, Handbuch des EU-Wirtschaftsrechts, Band 1, 46. Ergänzungslieferung, München 2018.

Deiters, Mark, Organuntreue durch Spenden und prospektiv kompensationslose Anerkennung, in: ZIS 2006, S. 152 ff.

Deiters, Mark, Plädoyer für die Abschaffung des § 153a StPO und die Einführung eines neuen abgekürzten Verfahrens, in: GA 2016, S. 371 ff.

Deutsches Institut für Normung, Qualitätsmanagementsysteme – Anforderungen (ISO 9001:2015), Berlin 2015.

Dombert, Matthias / Witt, Karsten, Münchener Anwaltshandbuch Agrarrecht, 2. Auflage, München 2016.

Dreher, Meinrad / Kulka, Michael, Wettbewerbs- und Kartellrecht, 10. Auflage, Heidelberg 2018.

Dreher, Meinrad, Wider die Kriminalisierung des Kartellrechts, in: WuW 2011, S. 232 ff.

Eichler, Helmut, Submissionsabsprachen auf dem Bausektor zwischen Verwaltungsunrecht und Strafrecht, in: BB 1972, S. 1347 ff.

Ellger, Reinhard, Kartellschaden und Verletzergewinn, in: Festschrift für Wernhard Möschel, hrsg. v. Bechthold, Stefan / Jickeli, Joachim / Rohe, Mathias, Karlsruhe 2011, S. 191 ff.

Emmerich, Volker / Lange, Knut, Kartellrecht, 14. Auflage, München 2018.

Europäische Kommission, Cartel Statistics, www.ec.europa.eu/competition/cartels/statistics/statistics.pdf, zuletzt abgerufen am 16.4.2019.

Europäische Kommission, Entwurf eines praktischen Leitfadens zur Ermittlung des Schadensumfangs bei Schadensersatzklagen im Zusammenhang mit Zuwiderhandlungen gegen Artikel 101 oder 102 des Vertrags über die

Arbeitsweise der Europäischen Union, www.ec.europa.eu/competition/antitrust/actionsdamages/quantification_guide_de.pdf, zuletzt abgerufen am 16.4.2019.

Europäische Kommission, Guidance on restrictions of competition, www.ec.europa.eu/competition/antitrust/legislation/de_minimis_notice_annex.pdf, zuletzt abgerufen am 16.4.2019.

Europäische Kommission, White Paper on damages actions for breach of the EC antitrust rules, www.ec.europa.eu/smart-regulation/impact/ia_carried_out/docs/ia_2008/sec_2008_0405_en.pdf, zuletzt abgerufen am 16.4.2019.

Federmann, Bernd, Kriminalstrafen im Kartellrecht, Baden-Baden 2006, zugleich Dissertation Tübingen 2006.

Fischer, Thomas, Strafgesetzbuch, 66. Auflage, München 2019.

Frisch, Wolfgang, Konkludentes Täuschen, in: Festschrift für Günther Jakobs, hrsg. v. Pawlik, Michael / Zaczyk, Rainer, Köln 2007, S. 97 ff.

Frisch, Wolfgang, Wesentliche Strafbarkeitsvoraussetzungen einer modernen Strafgesetzgebung, in: Von totalitärem zu rechtsstaatlichem Strafrecht, hrsg. v. Eser, Albin, Freiburg 1993, S. 201 ff.

Gallas, Wilhelm, Beiträge zur Verbrechenslehre, Heidelberg 1968.

Gallwas, Hans-Ulrich, Strafnormen als Grundrechtsproblem, in: MDR 1969, S. 892 ff.

Garbe, Thorsten, Rechnungsähnliche Vertragsofferten als strafbarer Betrug, in: NJW 1999, S. 2868 ff.

Gerhardt, Rudolf, ZRP-Rechtsgespräch: Submissionskartell als Betrug?, in: ZRP 1992, S. 149 ff.

Grabitz, Eberhard / Hilf, Meinhard / Nettesheim, Martin, Das Recht der Europäischen Union, Band II, 65. Ergänzungslieferung, München 2018.

Graf, Jürgen-Peter / Jäger, Markus / Wittig, Petra, Wirtschafts- und Steuerstrafrecht Kommentar, 2. Auflage, München 2017.

Graf, Jürgen-Peter, Beck'scher Online-Kommentar OWiG, 22. Edition, München 2019.

Greeve, Gina, Ausgewählte Fragen zu § 298 StGB seit Einführung durch das Gesetz zur Bekämpfung der Korruption vom 13. 8. 1997, in: NStZ 2002, S. 505 ff.

Grützner, Thomas, Die Sanktionierung von Submissionsabsprachen, Frankfurt am Main 2003, zugleich Dissertation Göttingen 2002.

Günther, Hans-Ludwig, Die Genese eines Straftatbestandes, in: JuS 1978, S. 8 ff.

Hammond, Scott, Cornerstones Of An Effective Leniency Program, www.justice.gov/atr/file/518156/download, zuletzt abgerufen am 16.4.2019.

Hassemer, Winfried, Theorie und Soziologie des Verbrechens, Frankfurt am Main 1973, zugleich Habilitationsschrift München 1972.

Hayek, Friedrich von, Der Wettbewerb als Entdeckungsverfahren, Kiel 1968.

Heger, Martin, Zum Rechtsgut einer Strafnorm gegen Selbst-Doping, in: SpuRt 2007, S. 153 ff.

Hildebrandt, Patrick, Strafrechtliche Verantwortung im internationalen Kartellrecht, Baden-Baden 2016, zugleich Dissertation München 2015.

Hinsch, Martin, Die neue ISO 9001:2015, Berlin 2014.

Hirsch, Hans, Hauptprobleme einer Reform der Delikte gegen die körperliche Unversehrtheit, in: ZStW 1971, S. 140 ff.

Hohmann, Olaf, Die strafrechtliche Beurteilung von Submissionsabsprachen – Ein altes Thema und noch immer ein Problem? – Ein Überblick, in: NStZ 2001, S. 566 ff.

Homann, Karl / Kirchner, Christian, Ordnungsethik, in: Jahrbuch für Neue Politische Ökonomie 1995, hrsg. v. Herder-Dorneich, Philipp / Schenk, Karl-Ernst / Schmidtchen, Dieter, Tübingen 1995, S. 189 ff.

Hombrecher, Lars, Strafbarkeit von Hardcore-Kartellen, in: NZKart 2017, S. 143 ff.

Hotz, Dominik, Kartelle im Lichte des Strafrechts, in: JuS 2017, S. 922 ff.

Hoven, Elisa, Zur Verfassungsmäßigkeit von Blankettstrafgesetzen, in: NStZ 2016, S. 377 ff.

Huhn, Sascha, Die strafrechtliche Problematik des Submissionsbetruges unter besonderer Berücksichtigung der neueren Rechtsprechung, München 1996, zugleich Dissertation München 1996.

Hüschelrath, Kai / Schweitzer, Heike, Volkswirtschaftliche und private Schäden aus Kartellverstößen, in: Schadensersatz und Schadensermittlung bei Hardcore-Kartellen, hrsg. v. Hüschelrath, Kai / Leheyda, Nina / Müller, Kathrin / Veith, Tobias, Baden-Baden 2012, S. 19 ff.

Immenga, Ulrich / Mestmäcker, Ernst-Joachim / Körber, Torsten, Wettbewerbsrecht, Band 2, 5. Auflage, München 2014.

Immenga, Ulrich / Mestmäcker, Ernst-Joachim, Wettbewerbsrecht, Band 1, 5. Auflage, München 2012.

Immenga, Ulrich, Strafrechtliche Sanktionen bei schweren Kartellverstößen?, in: NZKart 2016, S. 201 ff.

Jaath, Karl-Ernst, Empfiehlt sich die Schaffung eines strafrechtlichen Sondertatbestandes zum Ausschreibungsbetrug?, in: Festschrift für Karl Schäfer, hrsg. v. Hassenpflug, Helwig, Berlin 1979, S. 65 ff.

Jarass, Hans / Pieroth, Bodo, Grundgesetz für die Bundesrepublik Deutschland: Kommentar, 15. Auflage, München 2018.

Jaschke, Frank, Der kartellrechtliche Schadensersatzanspruch, Köln 2012, zugleich Dissertation Dresden 2011.

Jescheck, Hans-Heinrich / Weigend, Thomas, Lehrbuch des Strafrechts Allgemeiner Teil, 5. Auflage, Berlin 1996.

Joecks, Wolfgang / Miebach, Klaus, Münchener Kommentar zum StGB, Band 5, 3. Auflage, München 2019.

Justizministerkonferenz, Strafbarkeit von Kartellverstößen, www.justiz.nrw.de/JM/jumiko/beschluesse/2016/Herbstkonferenz-2016/top_ii_3_-_strafbarkeit_von_kartellverstoessen_herbstkonferenz.pdf, zuletzt abgerufen am 16.4.2019.

Kapellmann, Klaus / Messerschmidt, Burkhard, VOB Teile A und B, 6. Auflage, München 2018.

Kartte, Wolfgang / Portarius, Alexander von, Kriminalisierung des Kartellrechts?, in: BB 1975, S. 1169 ff.

Kindhäuser, Urs / Neumann, Ulfried / Paeffgen, Hans-Ulrich, Kommentar Strafgesetzbuch, Band 1, 5. Auflage, Baden-Baden 2017.

Kindhäuser, Urs / Neumann, Ulfried / Paeffgen, Hans-Ulrich, Kommentar Strafgesetzbuch, Band 3, 5. Auflage, Baden-Baden 2017.

Kindhäuser, Urs, Strafrecht Allgemeiner Teil, 8. Auflage, Baden-Baden 2017.

Kindhäuser, Urs / Böse, Martin, Strafrecht Besonderer Teil II, 10. Auflage, Baden-Baden 2019.

Kindhäuser, Urs, Täuschung und Wahrheitsanspruch beim Betrug, in: ZStW 1991, S. 398 ff.

Klein, Oliver, Der Streitgegenstand der Verfassungsbeschwerde, in: Linien der Rechtsprechung des Bundesverfassungsgerichts, hrsg. v. Rensen, Hartmut / Brink, Stefan, Berlin 2009, S. 82 ff.

Kleinmann, Werner / Berg, Werner, Änderungen des Kartellrechts durch das „Gesetz zur Bekämpfung der Korruption“ vom 13.8.1997, in BB 1998, S. 277 ff.

Kling, Michael / Thomas, Stefan, Kartellrecht, 2. Auflage, München 2016.

Koch, Jens, Beurteilungsspielräume bei der Anwendung des Art. 81 Abs. 3 EG, in: ZWeR 2005, S. 380 ff.

König, Peter, Neues Strafrecht gegen die Korruption, in: JR 1997, S. 397 ff.

Kramm, Dietrich, Anmerkung zu BGH, Urteil v. 81.1.1992, 2 StR 102/91, in: JZ 1993, S. 422 ff.

Krey, Volker / Hellmann, Uwe / Heinrich, Manfred, Strafrecht Besonderer Teil, Band 2, 17. Auflage, Stuttgart 2015.

Kühl, Kristian, Probleme der Verwaltungsakzessorietät des Strafrechts, insbesondere im Umweltstrafrecht, in: Festschrift für Karl Lackner, hrsg. v. Küper, Wilfried, Berlin 1987, S. 815 ff.

Kühl, Kristian / Heger, Martin, Strafgesetzbuch Kommentar, 29. Auflage, München 2018.

Lampe, Ernst-Joachim / Lenckner, Theodor / Stree, Walter / Tiedemann, Klaus / Weber, Ulrich, Alternativ-Entwurf eines Strafgesetzbuches Besonderer Teil, Straftaten gegen die Wirtschaft, Tübingen 1977.

Lampe, Ernst-Joachim, Ist es für einen wirksamen Verbraucherschutz und einen funktionierenden Wettbewerb unter Berücksichtigung zivil-, verwaltungs- und verfahrensrechtlicher Möglichkeiten geboten, zusätzliche Straf- und Bußgeldtatbestände zu schaffen?, in: Tagungsberichte der Sachverständigenkommission zur Bekämpfung der Wirtschaftskriminalität, VIII. Band, hrsg. v. Bundesministerium der Justiz, Bonn 1975, Anlage 10.

Lampert, Thomas / Götting, Susanne, Startschuss für eine Kriminalisierung des Kartellrechts?, in: WuW 2002, S. 1069 ff.

Landes, William, Optimal Sanctions for Antitrust, in: University of Chicago Law Review 1983, S. 652 ff.

Lange, Knut, Erfüllen Kartellabsprachen den Tatbestand des Betruges?, in: ZWeR 2003, S. 352 ff.

Laufhütte, Heinrich / Rissing-van Saan, Ruth / Tiedemann, Klaus, Strafgesetzbuch Leipziger Kommentar, Erster Band, 12. Auflage, Berlin 2007.

Laufhütte, Heinrich / Rissing-van Saan, Ruth / Tiedemann, Klaus, Strafgesetzbuch Leipziger Kommentar, Neunter Band, 1. Teilband, 12. Auflage, Berlin 2012.

Laufhütte, Heinrich / Rissing-van Saan, Ruth / Tiedemann, Klaus, Strafgesetzbuch Leipziger Kommentar, Zehnter Band, 12. Auflage, Berlin 2008.

Leitner, Werner / Rosenau, Henning, Kommentar Wirtschafts- und Steuerstrafrecht, Baden-Baden 2017.

Lenel, Hans Otto, Die Problematik der Kartelle und Syndikate, in: Die Konzentration in der Wirtschaft, Erster Band, hrsg. v. Arndt, Helmut, 2. Auflage, Berlin 1971, S. 201 ff.

Lettl, Tobias, Kartellrecht, 4. Auflage, München 2017.

Leupertz, Stefan / Wietersheim, Mark von, VOB Teile A und B Kommentar, 20. Auflage, Köln 2017.

Lindt & Sprüngli, Verhaltenskodex für Lieferanten und Zustimmungserklärung des Lieferanten, www.lindt-spruengli.com/fileadmin/user_upload/corporate/user_upload/Sustainably/SupplierCode_ofConduct_DE_final_1806_rgb.pdf, zuletzt abgerufen am 16.4.2019.

Locher, Horst / Blind, Jörg, Die strafrechtliche Beurteilung von Scheingeboten und Scheinzuschlägen in der Kunstversteigerung, in: NJW 1971, S. 2290 ff.

Loewenheim, Ulrich / Meessen, Karl / Riesenkampff, Alexander / Kersting, Christian / Meyer-Lindemann, Hans Jürgen, Kartellrecht Kommentar, 3. Auflage, München 2016.

Lüderssen, Klaus, Submissionsabsprachen sind nicht eo ipso Betrug, in: wistra 1995, S. 243 ff.

Maaß, Wolfgang, Betrug verübt durch Schweigen, Gießen 1982, zugleich Dissertation Gießen 1982.

Matt, Holger / Renzikowski, Joachim, Strafgesetzbuch Kommentar, München 2013.

Meinke, Ulf, Geheime Treffen am Hamburger Flughafen, in: Berliner Morgenpost v. 15.9.2015, S. 7.

Mohr, Jochen / König, Carsten, Der Tatbestand des Verbots wettbewerbsbeschränkender Vereinbarungen, in: JURA 2012, S. 165 ff.

Mohr, Jochen / König, Carsten, Freistellung von wettbewerbsbeschränkenden Vereinbarungen, in: JURA 2012, S. 343 ff.

Monopolkommission, Hauptgutachten XX: Eine Wettbewerbsordnung für die Finanzmärkte, Baden-Baden 2014.

Monopolkommission, Sondergutachten 72: Strafrechtliche Sanktionen bei Kartellverstößen, Baden-Baden 2015.

Möschel, Wernhard, Regulierung und Deregulierung – Versuch einer theoretischen Grundlegung, in: Festschrift für Ulrich Immenga, hrsg. v. Fuchs, Andreas, München 2004, S. 277 ff.

Möschel, Wernhard, Zur Problematik einer Kriminalisierung von Submissionsabsprachen, Köln 1980.

Müller, Eckhardt / Schlothauer, Reinhold, Münchener Anwaltshandbuch Strafverteidigung, 2. Auflage, München 2014.

Munthe, Preben, Horizontale Kartelle, Berlin 1969.

Murmann, Uwe, Grundkurs Strafrecht, 4. Auflage, München 2017.

Mutschler-Siebert, Annette / Dorschfeldt, Dorian, Vergaberechtliche Selbstreinigung und kartellrechtliche Compliance – zwei Seiten einer Medaille, in BB 2015, S. 642 ff.

Nickel, Alix, Submissionskartelle zwischen Kartell- und Strafrecht, in: wistra 2014, S. 7 ff.

Noch, Rainer, Vergaberecht kompakt, 7. Auflage, Köln 2016.

Noltenius, Bettina, Grenzenloser Spielraum des Gesetzesgebers im Strafrecht?, in: ZJS 2009, S. 15 ff.

OECD, Cartels: Sanctions against Individuals, in: OECD Journal of Competition Law and Policy, Volume 9/3, Paris 2007, S. 7 ff.

OECD, Hard Core Cartels: Recent Progress and Challenges Ahead, Paris 2003.

OECD, OECD-Wirtschaftsberichte: Deutschland 2002, Paris 2003.

Oldigs, Dirk, Die Strafbarkeit von Submissionsabsprachen nach dem neuen § 298 StGB, in: wistra 1998, S. 291 ff.

Otto, Haro, Strafwürdigkeit und Strafbedürftigkeit als eigenständige Deliktskategorien?, in: Gedächtnisschrift für Horst Schröder, hrsg. v. Stree, Walter / Lenckner, Theodor / Cramer, Peter / Eser, Albin, München 1978, S. 53 ff.

Park, Tido, Einige verfassungsrechtliche Gedanken zum Tatbestand der Marktmanipulation, in: Festschrift für Ruth Rissing-van Saan, hrsg. v. Bernsmann, Klaus / Fischer, Thomas, Berlin 2011, S. 405 ff.

Peifer, Karl-Nikolaus, Lauterkeitsrecht, 2. Auflage, Berlin 2016.

Pfitzinger, Elmar, Projekt DIN EN ISO 9001:2015, 3. Auflage, Berlin 2016.

Portmann, Christoph, Verkaufsplanung, 5. Auflage, Zürich 2014.

Puppe, Ingeborg, Die logische Tragweite des sog. Umkehrschlusses, in: Festschrift für Karl Lackner, hrsg. v. Küper, Wilfried, Berlin 1987, S. 199 ff.

Rengier, Rudolf, Strafrecht Besonderer Teil I, 21. Auflage, München 2019.

Rönnau, Thomas, Schadensfiktion in der Rechtsprechung der Strafgerichte, in: Festschrift für Ruth Rissing-van Saan, hrsg. v. Bernsmann, Klaus / Fischer, Thomas, Berlin 2011, S. 518 ff.

Rönnau, Thomas, Täuschung, Irrtum und Vermögensschaden beim Submissionsbetrug, in: JuS 2002, S. 545 ff.

Rotsch, Thomas, Criminal Compliance, Baden-Baden 2015.

Rotsch, Thomas, Mythologie und Logos des § 298 StGB, in: ZIS 2014, S. 579 ff.

Roxin, Claus, Strafrecht Allgemeiner Teil, Band 1, 4. Auflage, München 2006.

Sachs, Michael, Grundgesetz Kommentar, 8. Auflage, München 2018.

Säcker, Franz, Kronzeugenregelung – weiter so "pragmatisch" wie bisher?, in: WuW 2009, S. 3.

Säcker, Franz / Rixecker, Roland / Oetker, Hartmut / Limperg, Bettina, Münchener Kommentar zum Bürgerlichen Gesetzbuch, Band 4, 7. Auflage, München 2016.

Saenger, Ingo / Aderhold, Lutz / Lenkaitis, Karlheinz / Speckmann, Gerhard, Handels- und Gesellschaftsrecht Praxishandbuch, 2. Auflage, Baden-Baden 2011.

Saliger, Frank, Auswirkungen des Untreue-Beschlusses des Bundesverfassungsgerichts vom 23.6.2010 auf die Schadensdogmatik, in: ZIS 2011, S. 902 ff.

Satzger, Helmut / Schluckebier, Wilhelm / Widmaier, Gunter, Strafgesetzbuch Kommentar, 4. Auflage, Köln 2019.

Satzger, Helmut, Anmerkung zu BGH, Urteil v. 11.7.2001, 1 StR 576/00, in: JR 2002, S. 389 ff.

Satzger, Helmut, Der Submissionsbetrug, Berlin 1994, zugleich Dissertation Passau 1993.

Satzger, Helmut, Die Bedeutung des Zivilrechts für die strafrechtliche Bekämpfung von Submissionskartellen, in: ZStW 1997, S. 357 ff.

Satzger, Helmut, Die Europäisierung des Strafrechts, Köln 2001, zugleich Habilitationsschrift Passau 2000.

Schlecht, Otto, Wettbewerb als Aufgabe, Tübingen 1975.

Schlösser, Jan, Die Betrugsdogmatik vor den Schranken des Verfassungsrechts, in: NStZ 2012, S. 473 ff.

Schlüchter, Ellen, Zweites Gesetz zur Bekämpfung der Wirtschaftskriminalität, Heidelberg 1987.

Schmid, Reinhard, Der Ausschreibungsbetrug als ein Problem der Strafgesetzgebung, Stuttgart 1982, zugleich Dissertation Tübingen 1982.

Schmid, Reinhard, Die staatliche Reaktion auf Baupreisabsprachen, in: wistra 1984, S. 1 ff.

Schmidt, Ingo / Haucap, Justus, Wettbewerbspolitik und Kartellrecht, 10. Auflage, München 2013.

Schönke, Adolf / Schröder, Horst, Strafgesetzbuch Kommentar, 30. Auflage, München 2019.

Schröder, Horst, Der Vermögensbegriff bei Betrug und Erpressung, in: JZ 1965, S. 512 ff.

Schröder, Thomas / Thiele, Alexander, „Es ist machbar!" – Die Betrugsrelevanz von Telefon-Gewinnspielen im deutschen Fernsehen, in: Jura 2007, S. 814 ff.

Schulte, Josef / Just, Christoph, Kartellrecht Kommentar, 2. Auflage, Köln 2016

Schwarze, Jürgen / Becker, Ulrich / Hatje, Armin / Schoo, Johann, EU-Kommentar, 4. Auflage, Baden-Baden 2019.

Schweitzer, Heike, Kartellschadensersatz – rechtliche Probleme, in: Schadensersatz und Schadensermittlung bei Hardcore-Kartellen, hrsg. v. Hüschelrath, Kai / Leheyda, Nina / Müller, Kathrin / Veith, Tobias, Baden-Baden 2012, S. 39 ff.

Seiler, Klaus, DIN EN ISO 9001:2015 Dienstleistung und Vertrieb, Überlingen 2015.

Selmer, Peter, Verfassungsrechtliche Probleme einer Kriminalisierung des Kartellrechts, Köln 1977.

Shaffer, Gregory / Nesbit, Nathaniel / Waller, Spencer, Criminalizing cartels: A global trend?, in: Comparative Competition Law, hrsg. v. Duns, John / Duke, Arlen / Sweeney, Brendan, Cheltenham 2015, S. 301 ff.

Smuda, Florian, Cartel Overcharges and the Deterrent Effect of EU Competition Law in: Journal of Competition Law & Economics 2014, S. 63 ff.

Sodan, Helge, Vorrang der Privatheit als Prinzip der Wirtschaftsverfassung, in: DÖV 2000, S. 361 ff.

Ständige Deputation des Deutschen Juristentages, Verhandlungen des Neunundvierzigsten Deutschen Juristentages, Band II, Teil M, München 1972.

Stein, Ulrich, Entwicklung und nationale Rechtsquellen des Wirtschaftsstrafrechts und -ordnungswidrigkeitenrechts, in: Wirtschaftskriminalität und Wirtschaftsstrafrecht in einem Europa auf dem Weg zu Demokratie und Privatisierung, hrsg. v. Gropp, Walter, Leipzig 1998, S. 63 ff.

Stock, Christoph, Der Schadensnachweis bei Hardcore-Kartellen, Baden-Baden 2016, zugleich Dissertation Tübingen 2015.

Stockmann, Kurt, Ziele und Zielkonflikte bei Kartellsanktionen, in: Festschrift für Rainer Bechthold, hrsg. v. Brinker, Ingo / Scheuing, Dieter / Stockmann, Kurt, München 2006, S. 559 ff.

Strafrechtsausschuss der Justizministerkonferenz, Strafbarkeit von Kartellverstößen, 2016, unveröffentlicht.

Streinz, Rudolf, EUV/AEUV, Kurzkommentar, 3. Auflage, München 2018.

Tiedemann, Klaus, Kartellrechtsverstöße und Strafrecht, Köln 1976.

Tiedemann, Klaus, Welche strafrechtlichen Mittel empfehlen sich für eine wirksamere Bekämpfung der Wirtschaftskriminalität?, München 1972.

Tiedemann, Klaus, Wettbewerb als Rechtsgut des Strafrechts, in: Festschrift für Heinz Müller-Dietz, hrsg. Britz, Guido, München 2001, S. 905 ff.

Tiedemann, Klaus, Wettbewerb und Strafrecht, Karlsruhe 1976.

Tiedemann, Klaus, Wirtschaftsstrafrecht, 5. Auflage, München 2017.

Trüg, Gerson, Der Irrtumsnachweis bei massenhaften Täuschungsvorwürfen – Kollaps oder kurzer Prozess?, in: HRRS 2015, S. 106 ff.

Twele, Markus, Die Haftung des Vorstands für Kartellrechtsverstöße, Baden-Baden 2013, zugleich Dissertation Münster 2012

Wagner-von Papp, Florian, Compliance and Individual Sanctions in the Enforcement of Competition Law, in: Competition Law Compliance Programmes, hrsg. v. Paha, Johannes, Basel 2016, S. 135 ff.

Wagner-von Papp, Florian, Kartellstrafrecht in den USA, dem Vereinigten Königreich und Deutschland, in: WuW 2009, S. 1236 ff.

Wagner-von Papp, Florian, Kriminalisierung von Kartellen, in: WuW 2010, S. 268 ff.

Walter, Tonio, Anmerkung zu BGH, Urteil v. 11.7.2001, 1 StR 576/00, in: JZ 2002, S. 254 ff.

Weitbrecht, Andreas, Europäisches Kartellrecht 2000/2001, in: EuZW 2002, S. 581 ff.

Wessels, Johannes / Beulke, Werner / Satzger, Helmut, Strafrecht Allgemeiner Teil, 48. Auflage, Heidelberg 2018.

Wiedemann, Gerhard, Handbuch des Kartellrechts, 3. Auflage, München 2016.

Wils, Wouter, Efficiency and Justice in European Antitrust Enforcement, Oxford 2008

Wolf, Sebastian, Der Beitrag internationaler und supranationaler Organisationen zur Korruptionsbekämpfung in den Mitgliedstaaten, Speyer 2007.

Wolff, Heinrich, Grundgesetz Handkommentar, 12. Auflage, Baden-Baden 2018.

Wolter, Jürgen, Systematischer Kommentar zum Strafgesetzbuch, Band I, 9. Auflage, Köln 2017.

Wolter, Jürgen, Systematischer Kommentar zum Strafgesetzbuch, Band IV, 9. Auflage, Köln 2017.

Wolter, Jürgen, Systematischer Kommentar zum Strafgesetzbuch, Band V, 9. Auflage, Köln 2018.

Wolter, Jürgen, Systematischer Kommentar zum Strafgesetzbuch, Band VI, 9. Auflage, Köln 2016.

Wolter, Jürgen, Systematischer Kommentar zur Strafprozessordnung, Band III, 5. Auflage, Köln 2016.

Zöttl, Johannes / Schlepper, Lisa, Die private Durchsetzung von kartellrechtlichen Schadensersatzansprüchen – Status Quo in Deutschland, in: EuZW 2012, S. 573 ff.

FSC
www.fsc.org
MIX
Papier | Fördert
gute Waldnutzung
FSC® C083411

Kolibri 360 GmbH
Ferdinand-Jühlke-Straße 7
99095 Erfurt, Deutschland
produktsicherheit@kolibri360.de